家族社会学の
パラダイム

日黒依子

Social Network
Life course
Gender

勁草書房

はしがき

　本書をまとめようと思った最大の動機は，社会学的研究という作業の事例を通して「社会学する」ということの理解を広めるための一助となる材料を作りたいと思ったことである。今に始まったことではないが，社会学専攻の大学院ゼミ生の中には，社会学の基礎的知識を十分に備えていない者が少なくない。さらに，理論についての理解が特定の「理論家」といわれる社会学者の研究事例に関する情報コレクションに留まり，科学的理論構築のメタ理論を前提とした社会学の理論構築に向かうための作業プロセスについての認識すら薄いと感じられる。つまり，理論と方法論がばらばらな個別領域ではないという認識が，この30年間にどの程度強化されたか，という疑念を持つのである。私が研究の対象としてきた家族に関する社会学についても，当然同様のことがいえる。
　家族を対象とする社会学的研究の領域は一般に「家族社会学」と称されている。家族を対象とする研究は，家族がもつ多様な側面への接近がさまざまな研究領域から行なわれており，社会学的接近はその一つである。また，社会学的接近における視点や方法も一様でない。さらに，家族がわれわれにとってあまりにも日常的な生活経験であるところから，研究者という専門家でなくても家族についての理解があり，それに基づく主張が可能であるので，家族は，いわば誰でも一家言をもつ対象である。したがって，家族社会学は，少なくとも家族現象についての説明に向かうための道筋を明確にする作業をする必要がある。
　長年にわたって日本の家族社会学には，家族形態を含む社会人口学的テーマを除いては，計量的実証研究が乏しかった。これは，全国規模の調査データ収集の困難や，家族の内部構造や人間関係などが家族社会学において重要なテーマであることが，その主要な原因であったからだといえる。しかし，多様なテーマについての中規模の実証研究は数多く，しかも，記述に留まらない分析志

向をもった研究は稀ではなかった。とはいえ，第二次大戦後，制度的変化と社会状況の変化に伴う変遷をたどってきた日本の家族についての説明は，その内容や方法についての議論がこの数十年続いているものの，必ずしも明確であるとは言い難い。最近では，家族に関する計量分析を用いた研究が成果をあげつつあるが，その中には，計量分析のロジスティックスに力点が置かれるのは当然としても，サブスタンスについての理解の不十分さから，データ解析結果の解釈に見当違いが生じるという傾向も一部みられ，データ解析手法の精緻化のみが事象の説明力につながるものではないことを示している。理論構築のためには，そのメタ理論の各段階（部分）それぞれが精緻化されなければならないのであるが，それは理想であり，少なくとも社会学，特に家族のような定性的把握が重要である領域においては，メタ理論についての認識をもつことによって，実際に行なう実証作業の位置づけを明確にし，その作業を正当化することが許されるといえよう。

　本書は，筆者の家族研究における三つの視点であり概念であるソーシャル・ネットワーク，ライフコースおよびジェンダーを中心軸とした論文で構成されている。これらは，序章の4で述べているように，家族および社会を個人を中心にとらえる視点であり概念であって，このような研究法を用いることにより，「家族は集団である」という家族社会学の前提から離れ，個人が一定の時代に生まれてから死ぬまでの家族を含む社会環境の中で送る人生と，その人生における家族の意味を探るために有効だといえるものである。ネットワーク概念はライフコース・アプローチに含まれる重要な要素でもあり，また，ジェンダー概念は，近代家族の変化と現代家族の揺らぎの構造を分析的にとらえることを可能にした。そして，ネットワークはジェンダー化されているという現実により，個人にとっての家族の意味を明示することができた。

　このように，これら3概念が相乗的に関連していることにより，本書に含めた論文は，近代家族の集団性，両性両親性，永続性という前提の崩壊と，その前提に基づかない家族の構築の方向性を探るための一連の検討であると考えている。これらは1970年代からの研究であり，実証に用いたデータはそれぞれの時代を反映しているが，データを更新することによって異なる時代との比較検証が可能であることや，社会状況の変化によってキー変数の変化の確認につな

がるなど，研究の時期が問題とはならない事例として，読者の参考になると期待している。そして，それぞれの論文は，理論構築のメタ理論上のどこかに位置づけられているということを意識した作業であることを，ここに述べておく。

家族社会学のパラダイム

目　次

はしがき

序　章　家族社会学の理論構築に向けて …………………1
　　1　科学革命の潮流とアメリカ社会 ………………………1
　　2　社会学における理論構築の方法論 ……………………2
　　3　家族社会学の新パラダイム探求 ………………………4
　　4　個人を中心に家族・社会をとらえる …………………4

I

第1章　現代家族の社会的ネットワーク …………………11
　　　　　──パス解析の応用──
　　1　ネットワーク・アプローチの意義 ……………………11
　　2　概念定義 …………………………………………………12
　　3　方法 ………………………………………………………13
　　4　調査対象家族の一般的特性 ……………………………14
　　5　パス解析の応用 …………………………………………16
　　6　日本の家族と親族リンケージ …………………………21

第2章　家族ネットワーク・家族周期・社会変動 ………26
　　　　　──5家族反復調査をもとに──
　　1　家族ネットワークの二時点比較 ………………………26
　　2　概念整理 …………………………………………………27
　　3　5家族反復調査 …………………………………………30
　　4　理論的検討のために ……………………………………43

第3章　所与と選択の社会的資源 …………………………48
　　　　　──ソーシャル・ネットワーク──
　　1　発達課題と社会的ネットワーク ………………………48

	2	家族ネットワークの変化 …………………………………………52
	3	家族の危機と社会的ネットワーク …………………………………59
	4	家族の新しい連帯 ……………………………………………………62

第4章 社会的環境としてのソーシャル・ネットワーク ……66

	1	はじめに ………………………………………………………………66
	2	ソーシャル・ネットワーク論の整理 ………………………………67
	3	行為者のネットワークと地域社会 …………………………………80
	4	現代家族と社会的ネットワーク ……………………………………85

第5章 個人・家族と官僚制 ……90

	1	家族環境の官僚制化と専門化 ………………………………………90
	2	「家族と官僚制」についての理論と見解 …………………………92
	3	官僚制機関のサービスと拘束 ………………………………………98
	4	個人・家族と官僚制機関 ……………………………………………101

Ⅱ

第6章 都市家族の社会的ネットワーク ……107
―二次分析による考察―

	1	概念・測定の精緻化と新発見への試行 ……………………………107
	2	対象家族の特性 ………………………………………………………109
	3	家族属性とネットワーク ……………………………………………116
	4	親族リンケージの活用 ………………………………………………126
	5	親族関係変質の仮説化に向けて ……………………………………131

第7章 母親と子どもの社会的ネットワーク ……133

	1	家族・地域の変化とネットワーク …………………………………133
	2	家族特性と妻(母親)のネットワーク・サイズ …………………135
	3	家族特性と社会参加・家事参加 ……………………………………138

4　子どものネットワーク・サイズ ……………………………141
　　　5　妻・母親のネットワーク・サイズの規定要因 ……………141
　　　6　子どものネットワーク・サイズの規定要因………………143
　　　7　母親の就業とネットワークの有効活用 ……………………145

第8章　均等法第一世代のキャリア形成と
　　　　ネットワーク ……………………………………………147
　　　1　目的と方法………………………………………………………147
　　　2　ソーシャル・ネットワークとライフコース：基本的視点 …148
　　　3　支援ネットワーク ……………………………………………150
　　　4　自由時間に見る生活構造 ……………………………………158
　　　5　母と娘のライフコース ………………………………………163
　　　6　家族キャリアと職業キャリアの同調に向けて ……………170

Ⅲ

第9章　ライフコース ………………………………………………175
　　　　　―社会学の視点―
　　　1　家族研究におけるライフサイクル視点 ……………………175
　　　2　ライフサイクル視点の限界 …………………………………176
　　　3　ライフサイクルからライフコースへ ………………………177
　　　4　ライフコース視点とは ………………………………………178
　　　5　日本社会の変化 ………………………………………………180
　　　6　現代日本人のライフコース …………………………………181

第10章　男性のライフコースと戦争 ……………………………187
　　　1　課題・考察の視点と方法 ……………………………………187
　　　2　戦争体験………………………………………………………189
　　　3　戦争による動員とライフコース ……………………………192
　　　4　若年コーホートと動員 ………………………………………196

5	転機としての軍隊生活	198
6	結論	200

第11章 戦争と日本人のライフコース……203
―終戦のとき国民学校6年生だった―

1	目的	203
2	研究方法・調査の概要	206
3	サンプルの基本属性	207
4	子どもたちの戦争関連体験	210
5	戦後混乱期	215
6	成人期への移行	216
7	成人後のライフコース	218
8	戦争のインパクト	220
9	結論と今後の課題	227

IV

第12章 家族理論におけるジェンダーとパワー……231

1	はじめに	231
2	現代家族への視点	232
3	家族理論における女性	237
4	現代へのアプローチ	242

第13章 家族の個人化……245
―家族変動のパラダイム探求―

1	はじめに	245
2	近代家族の成立	247
3	近代家族の問題	250
4	性役割革命と「家族の個人化」	251
5	日本の家族の状況分析に向けて	254

第14章　転換期にある日本の家族 …………………………256
　　　　　―近代家族から家族の個人化へ―
　　1　日本の家族：社会的背景 …………………………256
　　2　分析枠組み…………………………………………257
　　3　日本の夫婦家族……………………………………260
　　4　ジェンダーと家族 …………………………………261
　　5　個人化に向かうのか ………………………………264

第15章　ジェンダーと家族変動 ……………………………268
　　1　女性の変化は家族を変えるか ……………………268
　　2　家族変動へのアプローチ …………………………269
　　3　女性の自立または個人化へのアプローチ ………273
　　4　二つのモデルと日本の状況 ………………………276

第16章　日本の家族の「近代性」……………………………280
　　　　　―変化の収斂と多様化のゆくえ―
　　1　政治問題としての家族 ……………………………280
　　2　家族の変化と連続性 ………………………………282
　　　　　―規定条件―
　　3　近代家族の出現 ……………………………………283
　　　　　―直系家族制から夫婦家族制へ―
　　4　近代家族の揺らぎ …………………………………286
　　5　近代家族の後に ……………………………………293
　　　　　―家族の個人化―

参考文献 …………………………………………………………297
初出一覧 …………………………………………………………313
あとがき …………………………………………………………315
索　引 ……………………………………………………………319

序　章

家族社会学の理論構築に向けて

1　科学革命の潮流とアメリカ社会

　私がアメリカで学部生として社会学を学んでいた頃に必読書とされた一冊がC. ライト・ミルズの『社会学的想像力』（Mills［1959＝1995］）だった。この著作は，その頃（1950年代末）にはアメリカ社会学の大御所であったT. パーソンズの一般理論を指して，単なる記述あるいは分類学であって理論ではないと批判した話題作であった。ミルズが単なるセンセイショナリストではなく優れた社会学者であったことは，その後の著作『パワー・エリート』などで証明されている。日本の高校を出て，そのまま学部生となった当時の私は，『社会学的想像力』に知的刺激を受けたものの，その頃の科学哲学の世界で醸成されていた科学の方法論を含む科学革命議論については知る由もなかった。10年を経て大学院生として戻った1970年代初頭には，アメリカ社会の価値観も社会学の世界も大きく変化していた。これはまさに社会および学術のパラダイム・シフトであったといえる。

　1960年代のアメリカ社会においては，既成の権力構造に対するマイノリティ・グループや若者，女性など様々な「権力を持たない」グループからの異議申し立てが連動的に社会運動として展開され，それらは結果的に，学術世界における概念や視点，方法などの前提に対する挑戦となったことは否めない。ブラック・スタディーズや女性学・ジェンダー学などの創立，マイノリティ研究の活性化などはその好例である。

　自然科学においては，論理整合性を基本とするニュートン力学のモデルの普

遍性に対する信頼が崩れて，理論モデルの決定論的性格が揺らぎはじめた。自然科学の現実世界を反映する方程式は非線形である（品川［1986：112-113］）ことが証明されてきたというのである。ウォーラースティンによれば，1945年以降の「自然科学における新しい発展が強調したのは，線形性よりも非線形性であり，単純化よりも複雑性であり，量的精密性……よりも質的解釈的視野の方が優越」［1996：117］することであり，特に重要なことは，可逆性よりも不可逆性が強調されるようになったことである［1996：117-122］。これらの強調点の変化は，ニュートン・モデルの否定ではなく，それが持つ説明力の範囲が限定されるということの発見であった。

社会科学がモデルとしてきた自然科学からのこのような挑戦とともに，もう一つの挑戦がカルチュラル・スタディーズ（cultural studies）と称される人文科学からのもので，ウォーラースティンはこの領域における社会システムの研究にとって，ジェンダー研究や「非ヨーロッパ中心的」研究が決定的重要性を持ったとみなし，ジェンダーや人種，階級などによる差異を論じる理論的枠組みを用意したとみる［1996：122-124］。そこには，ヨーロッパおよび北アメリカで構築された社会科学がヨーロッパ中心主義で男性中心主義であり［1996：101, 102-106］，「……科学はより近代的，よりヨーロッパ的，より男性的だとされていた……語られざる主張に対してこそ，ジェンダー研究やあらゆる非ヨーロッパ中心的研究者は反発した」［1996：125］という状況があった。特に1960年代以降に世界規模でみられた社会変動は，それまで主流の社会変動論であった近代化モデルの説明力の限界を明らかにし，非ヨーロッパ，庶民，あるいは女性という社会的に周辺化された人々に立脚した理論の必要性を要請した。自然科学における新たな強調点やカルチュラル・スタディーズにみる視点の転換は，科学研究の前提や方法論の再考，さらには，それまでの研究領域の再構築を促すことにつながったのである。

2　社会学における理論構築の方法論

「社会学の可能性」については，理論にその特性を求める派と方法論に求める派の議論が1950年代のアメリカでは活発であったが，ゼターバーグはその両

者の関連性の不明瞭さが問題であるとの認識から，科学的方法論を物理学その他のいわゆる確立された科学分野から習得する時期は過ぎたとして，社会学の豊富な蓄積を基にした理論の作成およびその証明の方法論の教科書『社会学的思考法』をまとめた（Zetterberg［1963］）。

　彼は，社会現象のすべてをその領域と主張する社会学と専門化された科学分野の一つとしての社会学，つまり，対象の多様性と専門化の要請というディレンマの解消は簡単であるとして，社会学や物理学，経済学など個別分野は問題の取り上げ方において独自の選択を行なうというブルームとセルズニックによる説明に代弁させている（ゼターバーグ［1973：25］）。その上で，社会学における当面の解決方法の一つは，取り上げる現象の特性を定義する「分類学」であり，第二は，多様な社会現象に共通するもの，つまり命題の発見であるとする。相互に規則的に関係づけられた命題が理論であり，理論を検証するために，その理論に含まれる命題の各々とデータとの合致や，命題による事態の予測度を調べるのだとする［ibid.：30］。「記述的研究」と「証明的研究」を区別すること［ibid.：31］が重要であるという。このような理論についての考え方は，それまでの分類学的研究から脱皮し，社会学の理論を構築するためのメタ理論として注目された。1960年代を通してホマンズやスティンチコム，ブレイロックなどの作業は，社会科学者たちが科学哲学の抽象的なアイディアを使う道を切り開いていった（Burr［1973：vii］）。

　同じく社会学者のレイノルズも，理論構築のメタ理論を学部学生にもわかる教材としてまとめたが，そこでは，科学的知識の体系を築く目的を①事象の分類，②未来の出来事の予測，③過去の出来事の説明，④出来事の原因の理解，⑤出来事の制御の可能性としている（Reynolds［1971：4-10］）。ここには分析的方法（説明）と解釈学的方法（理解）という従来の二元論のいずれかという立場を超えて，説明と理解がともに科学の目的として位置づけられているのである。彼は，ある現象に関する根底的に新しい概念化（クーンのいうパラダイムをもっとも劇的なタイプの新しいアイディアとする）に始まり，それを支持する経験的データの収集に関する新しい研究戦略・方法論的プロセスや解釈に向けての新しい問題の示唆，そして，新しいパラダイムによる既存のパラダイムでは説明できない現象の説明が，科学者の新しい理論構築作業であるという。

3　家族社会学の新パラダイム探求

　家族研究における社会学的理論構築の先端的議論をまとめたのはバーである。特に議論の的となっていた因果性についての彼の立場は，ある変数の値にみられる変化が別の変数の値の変化の結果である場合，これを因果性とみなすというものである（Burr [1973：24]）。彼は，独立変数の影響によって生じる従属変数の変化量の説明よりも，独立変数によって従属変数が変化したという因果関係を重視すべきであるとするのである [ibid.：26-28]。この作業において，彼は家族社会学の蓄積からテーマ別に諸命題を抽出し，研究の大半が記述的であるとの世評が強かった家族社会学の理論化に資する命題群を明示したのである。このような作業に先立って，すでに1960年代後半には理論的作業に関する議論は始まっており，たとえばグードは，家族研究の場合，めざすべき理論モデルは物理学ではなく生物学のモデルであるとの見解をもって，家族社会学関連の研究から命題を抽出したコレクションを出版したのである（Goode [1971]）。続いて，社会学の主要アプローチとそれらを用いた代表的な家族理論のコレクション（Goode [1979]）がバー他によって編纂されるなど，家族に関する社会学は「説明」と「理解」をめざす科学の道を邁進するかと思われた。

　そして1980年代以降，アメリカ社会の実態は著しく変化し，家族の多様化は研究の専門性の多様化につながった。社会学が対象とする生活世界の中で女性が可視性をもつ唯一の領域であった家族とその主人公とされてきた女性の状況が変化したことや，フェミニスト理論からの挑戦に対し，家族社会学は専門の細分化とともに，新しい視点を取り入れる方向に展開していったのである。同時に，解析手法の精緻化は，家族現象の説明における信頼を高める傾向をもたらしたといえる。グードやバーなどの理論構築の方法論の整備とそれを補完する実証方法の精緻化が出揃ってきたということになる。

4　個人を中心に家族・社会をとらえる

　家族に関して「説明」と「理解」をどのようにするか。家族は社会的脈絡の

中に存在するのであるから，その構成員や彼らの生活パターンなど一定ではない。しかし，個人は家族（または親族）に所属することが通常であるという前提に立つ家族についての社会理念・観念がほとんどの社会に存在してきた。1960年代以来，まずアメリカで顕著となった個人の人生と家族との関わりの変化にともない，実態としての家族が，「一組の男女が夫婦でありかつ子どもの両親である近代家族」という小集団は統計的に少数派となり，個人の一生の間のある時期に一時的に経験するものとなった。これは，家族社会学の通常的対象の範囲を極度に狭くすることを意味した。また，夫は稼ぎ手で妻は主婦というジェンダー役割に対する疑問や女性の就業の一般化により，従来の家族役割や機能を前提とする家族研究の概念枠組みが問われることにつながった。

先述の理論構築のメタ理論や統計学的分析手法の活用とともに，家族の実態の変化に対応できるような分析枠組みの構築が求められる時代となった1970年代初頭，家族研究をスタートするに当たっての足元を固めるために私がもっとも期待を持ったのが社会的ネットワーク論だった。1960年代のアメリカにおけるサスマンなどの親族ネットワーク研究は，1950年代後期のパーソンズによる産業化社会における「核家族の孤立化」論に対し実証的に反論し，産業化の進展にともなう家族機能の縮小がみられる反面，家族・親族ならではの代替不能な機能の重要性が増大することを示して，「核家族の孤立化論」の撤回に導いた。また，現代家族の社会的ネットワーク研究の草分けであるボットやイギリス社会人類学者のグループによるノルウェーやアメリカなどをフィールドとする研究は，異なる領域におけるネットワーク分析の有効性を示唆し，ネットワーク概念の精緻化に極めて重要な貢献をしていた。これらの諸研究は，個人の生活世界が，ニーズに基づく個人の選択によって集団の境界を越えて広がりをもっていることを実証し，個人を単位とする社会関係の分析の視点と方法を提供していた。

さらに着目したのがライフコース論で，これは私の研究においてネットワーク論と相互補完的な役割を果たしている。ライフコース研究は1970年代から学際的に進められてきたが，1980年初頭にアメリカの研究グループの呼びかけで日本でのライフコース研究が開幕した。ライフコース研究の画期的な点は，個人・家族・社会それぞれを単位とする時間軸の同調／非同調に注目したメゾ変

動論であることで，変動メカニズムの説明のための諸概念を用意し，個人の一生の中で経験する家族形成や修正，離脱などのパターン化や，非斉一的な家族経験の通常化という現実をとらえる枠組みは，個人・家族・社会の期待・想定される状態よりも状態の転換点・変わり目（transition）に着目したことである。前出の社会的ネットワーク概念は，ライフコース・アプローチの主要な変数の一つである「転機」のメカニズムに関わる重要な説明要因として位置づけられている。

社会学の個別領域の中でもっとも女性の可視性が容認されていた家族の研究において，1970年代以降のジェンダー状況の変化を反映しないアプローチは極度に限定的とならざるを得ない。そのことは単に家族社会学の実証作業に欠かせない主要な情報源が女性であったということではなく，女性たちが結婚や家族に関する意識と行動の変化を先導したために，近代家族の基盤となる社会の変化と家族の変化との関連を説明し理解する新しい枠組みが必要となったからである。

「近代家族は，長老支配の家父長制家族とは異なる，夫婦の平等を原理とする家族である」という家族変動論では説明できない現実を説明するために，ジェンダー概念は極めて有効であるという確信を得る上で，アメリカ社会の経験は最適の事例を提供するものであった。近代家族の地盤変化による現代の家族の変化の性質に関する私の「家族の個人化」モデルは，家族を個人の社会的ネットワークとしてみることを可能にするネットワーク・アプローチ，個人・家族・社会の時間の相互関係や生活パターンの多様性の分析に着目するライフコース・アプローチ，そしてジェンダー概念を統合することによって，一種のひらめきから導かれた，近代家族のその先に見える家族と社会システムの関係を示すものである。この仮説的モデルの構築に際してヨーロッパやアメリカの変動経験を資料として用いたことが，第1節で述べたヨーロッパ中心主義の科学と同質であることにはならない。なぜなら，科学研究のプロセスは，既存の理論や現実世界の経験的事実から導き出された特定の命題，そこから導き出された実証可能な形式の仮説，その仮説の検証，そしてその結果がフィードバックされた新しい理論／経験的事実へと循環するからである。このモデルは，日本の状況の分析に適用したのみであるが，産業化の度合いを問わず他の社会を対

象としても，それぞれの社会に適したサブ概念や変数を用いて，社会システムと家族システムの関係を理解するうえでの道具になり得ると思っている。

　以上の三つのアプローチは，いずれも個人に焦点をおく視点の有効性を示す成果をあげている。近代家族の成立基盤が流動化する中で，それでも家族という生活形態を求め，そこに自己の存在証明を発見しようとする傾向は，変化しつつも根強い。このような現実を分析し理解するための新しい枠組みによる研究は，その他の視点を代替するというよりは，むしろ補強するものであり，それぞれの成果がより豊富な経験的事実となって，さらに命題化されることにつながるはずである。

I

第 1 章

現代家族の社会的ネットワーク
——パス解析の応用——

1　ネットワーク・アプローチの意義

　本章の目的は，現代家族と他の社会的単位との関係を通じて，家族のソーシャル・ネットワークのあり方を理解することにある。家族は，それのみで真空に存在するのではなく，あるソーシャル・ネットワークを構成する部分であり，そのネットワークは，社会の一部を構成する。本章では，家族が相互関係をもつ個人あるいは組織などの単位を指摘し，日常時と危機時におけるそれらとの相互関係のパターンを検討する。家族が構成するネットワークの点は，親族，友人，隣人，同僚，組織等で占められる。検討のレベルは，実際の行動にみられる関係で，理念型ではない。また，存在しうる可能なネットワーク全体を検討することは困難であり，ここでは，ある時点で活用されたリンクのみを対象とする。さらに，ネットワーク内の，家族と他の単位とのリンクを検討の対象とするもので，他の単位間のリンクは取り扱わない。

　このような問題を検討するのに最も有効な理論の一つとして，ソーシャル・ネットワーク論を借りることにする。バーンズがノルウェー漁村の人々の行動を理解しようとした際に，地域や職業活動ではなく個人的なソーシャル・ネットワークに規制された個人や集団とのリンケージを家族は設定し，活用することを発見した（Barnes [1954]）。リンケージやソーシャル・ネットワークといった概念の背景として，あるリンケージを設定したり活用したりすることは，かかわりあう単位にとってそれが利益になる——その利益がどのような形であれ（たとえば，特定のゴールを達成するとか，感情的な満足を得るなど）——とい

う仮定をする[1]。一つのリンクにより結ばれた二つの単位は，相互的利益がある（必ずしも平等の利益ではない）ので，そのリンクを活用あるいは維持しようとする。

本章は，探索的な性格を強くし，特定の仮説を検証するというよりも，それ以前に必要な段階としての，日本の家族のソーシャル・ネットワークに関する記述を志すものであるが，次の二つの疑問を中心に展開していきたい。(1)日本の家族制度における世代継承のもつ重要性の減少，(2)現代日本における複雑なリンケージ網の中で占める親族リンケージの位置。

右のようなソーシャル・ネットワークの側面を，日常時と危機時という二つの状況において検討する。日常時とは，家族が毎日遭遇する状況で，そこでは，規範に従った行動が期待されよう。危機時とは，家族にとって予期せぬ出来事が生じ，それが家族にとっては負担となり，家族内あるいは外の社会的単位に援助を求める必要にせまられるという状況と規定する。家族のもつソーシャル・ネットワークは，必要とされる援助を提供する援助源の選択を与えることになる。

2　概念定義

本章の問題に関連ある概念枠組みとして，「現代親族関係」と「ソーシャル・ネットワーク」を用いる。前者は，現代社会における親族関係のもつ重要性を扱うもので，主としてアメリカで，パーソンズの「核家族の孤立化」論以来，それを反証する試みという形で，さかんに用いられるようになった[2]。後者は，主としてイギリスの社会人類学者が発展させてきた概念で，その中心はM・グラックマンとそのグループであり，また，E・ボットの研究は，その後多数の英米での研究を触発したという意味で重要である[3]。

二つの概念枠組みの関係は，親族関係は，家族のもつトータルなソーシャル・ネットワークの一部と考えるので，後者が前者を包含した概念ということになる。

ソーシャル・ネットワークを定義する際，下位概念を明らかにすると便利で，その下位概念として，全体ネットワーク，部分ネットワーク，リンケージ，活

用化された（activated）ネットワークおよびリンケージを用いる。

　社会関係の全体ネットワークは，部分ネットワークより成る。前者は個中心（ego-centric）でなく，また境界をもたない。実証的にソーシャル・ネットワークを定義する際には，研究の目的に応じて全体ネットワークから部分を切り取る。

　部分ネットワークは個中心的で，親族や友人，隣人，同僚，社会組織等を基準とした境界をもつ。本章では，個人ではなく家族が，ネットワークの中心となる。部分ネットワークは，バーンズが，中心とそこから出た数本の線と，それらで結ばれた他の単位から成るスターと呼んだもの（Barnes [1969a]）である。これは，ダイアディックな関係を基礎とし，1本の線によって，二つの点が直接結ばれ，その線は，中心点（この場合は家族）から発している。

　リンケージという用語は，社会学の文献では，個人または集団，組織といった社会的単位の二つを結びつけるリンクという意味で用いられ，二つの単位間には，何らかのシステマティックな相互行為があることを予想させる。研究者のなかには，二つの単位の間に仲介単位があってリンクするという場合にのみリンケージと呼ぶ者もある（Litwak [1961], Litwak & Meyer [1965], Boissevain [1968]）。本章では，仲介単位を必ずしも必要とみなさず，「たとえば活動の交換や親族の絆といった具体的な基準で結ばれた二つまたはそれ以上の単位間の関係」あるいは，「二つの点を結ぶ線が，一定のシステマティックな相互行為を予想させるような，そういう線から成り立っている」とみる。上の定義によれば，リンケージがスターを構成することになる。リンケージは，スターを構成する線によって代表され，そのスターは，部分ネットワークのことである。

　リンケージやネットワークの活用ということで，研究の課題となるのは，潜在的に存在可能なそれらは社会の構造に規定されると前提するので，潜在的ネットワーク・リンケージの活用パターンにみられる変化ということになる。

3　方　　法

　本章に用いたのは，Cross-National Research Studies on the Family（責任

図1-1 家族のソーシャル・ネットワークに関する因果関係モデル

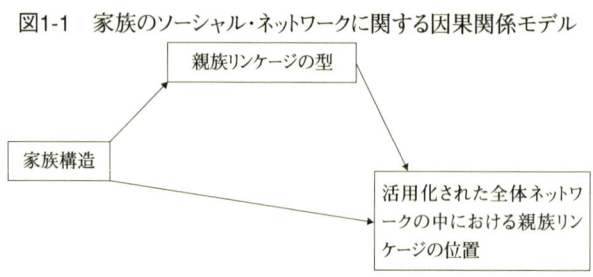

者 M. B. Sussman 教授）のために，森岡清美東京教育大学教授を中心とする日本チームが蒐集した東京都内の団地家族のデータの一部で，対象家族は，学童のいる129の核家族で，回答者は，妻＝母が大部分である。目的的選択法を用いたサンプルである。

「問題」で述べたように，本章は記述的な報告ではあるが，家族のソーシャル・ネットワークに関する特定の側面に焦点をあてて検討することを目的とするので，そのための概念の操作化の作業として，次のような独立・従属諸変数の設定およびその関係を示す因果関係モデルを設定した。家族構造の特質がソーシャル・ネットワークに影響を及ぼすものという予想のもとに，家族構造を，「夫の職業を基準とした社会階層」「妻の就業状態」「回答者の年齢」「子ども数」「夫妻の教育年数」「夫の出生順」「夫妻の両親の生存状況」「夫妻のきょうだいの数」といった状況特性で測定することとし，ソーシャル・ネットワークは，「活用化された全体ネットワークの中における親族リンケージの位置（親族リンケージ対非親族リンケージの比重）」を測定対象とすることにした。変数間の関係を示すと，次のようになる。「親族リンケージの型」は「親対きょうだい」と「夫方対妻方」の二つの型を区別し，家族の特性がそれらに及ぼす影響およびそれらが従属変数の「親族リンケージの比重」に及ぼす影響を明らかにするためのモデルとした（図1-1）。

4 調査対象家族の一般的特性

サンプル129家族の全般的な背景としては，夫の35％（45人）が東京出身，

妻の場合は約40％（51人）である。東京での居住年数は，ほとんどが10年以上で，約40％が現住所の団地に10年以上住んでいる。平均子ども数は1.91人（28％が1人，54％が2人，16％が3人，2％が4人）。子どもの年齢は乳児から成人まで含まれ，23％は子ども全員が6歳以下である。

夫の職業構成は，43％が(1)「専門，技術，管理，事務」に入り，(2)「販売，サービス」は8％，(3)「運輸，通信，半熟練，非熟練」は34％，(4)「自営」14％である。本調査では，国勢調査の基準にもとづき，(1)と(2)を中間階層とし，(3)を労働者層，(4)は規模を基準に二つの階層に二分した。

妻の約43％（55人）は有職で，その内訳は，中間層に属する職種の仕事についている者が22％（12人）で，あとの78％（43人）は労働者層に属する仕事をもっている。働く妻のうち，職場が家庭外の場合は約3分の2で，それは，サンプル全体の29％になる。この比率は，全国統計（18.3％）をかなり上まわっている（労働省婦人少年局［1971］）。フルタイムで働く妻は，有職者の24％で，サンプル全体の13％にしかならない。ただし，ほとんどの妻が，勤めの経験をもっている。

平均教育年数は，夫の場合11.3年で，最低6年，最高18年である。妻の場合，平均教育年数は9.9年で，最低6年，最高14年であり，夫より全般的に低い。高校以上の教育を受けた妻は2人である。

親の生存状況は，夫の3分の1近くが両親健在で，約35％が両親とも欠如している。妻の親の生存状況は，夫の場合よりやや良く，妻の3分の1が両親ともにあり，両親ともにいない妻は29％である（表1-1）。

親が生存の場合，その40％近くが東京在住で，あと30％が，小旅行をすれば会える程度の場所に住んでいる。

夫の平均きょうだい数は3.9人，妻のそれは4.1人である（いずれも本人と，死亡したきょうだいを含まない）。全体に，やや妻の方が，きょうだいが多いようである（表1-2）。回答

表1-1　両親の生存状況（％）

	夫	妻
両親とも生存	40（31）	42（33）
父親のみ生存	11（ 9）	13（10）
母親のみ生存	33（26）	36（28）
両親とも死亡	45（35）	38（29）
計	129（101）	129（100）

表1-2　きょうだいの生存状況（％）

きょうだい数	夫	妻
0人	6（ 4）	5（ 4）
1～3	51（41）	43（33）
4	25（19）	28（22）
5～9	47（37）	53（42）
計	129（101）	129（101）

者のもつ全きょうだい数は1098人（夫—569，妻—529）である。

年齢は，20歳代後半から50歳代までで，夫の75%，妻の76%が30～49歳である。妻は夫よりも，5歳平均若い。

5　パス解析の応用

パス解析を用いる目的は，本章で提出した理論的枠組みの論理的可能性を確かめ，用いる諸変数間の多変量関係を考察することにあり，この技法を用いることにより，諸独立変数が，個別に，また集合的にもっている，従属変数における相違を説明する際の総合的な関係を，検証しようとするものである。用いる変数は次の通りである。

X_1——夫の職業による社会階層

X_2——妻の就業

X_3——回答者の年齢

X_4——子ども数

X_5——夫の教育年数

X_6——妻の教育年数

X_7——夫の出生順

X_8——夫の親の生存状況

X_9——妻の親の生存状況

X_{10}——夫のきょうだいの数

X_{11}——妻のきょうだいの数

X_{12}——親子リンケージの活用度

X_{13}——夫方親族リンケージの活用度

X_{14}——日常援助における親族リンケージの活用度

X_{15}——危機時における親族リンケージの活用度

日常的援助の領域は，「子どもの世話」「買物」「アドバイス」の三つとし，援助の付与と受領を通して，日常時のリンケージ活用をみる方法をとった。

危機時における親族リンケージの活用度は，仮想危機時にどのような社会的リンケージを活用して問題解決をはかろうとするのかを，「次のような場合，

あなたの家族は，問題をどう処理しますか」という質問を通じて明らかにしようと試み，次の六つの状況が回答者に示された。

　　状況1――家族の誰かがノイローゼになったとき
　　状況2――子どもの学校の成績が落ちているとき
　　状況3――家族の誰かが脳溢血で倒れたとき
　　状況4――不具手当や退職金など公的な福祉援助を受けたいとき
　　状況5――家族の誰かが逮捕されたとき
　　状況6――家族の誰かが交通事故にあったとき

以上六つの状況における問題解決のためにどのような型のリンケージが援助源として考えられるかを，オープン・エンド式に回答してもらった。スコアリングの方法は，「何もしない」(「低活用度」)から「自分でする」「アドバイスや仲介を親族に頼む」「非親族・非個人関係の機関または専門家をアドバイスや仲介に頼む」「組織機関と直接交渉する」の5段階とし，それぞれ1から5までの数値を与えた。

　測定尺度を nominal や ordinal scale から interval scale に転換させる作業については，検討すべき多くの問題があるが，本章では，演繹的に派生した因果関係モデルの論理的構造を確かめようとする目的で，そのような転換を行なった[4]。

　本章の理論的命題は，親族リンケージの型に関する変数（X_{12}とX_{13}）は，家族構造の特質を表わす変数（X_1～X_{11}）の結果であり，そしてまた，すべての独立変数（この場合 exogenous と考える）（X_1～X_{11}）と親族リンケージの変数（X_{12}とX_{13}）は，二つの状況における親族リンケージ活用の比重に関する二つの変数（X_{14}とX_{15}）の独立変数とするという，二つの因果関係を含むものである。

　従属変数を二つとした理由は，家族が援助を必要とする際，日常時における諸リンケージの使い方は，仮定として創られた危機状況における使い方と異なり，かつ独立したパターンをもつと考えられるからである。そして，前者よりも後者の状況において，より規範的なパターンが示されるのではないかと予想する。本研究では，日常時の援助状況としては三つの活動領域――子どもの世話，買物，アドバイス――に限られる。

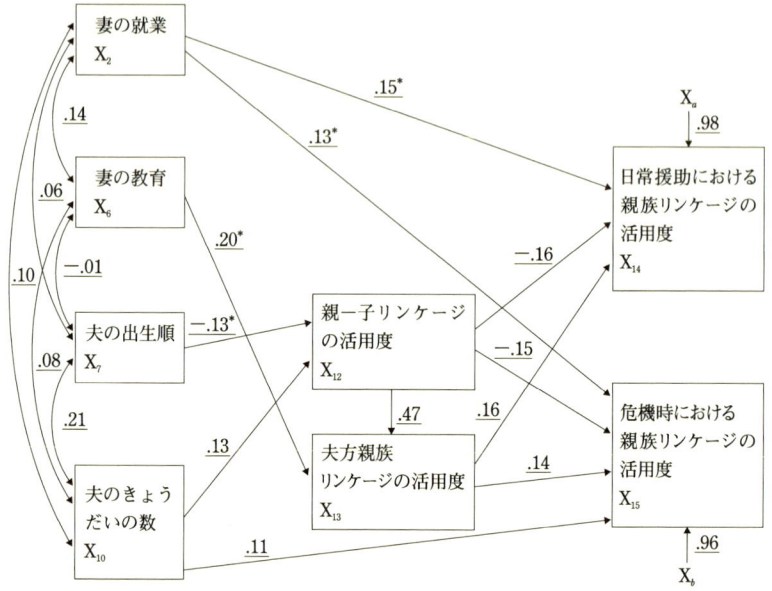

図1-2 家族構造の親族リンケージの活用に及ぼす影響を示すパス・ダイアグラム

注1:ベータ値が標準誤差の2倍以下の変数は,この図から除去した。
注2:*印のパスは,そのF値が有意であるために,図に残した。各有意レベルは,$P_{13\cdot 6}$は.001,$P_{15\cdot 2}$は.05, $P_{14\cdot 2}$は.01, $P_{12\cdot 7}$は.05である。

　パス・ダイアグラムでは,夫の職業(X_1),回答者の年齢(X_3),子どもの数(X_4),夫の教育年数(X_5),夫・妻双方の親の生存状況(X_8, X_9),妻のきょうだい数(X_{11})という変数が除去されている。先述の理論モデルの中の,第一の独立・従属変数関係について検討しよう。パス図によれば,夫の出生順(X_7)と夫のきょうだい数(X_{10})が,親子リンケージのパターン(X_{12})における変量に影響を与えることがわかる。影響の方向としては,非長男グループは,日常時三つの家族活動領域で援助が必要な際は親子リンケージを活用する傾向が強いのに対し,長男グループは,横のきょうだいリンケージを活用する傾向が強いということである。夫の出生順ときょうだい数との相関係数はかなり高く,正の関係である(夫・妻双方のきょうだい数とのγはいずれも,.21)。これは,長男グループはきょうだい数が少ないという傾向を示すものである。ところが,パス係数($P_{12\cdot 7}=-.13$)は,長男グループの方が非長男グループより

第1章　現代家族の社会的ネットワーク

も，きょうだいリンケージを活用するという結果を示している。

　夫のきょうだい数（X_{10}）が親子リンケージの活用（X_{12}）に及ぼす影響は，X_7とは逆の方向で，夫のきょうだい数が少ないほど，親子リンケージの活用度が大である。妻のきょうだい数も，同様の影響を示しているが，そのパス係数が，ここで用いられた基準以下であったため，図から除去されている。

　三つの家族活動領域における援助の際，親族リンケージが夫方寄りか妻方寄りかという変数（X_{13}）に影響を与える唯一の独立変数はX_6で，妻の教育程度が低い場合，高い場合よりも，夫方リンケージの活用が大である。夫のきょうだい数は，他の独立変数よりは，夫方妻方リンケージに与える影響は大きいが，パス解析図に残すには，係数が弱すぎる（$P_{13 \cdot 10} = -.09$）。その影響の方向としては，夫のきょうだいの数が少ないほど，夫方リンケージを援助源として活用する度合いが弱いというものである。妻のきょうだい数が，上の従属変数に与える影響は微量である。

　夫方親族リンケージ活用度と親子リンケージ活用度とのパス係数は.47で，これは相関係数と同値である。これは，親族リンケージの活用パターンとして親子リンケージ対きょうだいリンケージで親子リンケージの活用度が高い場合，夫方親族リンケージの活用度が高いという傾向を示すものである。本調査のサンプル家族は，全般的に，親子リンケージよりはきょうだいリンケージを，そして，夫方親族よりは妻方親族リンケージを活用する率が高い傾向をもっているが，パス解析により，親子関係の強さと夫方親族との近接性との強い正の関係が明らかとなり，世代継承と夫方単系出自という日本の伝統的家族の二つの側面が，相関しているという結果を，統計学的処理で明らかにしたことになろう。二つの変数間のパス係数は，他の変数間の係数に比べて，非常に高いもので，日常生活上援助を受けられる親族として親を活用する傾向がある家族は，夫方親族依存の傾向が強いということが示されるといえよう。

　次に，二つの従属変数（X_{14}，X_{15}）と，独立変数との関係をみよう。日常援助における親族リンケージの活用度（X_{14}）に影響を及ぼすのは，妻の就業状態のみで，三つの援助領域（子どもの世話，買物，アドバイス）においては，妻が就業している場合，親族リンケージ活用度の方が，非親族リンケージよりも高い。妻の親ときょうだい数も，この領域でのリンケージ活用パターンに，あ

19

る程度の影響を及ぼしている。

　日常援助における親族リンケージの活用度（X_{14}）は，親子リンケージ（X_{12}）および夫方親族リンケージ（X_{13}）活用のパターンに影響される（$P_{14.12} = -.16$, $P_{14.13} = .16$）。X_{12}, X_{13}いずれの変数も，影響力は同じ数値であるが，その方向は逆である。このパス図によれば，きょうだいよりも親子リンケージを活用するグループは，日常時の援助源として，親族リンケージよりも非親族リンケージを活用する傾向をもち，また，高い夫方親族リンケージの活用度は，日常時の援助源としての親族リンケージと，正の関係を示している。つまり，妻方親族リンケージをより活用するグループは，援助を必要とする際，親族以外のリンケージを活用する傾向をもつわけである。パス・モデルの第二の従属変数「仮設危機時における親族リンケージの活用度」（X_{15}）は，家族構造を表わす独立変数のうち，妻の就業（X_2）と夫のきょうだい数（X_{10}）の二つから，直接影響を受けている。そこにみられる傾向は，有職の妻グループは，危機時における援助源として，非親族よりも親族リンケージを活用し，また，夫のきょうだい数が少ないほど，親族リンケージを活用する，というものである。

　親子リンケージ活用のパターン（X_{12}）が，二つの従属変数（X_{14}, X_{15}）に及ぼす影響の方向は同一で，きょうだいよりも親とのリンケージが強い場合，危機時における援助源として非親族リンケージを活用する傾向を示している。夫方親族リンケージの活用度も，二つの従属変数に同じ方向で影響を与えているが，夫方親族の活用度が，妻方よりも高い場合，危機時には非親族リンケージよりも親族リンケージを活用する傾向である。

　二つの従属変数間の相関は$\gamma = P_{15.14} = -.001$で，有意ではない。このことは，日常時援助を必要とする際（前述の三つの領域）に活用される社会的リソースと，仮設された危機時に援助を求める先とは，関連しないことを示している。いずれの変数も，リンケージ活用行動パターンを予見する際に，もう一方の変数の指標とはならないということである。

　パス解析の結果を，次のように要約することができよう。

(1) 設定されたモデルの独立変数のなかで，日常時，危機時両方の場合における親族リンケージ活用パターンに影響を与える変数は，「妻の就業」の

みであり，そこにみられる傾向は，二つの異なる援助必要時における親族リンケージ活用度は，妻が有職の場合高い。
(2) 仮設の危機時における援助源としての親族リンケージ活用パターンのみに影響を与える独立変数は，「夫のきょうだい数」である。夫のきょうだい数が少ないことは，危機時において非親族よりも親族リンケージをより活用することと相関している。
(3) 「夫の出生順」と「夫のきょうだい数」は，親リンケージ活用パターンに，次のように影響する。つまり，長男で，夫のきょうだい数の多いグループは，日常援助源として，親子リンケージよりもきょうだいリンケージをより活用する。
(4) 「妻の教育」という変数では，教育程度の低い妻の場合，夫方親族リンケージを活用する傾向が強い。
(5) 親子リンケージの活用度が高い場合，援助を必要とする際に求める社会的リソースは，非親族リンケージの方が多い。
(6) 夫方親族リンケージの活用度が高い場合，援助源として親族リンケージを活用する度合いが高い。
(7) 全般に，妻が有職で，親子リンケージよりもきょうだいリンケージの活用度が高く，そして，妻方よりも夫方親族リンケージの活用度が高い時，非親族よりも親族リンケージの活用度が高い。

前述の通り，本調査に用いたサンプルは，無作為抽出でないので，それだけをとっても上述のパス解析による結論の一般化が疑わしい。パス解析は，演繹的に設定した独立・従属変数間の因果関係を（そのような関係が存在するものならば）追跡する試みとして用いられた。パス解析で除去された変数を除き，他の変数間の可能な関係をさらに検討することが，次の作業である。本分析の結論は，主として家族ネットワークの領域における今後の理論構築のために，因果モデルをさらに発展，修正するための土台とされるべきものと考えられる。

6 日本の家族と親族リンケージ

上記の分析の結果についての討論は，その範囲を日本の社会に限定した上で

進めたい。記述を目的としながらも，日本の家族の二つの側面を中心に分析を試みたのであるが，その一つ——日本の家族が，より平等主義的性格をもつに至ったかという問題——については，多くの研究がある。小山隆は，その結論の一つとして，「家父長家族制度を特徴とする同族組織は，漸次解体し，父系母系の差をつけない夫婦家族を特徴とする新しい親族関係が出現しつつあり，また，妻方の親族との交際が，ますます頻繁になりつつある」ことをあげている（Koyama [1970]）。別の研究でも，親族交際について類似の傾向が指摘され，夫方親族よりも妻方親族との交際がやや多く，その差は，きょうだいが考慮に入れられた場合にのみ大きくなる（森岡他 [1968]）。大橋・清水論文には，逆の傾向が報告されており，そこでは妻方よりも夫方の親族との交際が多い（大橋・清水 [1972]）。

　本調査のサンプルでは，一般に妻の親族との交際の頻度がやや高く，日常的援助パターンでも，妻の親族リンケージの方が，夫のそれよりも，より活用されている。その差異は，回答者の年齢や子ども数による——若いほど夫方親族リンケージを用い，子ども数が多いほど妻方親族の活用度が強い。親族との交際が夫方傾斜か妻方傾斜かということは，年齢や子ども数といった，家族の構造によって影響されるが，全般に妻方傾斜であるということが，社会変動に起因するものかどうかの結論は出せない。

　いま一つの側面，つまり，世代継承の重要性が，横の親族関係に移行したかという点，については，日常的援助のパターンは，きょうだいリンケージがより活用されることを示し，これは，親きょうだいの生存数を計算に入れても，同様の結果である。家族構造の特性を表わすどの変数も，その結果に及ぼす影響は有意でない。わずかに若くて，中間層で子ども数の少ないグループが，親の世代とのリンケージをより活用するという傾向をみせているにすぎない。年齢と，親リンケージの活用との関連について，次のような解釈ができるかもしれない。つまり，若い回答者の親の方が，年配の回答者の親よりも，回答者自身にとって，より有益——その利益が，手段的性格のものであれ，愛情という形であれ——であろう。

　比較できる日本の資料は限定されているが，若いサンプルの場合横の絆よりも世代間の親族の絆が強い，というアメリカの研究報告がある（Adams

［1967］)。そして，その傾向が，親子関係では「義務感」が重要な原因であると解釈されているのである（ibid.: 337）。アメリカの親族関係に関するこの解釈は，日本の場合にもあてはまりそうである。援助を求める際に，親リンケージの活用度が低いのは，きょうだいの方が親よりも，より手段的機能をもつ，といえるのではなかろうか5)。平等主義の側面の場合と同様，きょうだいリンケージの活用度の強いことが，社会変動の結果であるという結論を出すには，資料が乏しすぎる。ただ，親リンケージときょうだいリンケージの性格の相違については，前者は，後者に比べ，手段的原因によって触発されることが少ない，と結論することは可能であろう。前者は，後者よりも，愛情志向的である。上のように仮定するならば，現代の日本の家族は，伝統的イデオロギーに支えられていた家族に比べ，子どもの世代に社会的位置を提供するという領域でその機能が減少した，といえるのではないか。

　夫が長男か次三男であるかという変数については，一般交際でも，日常の援助パターンでも，差異はみられなかったが，パス解析を用いた場合，長男グループが，親リンケージの活用が少ないことが判明した。東京近郊団地という，本調査のサンプルと類似の背景をもつ家族についての調査報告によれば，長男グループの親との交際は，次三男のそれよりも頻繁で，かつ，前者が，東京外に住む親ともつきあうことが多いのに反し，後者は，都内に住む親とのつきあいが頻繁でないという（森岡他［1968］）。報告者たちは，老親への義務をもつ後継を明確にする伝統的イデオロギーの影響が，回答に反映しているのだろう，と解釈している（ibid.: 265）。

　本調査で，夫の出生順が，リンケージ活用パターンに有意な影響を及ぼさないという結果について，長男，次三男いずれのグループも，長年団地に住んでいるという特性から推察して，継ぐべき家や財産を持たないので，親リンケージに対する態度に差異がないのではないかと，まず考えられた。が，上記の報告との比較を通じて，次のことが明らかとなった。いずれのサンプルも，出身地別の背景など類似しているが，年齢，教育，職業などで差異がある（上述報告に比べて，本調査には40歳以上の回答者も含まれ，教育程度はやや低く，また，一方がほとんどホワイトカラーであるのに対し，本調査では，60%程度である）。このような要因の違いから出てくる差は，本調査内にみられる諸変数の影響パタ

ーンと同類のものであり（若く，教育程度高く，中間層であることと，親リンケージ活用度の高いことの相関），二つの調査により，変数間の相関パターンが，より明確になる結果となったことになる。

　本調査に用いた因果関係モデルにおいて，独立諸変数と従属諸変数との間に，注目すべき関係は見出し得なかったが，将来再検討すべきいくつかの傾向を明示することはできた。たとえば，親族リンケージがソーシャル・ネットワークの中に占める位置に対し，夫のきょうだい数は影響するが，妻のそれはあまり影響しないということが示されたが，これは，妻方親族や，夫婦の職業，教育，年齢などよりも，夫方親族の構造の方が，より重要な要因であることの示唆といえるかもしれない。一連の傾向にみられる共通の流れは，性別による親族系譜と，援助源としての親族の比重との関係——夫方親族活用度と援助を必要とする際の親族リンケージ活用度との正の相関——にみられるようである。これは，日常時夫方親族の活用度が高いグループは，非親族リンケージが援助源として存在する場合でも，親族リンケージを非常時に活用する傾向が強いということである。この傾向は，前述の男系支配から平等主義への移行という家族変動のテーマを確認することに役立つかもしれない。世代継承という側面は，予想されたほどには，伝統的親族組織から現代の親族組織への変化の尺度として有効ではなかった。むしろ，親子リンケージの活用と非親族リンケージの活用との正の相関は，世代継承と産業化された社会との「適合」を示唆するといえるかもしれず，この点については，アメリカでの，産業化社会における親族関係の研究が示す通りである。この結果，次のような指摘が可能となる。日本の家族における男系系譜のもつ重要性が変化するパターンは，日本の家族変動を分析する際に鍵となる要素であり，世代間の継承という側面は，家族生活のもつ，より普遍的な次元といえよう。

　総括的な結論として，親族リンケージは，所与のものではなく，選択的で，その選択は，親族とのリンケージを維持するということからくる利益にもとづき，その利益は，親族リンケージの利用可能度と所有資源量により決定される。本調査の限界内で，親のもつ有効性はきょうだいのそれとは異なり，後者は愛情的あるいは義務的というよりは手段的性格を強くする。

家族理論との関連についていえば，ソーシャル・ネットワークやリンケージという概念は，家族と他の親族・非親族単位との関係を検討し記述するのに有効であり，交換理論は，その関係のもつ意味を解釈する際に有効であると思われる。家族変動についてパーソンズの「専門化された機関が家族諸機能を果たすようになるが，家族の基本的な機能は家族の手に残る（Parsons［1955］）」という説明は，本調査のデータにあてはまるが，伝統型家族から現代家族へという二分的な変動モデルや，核家族が全体親族ネットワークの中で孤立しているという説明は，このデータで証明できなかった。産業化社会における家族の分析には，サスマンやリトワクのアプローチが，種々の家族活動の領域を明確にすることで，その広い応用性ゆえに有効性をもつといえる。現代社会における親族の重要性を研究するにあたり，概念の操作化が，重要な問題として残る。データの解釈に有効な交換理論の中で，グードのそれが，他に比べより社会学的であり，本調査の場合，もっとも役立った。上の結論は，本調査のもつ理論的，方法論的限界を超えて一般化する性格のものでないことはいうまでもない。

注

1) 社会学に関連の深い交換理論については，Homans［1961］，Blau［1964］，Goode［1973］を参照。
2) アメリカ親族研究の総括という形で，バート・アダムスの優れた要約がある（Adams［1970］）。
3) アメリカ親族関係に関する研究とソーシャル・ネットワーク研究についての詳細な検討は，目黒の未発表博士論文 *Family and Social Network in Modern Japan* を参照。
4) この問題に関しては次のような文献を参照した。Stevens［1968］，Boyle［1970］，Heise［1969］，Labowitz［1967］，Land［1969］，Lyons［1971］，Costner ed.［1971］。
5) アダムスによれば，社会関係における合意的または同情的要素を用いた場合，きょうだいと旧友は，酷似しているという（Adams［1967］）。

第2章

家族ネットワーク・家族周期・社会変動
――5家族反復調査をもとに――

1 家族ネットワークの二時点比較

「家族周期」や「家族変動」は，家族社会学の領域では，すでに必要な位置を占めるテーマであるが，「社会的ネットワーク」は，ごく最近になって注目されるようになったものである。また，これまでの研究では，ほとんどが，上記の概念を個別に把握する試みであった。

家族という集団は，その集団としての目的が多元的・複次的（multi-functional）であり，達成するための目的をもつというよりは，集団の形成・発達の過程にこそ，その意味があるというタイプの集団である。家族のもつ多元的な欲求（needs）は，すべてが家族内で満たされるものではなく，家族をとりまく環境との関係なしには家族の存続は不可能で，家族の欲求を家族外資源（resources）によって満たすための相互関係（transactions）を断面的にとらえるのに，ネットワーク概念は有効である。家族のもつニーズは，家族内外の要因によって形成され，これがリソースとの関連で発達課題を形成するといえる。家族集団を，その成立から消滅まで，一定の時間的要素を組み入れた発達的周期をもつ集団としてとらえることの重要性が，現在では認められているが，ネットワーク・パターンも，周期の変化とともに変化すると考えられる。周期的な変化は，家族のおかれた社会的な状況の変化――社会変動――を常数とした上で測られるが，実際には，周期的変化の時間と，社会変動の時間とは，同時的である。

家族変動をとらえる枠組みの不備は，変動間の因果関係を明示するにはあま

りにも未知数が多いことと，対象とされる家族の特性が考慮されずに，一般化されて扱われることにあると思われる。後者を補うための方法は，一つには発達アプローチを，もう一つには家族特性の中でとくに職業階層（夫妻の）比較を組み入れることであろう。

本章では，家族の社会的ネットワークを，二つの異なる時点でとらえることによって，時間の経過による家族周期の変化および社会全体の変化が，どのような形で家族ネットワークに影響を及ぼすか，という問題に接近する。資料は，わずか5家族についての調査から得たものであり，また，二時点の間隔はわずか5年（1970年と1975年）であるから，家族周期の変化，社会変動，のいずれをとっても，急激な変化は予想されない。五つの家族を，個別に検討することで，変化を発見し，理論的考察の土台とすることにしたい。これは，家族の集中的研究の一種であって，その研究方法として，オスカー・ルイスが四つあげているし（Lewis [1959：3-4]），ラポポート夫妻の研究（Rapoport and Rapoport [1971：30-33]）の前例もあるが，少数サンプルによる家族研究の方法論についても，本章は探索の域を出ない。

2　概念整理

社会的ネットワーク

ネットワークという用語は，社会学では比喩的に用いられることもあれば，グラフ理論にみられるように精密な用法に基づくものもある。グラフ理論では，線で結ばれた点の数は無限であるが，社会学では，現実的に点に代表される人数を目的に応じて限定するのが普通である。2点を結ぶ線も1本とは限らない。英米でのネットワーク研究は，J.A.バーンズ（Barnes [1954]）に始まり，以後，E.ボット（Bott [1957]）の研究によって触発されたが，家族社会学におけるネットワーク研究は，ボットの研究成果に準じた方向をとってきたことに，その大きな限界があったように思われる。つまり，ボットの研究成果のうち，最も注目されたのは，夫婦間の役割関係と家族のネットワークの連結性（connectedness）との相関関係についてであり，以後，その仮説を検証する試みとしてのネットワーク研究が続いた（Udry & Hall [1965], Aldous & Straus

[1966]，Nelson [1966]，Turner [1967]）。C.ターナーの研究は，それまでのものと違い，多数の変数を同時に相関させる試みであったが，あくまで中心変数は夫婦の役割関係であった。このように，ネットワーク研究に用いられる変数が限定されていたことのほかに，方法の問題もあった。つまり，研究者ごとに，ネットワークの連結性や夫婦役割の共同性（jointness）を測定する尺度が違っていたことである。

以上のようなネットワーク研究を日本の家族に応用したのは，H.ウィンバリー（Wimberley [1973]）で，彼は日英の比較を試みている。イギリスの人類学者たちの多くが，夫婦役割関係に限定しないでネットワーク概念を用いた研究をつづけているが，いずれもバーンズやボットと同類のとらえ方をしている。

ソーシャル・ネットワーク概念を体系的に分析したのは，J.C.ミッチェルである。彼は，ソーシャル・ネットワークの形態的特徴として，原点（anchorage），密度（density），社会的距離（reachability），範囲（range）を，相互行為的な特徴として，内容（content），方向（directedness），永続性（durability），強度（intensity），頻度（frequency）を，あげている（Mitchell [1969：12]）。続いてバーンズは，1969年に概念をより正確にするために，全体ネットワーク（total network），スター（star），領域（zone），密度（density）などの下位概念を持ち出して分析している（Barnes [1969a：55-76]）。概念上の未整理と測定方法の曖昧さは，今もって大きな問題であるが，バーンズが最初にネットワーク概念を導入した時の根拠が，その概念の最大のメリットであることに変わりはない（Barnes [1954]）。つまり，特定の領域や集団・組織などの境界（boundary）を越えた人間の行動をとらえるための道具として，ネットワーク概念は有効なのである。

ソーシャル・ネットワーク概念を用いた研究の最大の問題は，静的断面図を描くにすぎないということである。ミッチェルのあげた概念の特徴にも，実証研究の中にも，ある程度時間の経過を含んでいるものがあることは認められるが，結果的には時間の要素が乏しいといえる。少なくとも，家族の相互行為（interactions and transactions）をとらえる行動レベルでのネットワーク分析であるかぎり，一時点調査をもとにしたネットワーク・パターンの抽出は，横断面的でしかない。時間の要素とともに欠落しているのは，社会階層比較の視点

であり,今後の大きな問題である。

家族周期と社会変動——タイム・パースペクティブ——

　時間という視点を導入した場合,単に連続的な時間の経過というよりも,時間の経過の意味が重要であるから,その意味の基準をどこに求めるかで,時間概念が定義されることになる。時間というパースペクティブには,R.H.ロジャース (Rodgers [1973 : 12-14]) によれば二つの要素がある。一つは,歴史的な時間である。もう一つは個人の行動史 (behavioral history) と関連した要素で,これは,家族員のパーソナリティ発達といったものである。われわれにとって問題となる要素は,第一の「歴史的時間」のほうで,その中にさらに二つの側面がある。一つは,制度アプローチに代表されるような時間のとらえ方,つまり変動であり,二つ目は,社会過程時間 (social process time) である。この「社会過程時間」は,単なる時系列的な時間ではなく,「期待される家族行動」というのは,家族の一生を通じて常に同じではないという意味の時間である。つまりこれが家族周期段階にあたるものである。家族変動と周期の区別は,また森岡清美によれば,前者は家族が歴史的に示してきた変化であり,後者は家族が,その成立から消滅までの間に生活周期の諸段階を経過するに従ってあらわれる変化であって,それは,家族外動因と家族内動因（家族員の生命現象——出生・成長・死亡——と派生現象——結婚・離家——を含む）を有する（森岡 [1972 : 205]）。

　森岡は,社会変動と周期変動の差異を強調しており,ロジャースの「歴史的」という言葉の使い方とニュアンスを異にするが,いずれにしろ,特定の意味をもった時間の経過ということでは変動も家族周期段階も同一線上にあるのは確かで,社会的レベルでの歴史的事象 (events) と,家族周期の段階の組み合わせによって,それを独立変数とした場合,従属変数に及ぼす影響の内容や方向や度合いなどが異なると考えられる。たとえば,戦争や不況などという家族外的動因は,すべての家族に同じ影響を与えるのではなく,周期段階により,異なる影響を家族は受けるだろう。また,同じ周期段階の家族にとって,産業化の度合いが異なる時代では,発達課題も異なるだろうと考えられる。

　さらに,変動と家族周期とネットワークとの相互関連でいえば,たとえば,

変動の動因となる事象の種類により、そして、その時の家族周期の段階により、家族にとって影響を受ける部分（たとえばライフ・セクターと呼べる部分）が異なるであろう。それによって、ネットワークがさまざまなライフ・セクターで構成されているとするならば、ネットワークのパターンが変化するというわけである。

上記三つの概念が全部またはいずれか二つを関係づける試みは、これまでの家族研究の中にいくつかあるが、それが明確に研究目的として提出されている場合は稀である[1]。

3　5家族反復調査

調査の方法

本章の資料となる調査のサンプルは、1970年に行なわれた東京都内の団地家族を対象とした調査[2]の際、最も協力度の高かった家族を追跡し、1975年8月現在の時点で協力が得られた5家族である。調査対象者は夫と妻で、個別に面接した。質問紙は、1970年の調査時に用いた10種のうち、ネットワークに関連のある7種を用いた[3]。

1節で述べたように、本調査を通じて検討すべき問題は、家族周期および社会変動という時間の経過による変化が、家族ネットワークに及ぼす影響を考察することである。ある家族にとって、周期段階の移行と社会の変化は、時間的経過という意味では同時的であるが、その同時性の内容は、周期段階にともなう発達課題と社会的変化事象（events）の組み合わせにより異なる。家族ネットワークに影響を及ぼすのは、この「内容」である。二時点反復調査の結果を、家族間で比較する場合、その二時点間に生じた事象を一定と考えることができる。とすれば、家族ネットワークに影響を与える変数は、周期段階のみとなる。各変数の操作化については、次のようにとらえる。

家族生活に影響を及ぼす社会変動の指標として、1970年から1975年という時期を考察する場合、収入、物価指数、および夫婦の就業構造が、最も関連あるものと考えられる。1人当たり国民所得は、問題となる5年間に、2倍以上になっている[4]。消費者物価の対前年上昇率は、1965年から1972年までは4〜7

％台であったのが，1973年には11.7％と急騰している（経済企画庁［1974：76］）。就業構造で最も顕著な変化は，女性就業者における既婚者の絶対数・比率ともに確実に増し，未婚者は絶対数・比率ともに減少しているという傾向にみられる（労働省婦人少年局［1975：58］）。

　周期段階を設定する基準としては，発達課題が中心となるが，子どもの年齢，夫と妻の年齢，親族——とくに親——の生存状況および援助源としての親族の存在（availability of kin）が注目されるべきである。本章では，ケース数が少ないため，各ケースを個別に検討することによって，周期段階設定の根拠を探索しようとするものである。各家族間の心理学的ニーズは，測定法の問題も大きいので，この章の考察からは除く。

　家族ネットワークについては，次のようなレベルでの分析を試みる。一つは，手段性（instrumentality）と情緒性（emotionality）という二分法を用いて，家族ネットワークの特徴をとらえる試みである。「手段性」が高いとは，家族ネットワークが家族の手段的ニーズを満たす機能を果たすことであり，「情緒性」が高いとは，家族の情緒的ニーズを家族ネットワークがより多く満たすことである。それぞれの測定法は，次のとおりである。

　Ⅰの数値——高手段性＋高情緒性（具体的な課題達成のために役立てた親族および友人の総数）
　Ⅱの数値——低手段性＋高情緒性（親しい親族および友人の総数）
　Ⅲの数値——高手段性＋低情緒性（組織リンケージの総数）

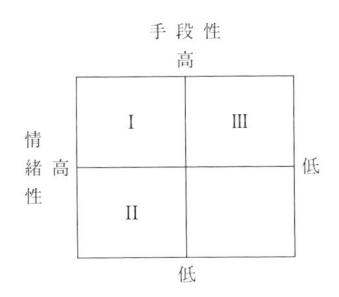

　家族ネットワークは，家族のニーズを何らかの形で満足させるサービス源としての意味をもつものであるが，日本の家族にとってのサービス源が，個人的

なリンケージ中心か，あるいは社会政策の進展とともに，より組織的なリンケージかという視点が，本章のネットワーク分析の第二のレベルである。それと同時に，親族と友人を区別することにより，選択性についても考察する。すなわち，全体の家族ネットワークにおける組織リンケージ，友人リンケージ，親族リンケージの割合が，5年間にどのように変化したかを比較する。三つのリンケージの割合は，全体を1とした場合の比率で示す。第三のレベルは，ネットワークが夫中心か妻中心かという，性役割とネットワークとの関連から，家族ネットワークの性格を明らかにすることを試みる。すなわち，各家族のネットワークを構成するリンケージが，夫・妻いずれのものであるかを数値で示し，全体における比重をみる。第四のレベルは，家族生活のいくつかの側面――ライフ・セクター――を基準として，家族ネットワークの変化を考察する試みで，1970年調査で用いた六つのセクターにおけるリンケージ・パターンを検討する[5]。

　家族内の諸活動を夫婦でどのように遂行するかという夫婦役割構造の型が家族ネットワークと相互関連することについて，ボット（Bott [1957：Ch.3]）が仮説を提出しているが，われわれの5家族についても，周期段階の移行あるいは社会変動にともなう変化がみられるかどうか検討してみたい。

　夫婦役割構造の型は，家族内の諸活動を夫婦でどのように協力あるいは分担しているか，という基準で把握する。平等協力でなく夫婦のいずれか一方が主役の場合でも協業型（joint-type）とみなし，夫婦の一方のみが担当する場合にのみ分業型（segregated-type）とする。家族活動は16項目用い，うち12項目は家事関係，4項目は子どもの社会化に関連したものである（表2-2）。ボットの作業に従い，夫婦役割構造を「協業型」「中間型」「分業型」とした[6]。次に，家族ネットワークの型については，ボットの用いた変数に類似したものとして，参加団体・友人・親族との相互作用が協同型か分離型かという基準を用いて検討する[7]。

5 家族の社会的ネットワークとその変化

　まず，各ケースについて個別に紹介し，後に総合的な検討をする。

Sさんの家族

家族構成

　　夫——45歳　旧制中学校卒業　造船会社に勤務（器材管理）

　　妻——41歳　中学校卒業　食品卸会社のパートタイム作業に従事

　　長男——15歳　中学生

　　結婚年数——18年

　夫の職業は，職場・職種ともに 5 年前と変化ないが，妻は 5 年前と異なり，現在は食品卸会社のパートタイム従業員である．夫や子どもが留守の昼間のみ，1 日 6 時間の勤務で，送迎バスで同じ団地の友人と出勤する．仕事は単純作業で，休みたいとき自由に休みがとれるのが，最大の魅力であるという．一人息子が中学校に入ってからは，下校時間を気にしなくてすむようになり，パートを始めたので，今後も続ける予定である．パートで得た収入は，夫は「ノー・タッチ」で，妻が自由に衣類などの購入にまわしていると，夫・妻ともに答えていた．

　前項で示したような基準で，家族ネットワークをみると，まず，情緒性・手段性に関しては，5 年前に比べて，Ⅰ（情緒性・手段性ともに高）は，リンケージ数が 4 で変化がないが，Ⅱ（情緒性高・手段性低）は 11 から 13 へと増加しており，さらにⅢ（情緒性低・手段性高）は，9 から 4 と大幅に減少している．全体に，手段性の強いリンケージが減少したといえる（表2-1）．家族ネットワークを構成するリンケージを，親族・友人・組織別でみると，親族は全体ネットワークの 50％から 48％へ，友人は 12％から 26％へ，組織は 38％から 26％へと変化している（図2-1）．夫の団体参加の減少（5 年前には PTA および会社の共済組合に参加していた）が，組織リンケージの減少の原因であるが，5 年前と変わらないのは労働組合であり，妻のほうは PTA が 5 年前と同じ団体である．現在，妻は団地の「一間住宅解消運動」に参加しており，一間住宅では，もはや最近の日本人の欲求を充足しえなかったことを示すと同時に，主婦の運動参加が一般化したことの一つの表現とも考えられる．Ｓさんたちは，5 年前は 1DK に住んでいたのが，現在は 2DK に移っている．上の二つの基準で総合的に考えてみると，Ｓさんの家族の場合，組織リンケージの減少と同時に，友人でも情緒性の高いものが増加し，5 年前よりは全体に情緒性の高い家族ネットワークとなっている．

図2-1 親族・友人・組織によるネットワーク・パターンの変化

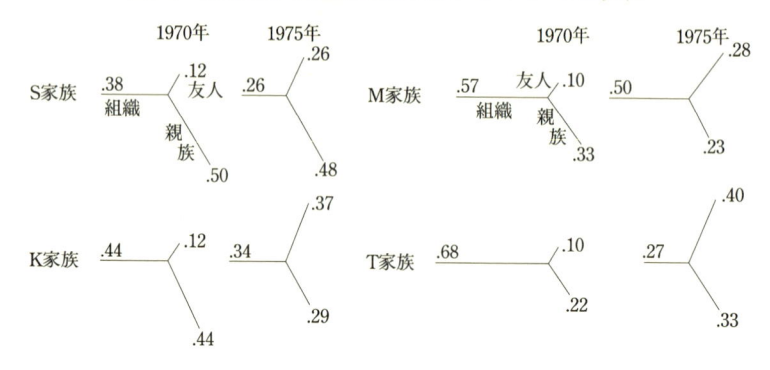

S家族　1970年　.12　1975年 .26
　　.38　友人　.26
　　組織　　　　
　　　親族
　　　.50　　　.48

M家族　1970年　友人 .10　1975年 .28
　　.57　　　　　.50
　　組織　親族
　　　　.33　　　.23

K家族　.44　.12　.34　.37
　　　　　　　　　.29
　　　　　.44

T家族　.68　.10　.27　.40
　　　　　.22　　　.33

図2-2 ライフ・セクターを基準にしたネットワーク・パターンの変化

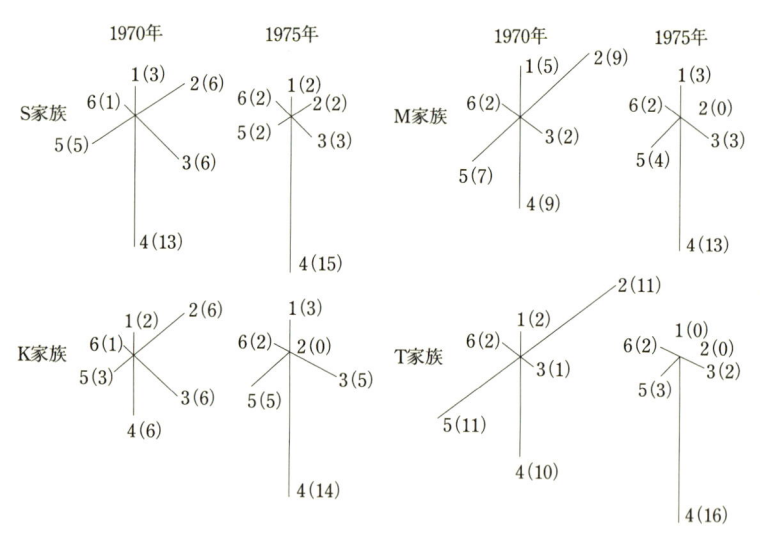

S家族　1970年　1(3) 2(6)　1975年 1(2) 2(2)
　　　6(1)　　　　　　6(2)
　　　5(5)　3(6)　　5(2)　3(3)
　　　　4(13)　　　　4(15)

M家族　1970年　1(5) 2(9)　1975年 1(3)
　　　6(2)　　　　　　6(2)　2(0)
　　　　　3(2)　　　5(4)　3(3)
　　　5(7)
　　　　4(9)　　　　4(13)

K家族　1(2) 2(6)　1(3)
　　　6(1)　　　　6(2)　2(0)
　　　5(3)　3(6)　5(5)　3(5)
　　　　4(6)　　　　4(14)

T家族　1(2)　　2(11)
　　　6(2)　　　　1(0)
　　　　3(1)　6(2)　2(0)
　　　5(11)　　　5(3)　3(2)
　　　　4(10)　　　4(16)

注1：教育セクター，2：経済セクター，3：保健厚生セクター，4：日常ネットワーク・セクター，5：目的行動セクター，6：職業セクター。
（ ）内の数字はリンケージ数。

　家族ネットワークの中で，夫と妻が繋ぎ手となるリンクを数えると，夫は10,妻16となり，家族生活に関するネットワークに限定すれば，妻の比重が大であることが明瞭で，この点については5年間の変化はみられない。
　ライフ・セクター別家族ネットワークで顕著な変化は，1970年では家族の日

常生活のネットワークを示す領域を中心にして他のセクターにもある程度ウェイトがおかれているパターンであったが，1975年では他のセクターのウェイトが減少している（図2-2）。やはり，目的性の強いセクターの比重の減少ということで，他の基準を用いて検討した結果と同様の傾向を示すものである。

Kさんの家族

家族構成

　　夫——45歳　大学卒業　食品会社勤務（加工製造責任者）

　　妻——44歳　高校卒業　書籍・食品の梱包作業（パートタイム）に従事

　　長女——18歳　高校生

　　長男——13歳　中学生

　　結婚年数——19年

　Kさんの家族にとって最大の出来事は，夫の会社が1972年に一度倒産し，現在は会社更生法の適用を受けて経営が続けられているということである。Kさん自身にとっては，会社が倒産したとき，親戚や友人から仕事を紹介され，どの道を選ぶかという選択にせまられたが，生活の心配はまったく感じなかったという。結局，更生法が適用され，Kさんの地位・職種も満足のいくものであったので，現在の仕事を続けることにした。当時，妻は夫の仕事について，夫を信じていたので，まったく不安は感じなかったという。妻は5年前の段階でも，現在の職場とは異なるパートタイムの仕事をしていたが，現在のパートはより定期的である。やはり，休みが自由にとれるということが，パートタイム労働の最大の魅力であると妻は言う。夫はその収入については口をはさまず，洋服などを自由に買って，それで妻がきれいになるなら文句を言う理由はないということである。

　情緒性・手段性を基準にした家族ネットワークは，I（情緒性高・手段性高）は，リンケージの数が3から1と，5年間に減少を示している。II（情緒性高・手段性低）は，6から13と大幅に増加している。これは，特別の目的をともなわない親族や友人との個人的関係が増加したことに起因している。III（情緒性低・手段性高）は，リンケージ数7で，5年前と同数である（表2-1）。

　親族・友人・組織別にみた家族ネットワークは，全体ネットワークに占める親族の割合が，5年前の44％から29％へとかなり減少し，逆に友人リンケージ

表2-1 手段性・情緒性によるネットワーク・パターンの変化

家族名	S家族			K家族			M家族			T家族			Y家族		
	I	II	III	I	II	III	I	II	III	I	II	III	I	II	III
1970年	4	11	9	3	6	7	8	6	19	3	4	15	6	5	9
1975年	4	13	4	1	13	7	4	11	9	0	13	6	6	7	9

は12％から37％へと大幅に増加している。組織の割合は，44％から37％へと変化している（図2-1）。友人数の増加がとくに妻に顕著にみられるが，団地内のサークル活動（生花）に参加することを通じて拡大されたネットワークの一部とみてよい。Sさんの家族と同様，Kさんの場合も，全体ネットワークにおける情緒性への移行が明瞭である。

夫と妻の個別リンケージの数は同数で，それぞれ14である。

Kさんの家族は，Sさんの場合よりも，目的性の強いセクター（団体・組織参加を中心とした目的行動セクターと健康維持のための保健厚生セクター）に比重があるが，5年前に比べて，目的性のない日常ネットワークがとくに大きくなっている（図2-2）。Sさんと同様，情緒性への志向が，いずれの基準を用いても，家族ネットワークの変化として示されているとみてよい。

Mさんの家族

家族構成

　　夫——52歳　大学卒業　郵便局勤務

　　妻——50歳　高等小学校卒業　自宅で洋裁業

　　長男——18歳　高校生

　　長女——16歳　高校生

　　結婚年数——21年

Mさんの家族は，生活形態上の変化は特別みられないが，メンバー各人の生活体験において，いくつかの変化があったようである。夫は職業上の変化としては，勤務地が同じ東京内で変わっただけで，彼の職場に対する態度は，5年前と同様，特別熱意を示すものではない。職場での若い世代の同僚たちに不満をもち，2年後恩給がつくようになれば，退職する意志を固めている。妻は業績志向が高く，洋裁の道で生活力もあり，洋裁をすることが彼女の生活にとっては不可欠の要素となっている。子どもが大きくなるにつれ，その傾向が強く

なっているという。洋裁店を経営していたが，現在は自宅（といっても，同じ団地内に住む夫の母親の部屋を借りている）で，団地内の友人と洋裁を楽しんでいる。毎日，自宅から物理的に離れることで生活にけじめがつき，また，姑にとっても一人暮らしの生活に変化がつき，距離を置いたつき合いが家族関係に良い結果をもたらしているという。さらに，親友と毎日顔を合わせ，洋裁をしながら話をし合い，収入も得られるという設定で，妻にとっては毎日が楽しくて信じられないほどだという。

夫の趣味は一人旅で，年に数回休暇をとって旅行をする。時に息子を連れて行くこともあるという。過去数十年の間に，夫・妻それぞれが独自の世界をつくり上げ，相互にそれに介入しないで生活を楽しむ，あるいは楽しもうとする態度がみられる。1年前，長女の友人が関係した盗難事件に巻き込まれ，長女が警察の取り調べを受けるという事件があり，それが過去5年間の最大の問題であったが，問題処理についての妻の冷静な判断力と自信が，家族内の動揺を食いとめている。この時，妻は長女の学校の教師にはもちろん，ラジオの「テレフォン相談」にも相談して，専門家の意見を聞いたという。

Ⅰ（情緒性・手段性ともに高）では，1970年の8から1975年の4へ，Ⅱ（情緒性高・手段性低）では6から11へ，Ⅲ（情緒性低・手段性高）では19から9へと，5年間の変化がみられる。Ⅲのリンケージは大幅に減少しているが，他の家族に比べればまだ多いほうで，Mさんの家族のリンケージの多様さがうかがえる。しかし，情緒性への志向については，他の家族と同様の傾向を示している（表2-1）。

全体の家族ネットワークに占める親族の比重の変化は33％から23％に，友人リンケージは10％から28％に，組織リンケージは57％から50％に変わっている。親族の比重が減り，友人の比重が増加したことが，リンケージ・パターンの変化の特徴である（図2-1）。組織リンケージの数量に大差はないが，内容に変化がみられ（地域の互助会や社交クラブから会社の互助会や教会の社交グループへの変化），5年前と同じものは，夫の労働組合と妻のPTAおよびカトリック教会である。妻の生活における信仰および教会活動のもつ意味は大きく，5年前は団地内の社交グループに参加していたのが，現在では教会関係の社交グループに移り，困ったときの相談も教会活動を通じての友人にしている。

夫・妻それぞれを繋ぎ手としたリンケージの数は10と15で、Sさんの場合と同様、家族と社会を結ぶ径路の比重は妻において大きい。

ライフ・セクターを基準にしたネットワーク・パターンは、1970年には、かなり平均的な広がりをもつものであったが、1975年には目的性の弱い、他の家族と類似のパターンに変化している（図2-2）。

Tさんの家族

家族構成
    夫——56歳　高等小学校卒業　自営（レンズ加工業）
    妻——51歳　小学校卒業　夫と同じ職業
    長男——20歳　大学生
    次男——16歳　高校生
    結婚年数——22年

Tさんは、調査対象家族の中で唯一の自営業者であり、過去5年間の社会経済変動の影響をもろにこうむっている。1972年を中心にした好景気時には、他の職種と異なり、食品加工賃は上がらず、物価のみ上昇となって、実質的には、好景気がTさんにとっては逆効果となっている。不況下では、商品価格が低くおさえられたまま、仕事の量も減り、家族の収入は5年前よりも低下している。

Tさんの場合、1970年時の組織参加は、仕事を通じてのものであったが、仕事を通じての活動が低下したため、社交的な性格の強いクラブや会のメンバーシップは消え、1975年時には、商工会の労働組合と政治的後援会のみのメンバーである。妻の場合も、仕事を通じての互助会に参加していたのが、1975年には、新興の宗教団体のメンバーシップを継続しているにすぎない。

情緒性高・手段性高のIでは、リンケージが3から0に変化している。これは、特定の目的のために援助源となる親族や友人が0になったことで、III（情緒性低・手段性高）においても15から5へと、大幅に減少した傾向と一致している。ただし、II（情緒性高・手段性低）では、リンケージが4から13と、大幅に増加しており、他の家族と同様の傾向である（表2-1）。このIIにおける増加は、主として妻の親族および友人リンケージの増加によるものである。親族とのつき合いが1975年で増加しているのは、妻の母親が年をとり、その母を見

舞うことを契機に，妻の郷里のきょうだいたちとのつき合いが親密になったからで，このことは，家族周期の変化とネットワークのパターンとの関係の考察に意味をもつ変数（たとえば，親の老齢化およびそれにともなう親とのリンケージの内容の変化，親やきょうだいの居住地など）を示唆している。親の老齢化に起因するリンケージの減少と増加に関連ある変数が，今後明確にされなければならない。

次に，家族の全体ネットワークにおける各リンケージの比重では，親族は22％から33％へ，友人は10％から40％へ，組織は68％から27％へと変化している（図2-1）。パターンとしては，他の家族と同様の変化の傾向を示しているが，家族ネットワークの形（Barnes［1969a：58］のスターの形）は，1970年と1975年では，かなり変化がみられる。

夫・妻別リンケージは，それぞれ10と12であるが，夫のそれが友人と仕事関係に限られているのに対し，妻のそれは多様である。

ライフ・セクターを基準にしたネットワーク・パターンは，1970年では，団体参加を示す目的行動セクターが，非目的的セクターと同等の比重をもっていたが，1975年では，他の家族と同様，後者が中心のパターンとなっている（図2-2）。これは，主として，社交性の強い団体を通じての活動が減り，任意団体でも任意性の弱いものだけが現在も継続されていて，家族外とのつながりは，個人的な関係である親族・友人に集中してきていると理解できる。

Yさんの場合

家族構成

　　夫——42歳　大学卒業　地方公務員（東京都水道局）
　　妻——34歳　高校卒業　写植オペレーター
　　長女——5歳　幼稚園

調査の対象となった5家族の中で，Yさんのケースだけは調査未完であった。理由は，長男（1970年調査時2歳であった）が，2年前事故で死亡し，今回の調査に協力することを承諾した後，夫が拒否しつづけたためで，すでに面接済みの妻から得たデータのみを参考として考察に加えた。Y家族での大きな変化の一つは，息子の死が契機となって移転したため，前住地の近隣関係から遠ざかり，現住地に来てから日が浅いため，新しい近隣関係を形成していない

ことである。もう一つは、悲しみから逃れるために妻が就業したことである。就業のために職業学校に入り、半年の訓練の後、学校の紹介で現在の職場に就職した。職場では、妻と同種の仕事をする同僚は2人いるが、机が少し離れていることと年齢差のために、職場の友人関係は形成していない。男性の場合にみられるような同僚＝友人関係というネットワークの重要な部分が、Yさんの妻の場合、就職を通じて拡大されることはなかった。2時点での手段性・情緒性の数値を比較してみると、他の家族と同様、情緒志向の強化がみられる。

調査の対象となった5家族に共通の特徴としては、1975年時ですべての妻が仕事をもっているということ（うち2人はパートタイム）である。また、ライフ・セクターとして1970年時には考察されなかった余暇の側面について1975年時で調べたが、各家族員および家族全体の余暇の過ごし方に関して、5年間に変化はみられなかった。

5家族全体にみられる傾向を、前述の基準を用いて検討してみよう。まず、情緒性・手段性の尺度を用いた場合、いずれも高のリンケージ（Ⅰ）は、5家族中3例で減少している。情緒性高・手段性低（Ⅱ）のリンケージは、すべての家族で増加している。情緒性低・手段性高（Ⅲ）のリンケージは、3家族で減少をみせており、その減少の度合いはⅠよりも大である。Ⅱにおける増加は、親しくしている親族はほぼ一定であるので、増加の原因は友人の増加にあるとみてよい。友人リンケージの増加は、子どもの世話を頼んだり、買物をしたりといった、手段的な利益のためでなく、夫婦の、とくに妻の個人的な情緒的欲求を満たすためのリンケージといえる。子どもの成長にともない、子に対する母親としての生活領域が狭くなり、個人としての領域が拡大したものといえよう。Ⅰのリンケージの減少が、このことを表明している。「家族周期段階の移行により、ネットワークにおける手段性の比重が弱まり、情緒性の比重が強まる」と結論するためには、若い世代のサンプルについても同様の傾向がみられるか否かを調べることで、社会変動（規範の変化）による影響をとり除く必要があろう。

Ⅲにみられる団体・組織への参加は、労働組合、宗教関係、PTA以外のものに減少がみられる。任意団体の中でも任意性の強いものほど、参加が減少している。上の3種は、任意団体でも、一度参加すると、その中止に関して任意

性が弱い集団といえる。任意団体の加入・脱退は、発達課題に影響されるが、Tさんの場合は、経済変動による影響が大きい。

　次に、親族・友人・組織という3種のリンケージを基準に検討しよう。まず、親族リンケージについては、(1)親しい親族の数は5年間ほぼ一定で、増加した唯一のケースは、妻の母の老齢化により、より頻繁に実家を訪ね、その近所に住むきょうだいたちをも訪ねるようになったTさんの場合である。(2)助言を求める親族のリンケージは減少しており、5年前には実家に助言を求めていた家族でも、1975年には、回答者の年齢が上がったことで、むしろ他から助言を求められる立場に変わっている。──つまり、年齢という変数は、助言の有無および方向に影響を与えると考えられる。友人リンケージに関しては、全体に親友の数が増加しているといえる。特徴としては、妻の友人の数が増えており、友人を作る場の種類には、「近所」「近所と職場」「近所と宗教」といったものがある。また5年前に比べ、妻が、夫の友人についてより多く知っている。組織リンケージにみられる特徴は、参加している組織・団体の数が、夫・妻ともに減少したことである。PTAのような団体でも全家族が参加しているわけではない。子どもの発達段階によりとくに異なるのが学校関係で、子どもが高校に入ると、学校との関係は急激に疎遠となる。

　最後に、ボットの仮説にちなんで、夫婦役割構造の型と家族ネットワーク・パターンとの関連について、社会変動、家族周期の視点から検討してみよう。
　まず、家族活動項目のうち「子どもの遊び相手」は、1975年時では子どもが成長したことを考慮し、「子どもの相談相手」としたが、1家族以外で「協業型」が増加していることがわかる（表2-2）。どの活動においてより協業型になったのかは、家族差が大きいので、はっきりした傾向は示されていないが、夫族が食品や衣料品の買物をする傾向が強くなってきた時代の流れは反映されているようである。子どもに関連した活動は、1970年の時点でも、家事関係に比べ協業型が顕著であったが、5年後もその傾向は変わらず、子どもの成長に従って非該当項目が出てきたことが、家族周期段階の移行を示すにすぎない。Mさんの家族の場合、夫・妻いずれの回答によっても協業する項目が減少しているが、この原因は家族要因よりも、むしろこの家族に固有の特殊事情によるものと考えられる。

表2-2　夫婦役割構造とその変化

	1970年										家族活動項目	1975年									
	S家族		K家族		M家族		T家族		Y家族			S家族		K家族		M家族		T家族		Y家族	
	夫	妻	夫	妻	夫	妻	夫	妻	夫	妻		夫	妻	夫	妻	夫	妻	夫	妻	夫	妻
	協		協		協		協		協		1. 収入を得る	協		協		協		協		協	
	分		分		分		分		分		2. 食事の用意	分		分		分		分		分	
	分		分		分		分		分		3. 食品の購入	分		分		分		分		分	
	分		分		分		分		分		4. 衣料品の購入	分		分		分		分		分	
	協		協		協		協		協		5. 医療を受ける手配	分		協		分		協		協	
	協		協		協		協		協		6. 病人の看病・世話	協		協		協		協		協	
	協		協		協		協		協		7. 家屋の修繕	分		分		分		分		分	
	協		分		分		分		分		8. 屋内の清掃全般	協		協		分		協		協	
	協		分		分		分		分		9. 皿洗い	分		分		分		分		分	
	協		分		分		分		分		10. 台所のゴミ処理	分		—		協		分		分	
	分		分		分		分		—		11. アイロンかけ	—		分		分		分		—	
	分		分		分		分		分		12. 床掃除（洗濯）	分		協		協		協		分	
	協		協		協		協		協		13. 食事作法のしつけ	協		協		協		協		協	
	協		協		協		—		—		14. 子どものしつけ全般	協		協		協		—		—	
	協		分		分		—		—		15. 子どもの勉強の監督・指導	—		分		—		—		—	
	協		協		協		分		協		16. 子どもの遊び相手（相談）	協		協		協		分		協	

注1：（ ）内の項目は1975年用、—は非該当または無答。
注2：協とは夫婦協業、分とは夫婦分業のこと。

第2章　家族ネットワーク・家族周期・社会変動

表2-3　夫婦役割構造と家族ネットワークの型

年＼家族活動＼家族名	1970年				1975年			
	家事関係	社会化活動	組織ネットワーク	親族・友人ネットワーク	家事関係	社会化活動	組織ネットワーク	親族・友人ネットワーク
S	中間	協業	中間	中間	協業	中間	分離	協業
K	中間	協業	協業	中間	協業	協業	中間	中間
M	協業	中間	中間	協業	中間	協業	分離	協業
T	協業	中間	中間	分離	協業	協業	分離	中間

注：活動内容および測定の方法については、注6）と7）を参照。

　夫婦役割構造の型に加えて，さらに団体参加および友人・親族とのつき合いの型を示したものが表2-3である。このように少数のサンプルであるから，夫婦役割構造と団体参加や友人・親族ネットワークとの関係に何らかのパターンを見いだすことはできないが，全体に，協業（協同）型が5年後には増えている。その一方，団体参加に関しては，どの家族も，分離の方向に移行している点が，特徴といえよう。表2-3に現われた傾向は，他の基準によって試みた分析結果を用いると，次のように解釈できる。組織ネットワーク（団体参加）と友人・親族ネットワークは，いずれも家族外活動の領域であるが，その一方では分離型へ移行しながら，もう一方ではやや協同型へ移行している。この一見矛盾した傾向は，団体参加が全般に減少した結果，残された参加団体はきわめて目的性の強いものであって，夫婦で参加するような社交性の強いものではなく，情緒的ニーズを満足させるようなつき合いは，友人や親族に求められ，それも，選択性の強いものとなっているという傾向を反映したものといえよう。

4　理論的検討のために

　以上，家族ネットワークの分析を，前節であげたいくつかの基準を用いて試みた。すでに述べたように，2時点の時間差が5年という短いものであり，社会変動・周期段階移行のいずれをとっても，変化を見いだすのには十分な時間の経過をもたないということが，上の試みを不十分なものとした。ネットワーク分析の基準については，数量的にとらえうる尺度を探索する過程で選出したいくつかを応用してみたにすぎず，質を量でいかに表出しうるかという議論を

進める必要がある。各ケースについての報告の中で，周期段階を明示しなかったのは，森岡清美が整理した20以上の周期段階説（森岡［1973：27-30］）のいずれをとっても，本章で用いた調査サンプルを，本章における目的で検討するには妥当でないからである。このことは，周期段階の設定には，研究目的と調査サンプルの特性を考慮した便宜的基準を用いるが，究極的には，理論的根拠が必要であることを痛感させるに十分である。

　周期段階は，家族のニーズとリソースのバランスで決定される発達課題により設定できると思われる。ニーズは，家族員数と年齢・性別構成をもとにした役割関係および各家族員の欲求に影響されるし，また家族外からの圧力によっても影響される。リソースも同様である。この2要因のバランスが変わるとき，新しい段階に移行するといえる。

　家族ネットワークのパターンは，ニーズと家族外的リソースとのバランスを示す指標であり，このような捉え方を発展させれば，家族ネットワークのパターンが変化するとき，周期段階が移行するという命題が成り立つ。たとえば，上記調査事例で，5年間にある程度はっきりした変化は，ライフ・セクターを基準にした場合，教育セクターのネットワーク・パターンの変化に対する影響が大である。つまり，子どもが中学校から高校に移行することにより，学校というフォーマルな教育機関とのつながりが弱まる。その移行を決定する子どもの年齢という変数は，日本の家族周期段階設定にとって意味があるといえよう。

　では，前節の分析で発見し得た他の傾向についてはどうだろう。家族ネットワークにおける手段性に対して情緒性の比重が高まったという傾向は，家族という単位の手段的独立性が高まったために，手段的リソースを他に求める必要性が減少し，家族外リンケージとしては情緒性の高いものが求められるようになったと考えられる。そのような変化は，家族周期の変化によるものか，あるいは社会全体の変動によるものか。

　もう一つの傾向についても，同様の問題が指摘できる。つまり5年前に比べて，妻の親族や友人がより大きい比重を占めるようになり，それらは主として情緒的リソースとしての意味をもっているが，これを仮に「妻の個人化」または「夫婦間の平等化」とでも呼ぼう。この傾向が，周期段階の移行によって表出したとすれば，家族内の役割関係が変化し，発達課題が変化したのでなけれ

ばならない。ところが，一つのケースを除いて，家族員数も性別も不変であり，変化したのは年齢のみである。年齢の変化にともなうニーズやリソースの変化のうち，とくに関連の深いものは，子どもの成長に関するものと成人のもつ親族リソースに関するものである。子どもに関するニーズは，子どもの年齢が高くなるにつれ，より具体性・手段性が弱まると思われる。つまり子どもが幼いと，病気や教育の面で，多種多様のリソースをもつことを親は余儀なくされるが，成長とともに家族外リソースの種類が固定化されてくる（と同時に強化される）。成人家族員のもつ親族リソースは，老齢化ということで，ネットワーク・パターンに影響する。

　以上のように考えると，「妻の個人化」という傾向は，家族成員の加齢によって結果され，さらに1970年～1975年の時代の変化により，大きな影響を受けたと考えられる。

　5 家族調査それ自体が，大きな方法論的限界をもっているので，その結論のみから導き出される理論的考察は，当然バイアスをもっている。一つの試みにすぎないことは言うまでもない。

　以上の考察をもとに，いま一つ10年以上も前に提出されている周期論における問題（Hill & Rodgers ［1964：208］）にふれておきたい。それは，いわゆる通常のサイクル・パターンをもたない家族の周期・発達課題についてである。「家族生活に子どもは不可欠である」というイデオロギーの弱化や，離婚の増加，既婚女性の職場進出の増加などにともない，非通常周期をもつ家族は，今後増加するものと考えられる。そのような家族をも同時に分析し得るような理論的根拠が，周期論には不可欠である[8]。一つの粗野な発想を以下に記し，本章を終えることにする。

　通常でないライフサイクル・パターンを逸脱とする視点は，もはや過去のものであり，パターンの多様化として現在では捉えられている。しかしパターンには，ある一定の法則性がなければならない。そこで，法則性をどのレベルに求めるかが問題となる。一つの周期パターンには，いくつかの発達課題があるという前提であるが，各課題の内容および配列の順序が多様であるところから，周期パターンに多様性が出てくる。とすれば，周期パターンの種類は，通常・非通常を問わず，1, 2, 3, …, x とあるわけで，一般的に家族周期パター

といえば 1 … x までのすべてを含む総称 y を指すと考えてよい。多様性については，1 から x までの各パターンを個別にとり出す作業により検討できる。y（総合的周期）を用いる利点は，たとえば日本とアメリカの家族周期の比較といった国際比較研究の場合に見いだされるし，一つの社会の中での比較（階層比較等）の際にも有益であると思われる。

注

1) おもな例をあげると
   Hill, R., 1949, *Families Under Stress*.
      独立変数——危機としての戦争（変動）
      従属変数——家族の適応能力・問題解決力（リソースの家族内・外の区別不明瞭で，したがって，ネットワーク概念不明瞭）
      家族周期は，まだ明確に概念化されていないが，子ども数が明らかにされている。
   Hill, R., 1970, *Family Development in Three Generations*.
      親族ネットワークによって充足される家族ニーズの領域が明確にされている。異なる世代間の援助の交換を示すことで，周期段階が考察されている。
   Goode, W. J., 1963, *World Revolution and Family Patterns*.
      長期間にわたる変動事象としての産業化と夫婦家族制という家族形態との相関が分析されており，周期についての配慮はみられない。ネットワークはある程度示唆されているのみ。
   Bott, E., 1957, *Family and Social Network*.
      夫婦役割分業パターンと家族ネットワークを相関させる試みであるが，社会階層，家族構成を通しての周期が示唆され，考察されている。
   Sussman, M. B.(ed.), 1974, *Cross-National Family Reseach*.
      社会の複雑度（societal complexity）と life sectors, options, linkages などの変数との相関分析。
   Nojiri, Y., 1974, *Family and Social Network in Modern Japan*.
      独立変数——家族構成
      従属変数——ネットワーク
      上の 2 変数相関を1970年の時点で分析し，戦前支配的であった家族イデオロギーと比較することで，変動にも触れている。
   日本語の文献については，森岡 [1973] を参照。
2) 1970年調査についての報告としては，野尻 [1974a] がある。
3) 1975年調査に用いた質問紙は，フェース・シートのほかに次の六つのライフ・セクターに関するものである：日常ネットワーク・セクター，目的行動

セクター,職業セクター,経済セクター,保健厚生セクター,教育セクター。
4) 『国民生活白書』（経済企画庁 [1974：101]）によれば,1970年には1,500ドルを超える程度であったのが,1973年には,3,020ドルとなっている。
5) 本章で筆者が用いるネットワークに関連した用語の定義については,野尻 [1974b] を参照。
6) 家事関連活動：表2-2の家族活動項目1から12までのうち3項目以上につき,夫婦双方の回答が協業型の場合,協業型；1～2項目につき双方の回答が協業型の場合,中間型；双方の回答が協業型である項目が0の場合,分業型。

　　子どもの社会化活動：表2-2の家族活動項目13から16までのうち2項目以上につき,夫婦双方の回答が協業型の場合,協業型；1項目につき双方の回答が協業型の場合,中間型；双方の回答が協業型である項目が0の場合,分業型。
7) 組織ネットワーク：夫あるいは妻が所属する団体の総数の半分以上について夫婦ともに参加していれば協同型；総数の半分以下で少なくとも1団体は夫婦が参加していれば中間型；夫婦で参加の団体が0の場合,分離型。

　　親族・友人ネットワーク：夫あるいは妻のつき合う友人・親族の総数中66％以上双方がつき合う場合,協同型；65％～33％の場合,中間型；32％～0の場合,分離型。
8) そのような家族をも含めた社会的単位としての家族の分析枠組みについては,野尻 [1975] を参照。

第3章

所与と選択の社会的資源
―― ソーシャル・ネットワーク ――

　結婚という形で始まる家族生活は，社会的真空の中に存在するのではない。結婚と同時に，夫と妻それぞれのもつ社会関係が二人の共同生活の展開に組み込まれるのである。本章では，社会的ネットワークという概念を用いて，家族生活の展開と社会とのかかわりを考察する。

1　発達課題と社会的ネットワーク

家族に関する前提

　家族について一般に人々がもつイメージは，安定性，継続性，慰安といったものを含む。そこでは，夫婦は共通の価値観や関心をもつものであるという，合意にもとづく均衡が肯定的な前提となっており，葛藤は病理であるという否定的な意味づけをされている。

　現実の家族生活における夫婦関係や親子関係を把握し理解するためには，まず，家族の安定・継続性という前提を否定し，さらに，葛藤は悪である，あるいは不健康である，という前提を否定する必要がある。このような否定は，人間関係の不安定性や葛藤を是とする価値を取り入れることではなく，むしろ，すべての人間関係における安定や秩序は，特定の社会関係をもつ個人の交渉の結果として得られるものであり，葛藤の要素は常に含まれている，ということを前提とするものである。このような葛藤理論や交換理論の枠組み[1]を用いることにより，われわれは家族関係の動態をより鮮明に分析しうると思われる。

　つまり，家族内の人間関係における安定や均衡は，家族員相互間の緊張や葛藤が交渉によって解決されたときの結果であり，それがそのままの状態で維持

される保障はないというふうにみるのである。たとえば，夫と妻の関係は，二人の間に生じる緊張を処理するための交渉過程であり，その処理が成功すれば夫婦関係の一時的な安定がもたらされるということである。

人間関係における緊張や葛藤は，個人がその関係に何らかの（物質的・精神的）報酬を求め，期待どおりの報酬が得られないときに生じる。そのような状況は，家族生活の中に常にみられるわけで，期待どおりの報酬を得るための努力がバーゲニング（取引・交渉）と呼ばれる過程である。

このバーゲニングは，個人を単位とした家族内緊張であるが，家族が一つの単位として体験する緊張状況も考えられる。多くの家族が典型的に体験すると思われる緊張状況とは，家族の発達課題が十分に達成されない，あるいは，発達課題達成の不成功ということである。このような状況は，家族のもつ発達課題に変化が生じ，新しいそれを達成するために，過去の経験や知識にもとづいた行動様式の変化を余儀なくされるときに観察される。つまり，過去の方法を用いて新しい問題を解決することが困難であるという，一種の危機的状況であるといえる。

発達課題の変化による危機は，家族周期段階の移行時にみられる，斉一的なものであるが，予期せぬ事態が発生したときに生じる危機も，当然考慮しなければならない。

社会的ネットワークとは

社会生活を営む個人は，さまざまの社会関係をもっている。親族や友人，職場の人々，学校や病院，公共機関などの専門家などと，何らかのつながりをもつことは，社会生活上必須である。このようなつながり（社会関係）は，特定の個人に着目すれば，その個人を中心とした網の目のように拡大している。この社会関係の網の目を，社会的ネットワークという。

個人が社会関係をもつ相手（親族・友人・専門機関等）の数が多く，その種類が多様であれば，その社会的ネットワークは複雑なものとなる。それぞれの社会関係はリンケージとかリンクと呼ばれるが，それらは，ある時点における個人の社会的ネットワークを形成する要素である（Nojiri [1974]，野尻 [1974]）。ある時点といっても，社会関係は瞬間的な関係ではなく，一定のパターンを判

別できるだけの継続性を前提とするので、ある個人の日常的ネットワークは、一定の発達課題をもつ段階にあり、予期せぬ出来事が発生しない限り、個人の社会関係の総体を示すものと考えられる。つまり、日常的ネットワークは、特別の事件が発生しない限り、斉一的な周期段階の移行および社会全体の変化によって影響は受けるものの、特定の地域や集団・組織などの境界を越えた人間の行動パターンを示すのである。

リンケージの原点を個人とすれば、それは個人のもつ社会的ネットワークであり、その原点に家族を置けば、家族ネットワークとなる。家族を単位とする社会的ネットワークは、家族成員の一人一人がもつ社会的ネットワークの総体ということになる。しかしこの総体は、個人のもつ社会的ネットワークの家族員数倍というものではない。家族ネットワークは、家族内の人間関係の動態が基本となって生み出される家族という社会的単位の課題達成に必要な社会関係によって構成されるものと考えられる。

家族研究との関連において社会的ネットワーク論が展開したのは、イギリスのボットの研究以来であるが、そこでの中心課題は、夫婦の役割関係と家族ネットワークの連結性との相関関係であった（Bott [1957]）。その後の英米における研究は、ボットの仮説に沿ったものが中心であったといえる。

家族ネットワークのとらえ方

家族の発達課題との関連において社会的ネットワークを考察する試みは新しい。ボット以降のネットワーク論では、一つの社会的単位としての家族の行動様式を把握し、それを夫婦の家族内役割関係によって説明しようとした。しかし、ネットワーク論に発達課題という視点を取り入れることにより、家族が充たすべき欲求（ニーズ）を持ち（課題）、それは時間の経過にともなって変化する（発達）、というダイナミックな家族のネットワーク分析が可能になると考えられる。

家族とは、一定の目的を達成するために存続するという種類の集団ではなく、集団の形成・発達の過程それ自体に意味があるような集団である。集団の形成・発達の中で必然的に生じるニーズは、家族をとりまく環境との相互関係を通じて、家族の発達課題となっていく。このような課題を達成するための資源

（リソース）は，家族内に求めることで十分な場合もあろう。しかし，多くの課題については，家族外リソースに頼ることは避けられない。

家族のもつ社会的ネットワークは，家族外リソースの基盤である。家族にとって，家族内部で処理しえない問題が生じたとき，その家族がもっている日常的なネットワークの中で関連の強いリンケージを選び出し，それを問題処理のためのリソースとして活用する，というふうに考えることができよう。

家族を原点とする社会的ネットワーク，つまり家族ネットワークの一部として親族ネットワークがある。これは，親族が構成単位となるネットワークのことで，ふつう，家族構成員を原点とした双系的な（つまり父方・母方双方への）広がりを示す親族関係である。家族またはその構成員がもつ社会関係は，親族以外の個人や集団・組織などを含むもので，とくに現代社会においては非親族の比重が増大してきたといわれる。その一方で，現代社会における親族の固有な機能が再認識され，その重要性を実証する研究も多くみられる。そこには，現代家族がその構成員の福祉のために単独で機能しがたいものであり，親族ネットワークの支えが必要であるという，家族ニーズの充足のメカニズムに接近するという視点が，うかがえる。

このように，家族ネットワークという概念は，社会的ネットワーク論の中で展開されるとともに，近代化論的視野の中での位置づけもされている。さらに，発達課題という視点を導入することにより，社会変動とは別のレベルの時間的変化，つまり家族周期論とのかかわりをもつことになる。

家族周期と家族ネットワーク

家族周期段階は，家族の発達課題によって設定される。その発達課題は，家族のニーズによって形成されるが，ニーズが充足される可能性は，家族のもつリソースによるところが大きい。それゆえ，家族の発達課題の設定は，ニーズとリソースのバランスに影響されると思われる。つまり，家族ニーズを充たすために必要なリソースが確保されていて，初めて，そのニーズが家族の発達課題とみなされる，ということである。

家族のもちうる社会的ネットワークは，社会構造によって制約される。つまり，家族ネットワークの潜在的最大限は特定の家族が存在している社会，とい

うことである。家族は，そのニーズにしたがって，必要なリソースを活用化するわけで，その結果顕在化するネットワーク・パターンを，われわれは家族ネットワークとして分析の対象とするのである。

以上のように，家族ネットワークのパターンは，家族内ニーズと家族リソースとのバランスを示す指標ともなるわけで，このバランスが家族の発達課題を決定するものであるとすれば，日常的家族ネットワークのパターンが変化することは周期段階の移行を示すことである，とみることができよう（野尻 [1977]）。

2　家族ネットワークの変化

家族生活は，発達課題の変化をみながら展開する。発達課題と家族ネットワークの理論的関連については，前節で述べた。本節では，一定の予測可能な段階的変化について考察しよう。「変化」は一種の危機的状況を生み出すのであるが，予測可能な変化は，予測することによって変化による緊張が緩められると考えられるので，「危険度」も低下すると思われる。

周期的変化のとらえ方

家族周期の段階設定については，多くの基準があるが，ここでは，家族ネットワークとのかかわりにおいて重要と思われる段階区分を考えてみることにしよう。

家族ネットワークが，家族のニーズを充たすために機能するリソースであることはすでに述べた。家族ニーズは，家族成員各人のニーズの合計であるというよりは，むしろ，複数の個人が共同生活を営むというダイナミックな人間関係から生じるものであると考えられる。このようなニーズは，家族員の生命維持に関するものはもちろん，精神的な充足感をもたらすものも含んでいる。

人間関係のダイナミックスを生み出す個々人は，それぞれが固有の特性をもっており，この個性が多様な人間関係をつくり出すのである。家族内の人間関係に影響を与えるもう一つの要素は「役割」である。個性とは別の次元で，個人の家族内に占める位座に付随する行動様式が期待されており，これが，夫婦関係や親子関係を規定するのである。周期的変化は，役割関係の変化をその基

第3章　所与と選択の社会的資源

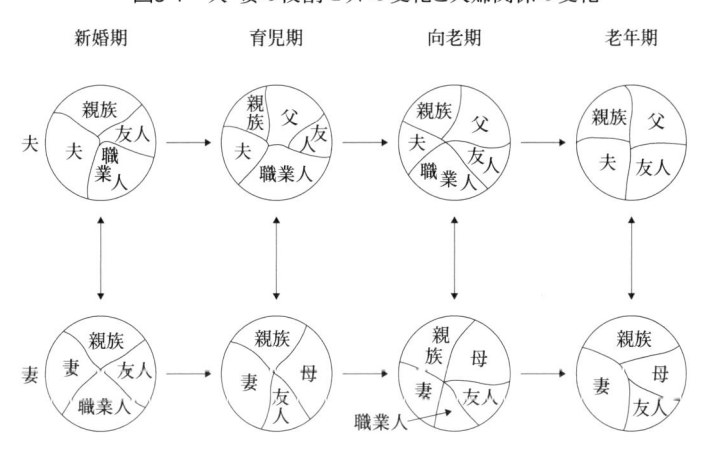

図3-1　夫・妻の役割セットの変化と夫婦関係の変化

[図：新婚期・育児期・向老期・老年期における夫と妻それぞれの役割セット（親族・友人・職業人・夫／妻・父／母など）の変化を示す円形ダイアグラム]

礎とするものであるから，家族ネットワークとの関連において重要と思われる役割関係の変化——その変化の結果家族ニーズが変化する——の段階を設定することが必要となる。

　図3-1は，夫婦関係を例にとり，夫・妻それぞれの役割セット（束）の変化を想定し，その役割セットの変化が，二人の関係に影響を及ぼすことを示そうとするものである。家族成員としての役割の変化は一つの連続体であり，夫の役割・妻の役割も，それぞれ連続体としてかかわり合うのである。図3-1に示した役割セットの内容は，典型的なもののみを含む。カテゴリーとしては同じでも，段階によってその内容が異なるので，役割変化が生じるのである。たとえば「親族」には「息子」「義理の息子」「きょうだい」等が含まれ，段階によって，それらの比重が変化する。「職業人」でも「定年退職前の職業」と「定年後」という差異はあるし，「フルタイム」と「パートタイム」の違いもある。

　家族ニーズの充足のためのリソースとしての家族ネットワークの変化は，たとえば夫婦関係の均衡の変化によって影響される。新婚期の夫婦の役割セットのバランスがとれているとしても，子どもが生まれて，各役割セットに変化が生じると，それまでの均衡が崩れる。その際に生じる均衡回復というニーズに応じるために，家族ネットワークの再編成が行なわれることになる。その時点での夫と妻の間のバーゲニングが，夫婦関係のダイナミックスを規定する，と

考えられるのである。そのような変化が顕著にみられると考えられる段階として，図3-1に四つ示した。このような段階を考慮しつつ，周期的変化が起因すると思われる危機の内容について，以下考察してみる。

最初の危機としての結婚

結婚は，夫と妻となる二人の個人の社会的ネットワークが結合することを意味する。夫・妻それぞれの過去に展開してきた社会関係が，二人の結婚によって，一つの家族ネットワークを形成する，ということになる。各人がもっていた社会的ネットワークは，その個人のニーズによって活用化されたリソース群である。結婚後も，結婚前と同様のニーズが維持され，その充足のために以前と同じリソースとしての社会的ネットワークが必要となることも考えられる。

しかし，二人の個人が一緒に生活を営む際に，当然新しいニーズが生じてくる。結婚を契機に生じる新しいニーズに対応するために，新しい，二人が一対としての単位として広がるネットワークを形成する必要がある。新しいネットワークの形成は，必ずしも古い個人ネットワークを切り捨ててしまうことではない。つまりは，夫・妻二人のそれぞれのネットワークを再編成することが，結婚によって始まる家族ネットワーク形成の第一歩となる。

夫・妻それぞれの社会的ネットワークを二人の家族ネットワークに編成する過程は，それぞれのネットワークのどの部分を切り捨て，どのようにつなぎ合わせるか，などといった，リンケージ（ネットワークの構成要素）の取捨選択の過程である。それは，夫・妻各人の個別の関心や利益よりも，二人が共同生活を営むために必要な最低限度の均衡を保つということを優先させることを前提としているはずである。

《**たとえばＡ夫とＢ子は，愛情が結婚における最重要項目である**として結婚したとしよう。たまたまＡ夫はＢ子の親きょうだいについて，「特につき合わなくてもよい種類の人々」という態度であるとする。Ｂ子にとって彼女の親きょうだいは大切な存在である。彼女にとって大切なリンケージ（彼女のニーズを充足させるリソース）である親きょうだいとのつながりをＡ夫が切ることは，Ｂ子との夫婦関係の均衡に緊張をもち込むことになる。Ｂ子にとって，彼女の親きょうだいに対する夫の態度を知りつつ，そのリンケージ

を重要視することを夫に強要することは，やはり夫婦関係に緊張をもち込むことになる。》

　このような場合，夫・妻それぞれが，どのような選択をするかということは，それ以後の夫婦関係に大きく影響するであろう。妻のニーズを重要視して，彼女の親きょうだいとのリンケージを新しい家族ネットワークにおける重要部分として位置づけるか，または，夫のニーズを考慮し，新家族ネットワークから切り捨てるか，あるいは，切り捨てないまでも重要でないリンケージとして位置づけられるか，という選択は，個人単位のニーズと夫婦単位のニーズが対立するという緊張をいかに処理するかという危機的状況である。その意味で，社会的ネットワーク論の立場からみると，「結婚」という家族生活の最初の契機が，家族危機のまず第一であるといえる。

配偶者の親・きょうだい

　家族ネットワークにおける配偶者の親族の位置づけは，右の例にもみるように，新しい家族形成にともなう重要な選択課題である。現代の都市生活は，地理的移動にともなう人間関係の流動性を特徴とするが，それは，家族ネットワークの流動化をもたらす。血縁・姻縁で結ばれた親族同士のつき合いも，地理的条件に大きく影響されることは，多くの実証研究が示すところであるし（目黒［1979］），都市の匿名性は，地縁的な近隣関係の発達を阻む。いわゆる産業化社会における核家族の孤立化といわれる現象の一つの側面である。

　このような状況下で，結婚によって形成された家族（生殖家族）は，夫・妻それぞれが巣立った家族（定位家族）から独立した単位であり，独自の家族ネットワークを形成することになる。しかし，その独立は，結婚と同時に瞬間的に行なわれるものではなく，二人の過去の社会的ネットワークを一つに再編成する過程で徐々に行なわれる。明治民法に定められた家制度の下では，妻は夫の家に嫁として参加するものであるから，結婚による家族ネットワークの編成は，一方的に夫のネットワークを中心に組まれることになる。

　現民法では，結婚当事者がつくる生殖家族が前提となるので，家族の成員として含まれるのは夫婦とその子どもである。夫婦の親・きょうだいが同居していれば，家族的生活を分かち合うことで，家族員としての認識が成員間に生じ

よう。

　問題は，別居の親・きょうだいである。つまり，夫の実家，妻の実家を，自己の家族の延長とみるか，親族ネットワークの一部とみるか，ということについての認識が，夫婦関係の緊張に影響するのである。夫にとって自分の実家は家族であっても，妻にとっては親族の一部としての存在であり，妻の実家についても，立場を換えて同じことがいえる。

　《たとえば，C郎・D子の共働き夫婦にとって，日常的な家族とは彼らがつくった生殖家族のことである。あるとき別居しているC郎の母親と兄が訪ねて来た。日頃D子はその母親や兄と仲良くつき合っていた。しかし，そのときの訪問についての具体的な話は，夫と彼らが決め，彼女は知らなかった。D子が帰宅したとき，夫の母親と兄は睦まじく会話を続け，彼女は一瞬，そこが自分の家であることを疑った。C郎にとって，自分の母親や兄が来ることは，「やあ」という程度の，自然な出会いであるから，妻に取り立てて「相談」する事件ではない。しかし，D子にとっては，無断でウチの敷居をまたいでほしくない，という他人意識があった。

　C郎の親・きょうだいに対する「家族」認識だけでなく，親・きょうだいのC郎に対する「家族」認識も重要である。息子の家，弟の家，という，かつて一緒に暮らした人間の家を自分の家と同様に思う気楽さが，もう一人の「他人」の存在を忘れさせてしまったのだろう。》

　核家族の親族ネットワークを考察するとき，単に夫婦の役割セットだけでなく，そのセットを構成する諸役割間の比重についての分析が必要であることを，右の例は示唆している。

アイデンティティの危機

　家族ネットワークの再編成は，家族員の役割セットが変化するとき，それにともなう新しい家族ニーズに対応するリソース確保のために行なわれる。その時点は，一種の危機時であるが，役割セットそれ自体が変化しない場合にも，役割内容に変化が生じて，その結果，ニーズが変化し，それへの対応として，新しい家族ネットワークが求められることも考えられる。役割セットの内容における変化の有無にかかわらず，家族ニーズに変化が生じ，それに対応するネ

ットワークがスムーズに再編成されないとき，特に注目すべき危機は，アイデンティティのそれではないかと思われる。

その1 子どもの出生（または養子）によって，夫婦関係に親子関係が加わると，家族員の役割セットに大きな変化が生じる（図3-1）。その変化にともなう家族ニーズは，主として，親という新しい役割を獲得したことにかかわるものである。ただし，家族ネットワークとの関連についてみる限り，夫にとってもっとも中心的な役割である手段的リーダーとしての立場は，父親となることで変わるものではない。彼に依存する者が増えたことで，その役割が強化されることはあっても，子どもとの関係を強調する意味で，職業領域とのつながりが弱化することは，現在の社会構造においては考えられない。

妻が母親役割を獲得すると，彼女の役割セット内における役割の優先順位は一変する。「育児の責任者は母親である」という社会規範のもとでは，母親という役割をもつ女性がその他の役割を優先的に遂行するための，母親代替として機能するような社会的サービスは，かなり未発達である。

たとえば，妻が，出産後職業を継続することは，夫がそうするのとは全く異なる次元の問題を含むのである。かりに，母親となった女性が，職業継続に自己の生きがいを認め，かつ，母親代替のための機能を果たすサービスを提供するリソースを含むようなネットワークを再編することができない場合，彼女におけるアイデンティティの危機は，同じ「親」となるという変化が及ぼす影響に性別があるということを示しているといえよう。

その2 右のような明確な役割変化は認められないが，同じ役割の内容に変化が生じる場合，自己の存在意義を問い直す状況におかれることもある。中年期における変化は，その好例であろう。

大都市に住む中年夫婦の家族ネットワークに関する調査（野尻［1977］）によれば，子どもが小・中学生の年齢層から中学・高校生の年齢層に移行した5年間に，家族ネットワークのパターンがかなり変化した傾向が示されている。その変化の主な原因は，子どもの成長にともなう母親の子離れによる妻・母の個人化とでもいえる過程に生じる新しいニーズである。つまり，母親という役割を維持しつつも，子どもの成長によって母親としての重要性が減少したという，母親としてのアイデンティティの危機から逃れるために，新しい役割の追求と

して「個人」としての自己発見の方向をとる，というものである。

右の調査では，妻の友人や親族の比重が増加するという形で，ネットワークが変化している。そのようなリンケージは，妻個人の情緒的ニーズを充たすためのリソースとしてとらえられている。この場合も，〈その1〉の例と同じく，母親という役割の変化によって起因されるニーズにもとづくアイデンティティの危機である。

家族ネットワークの斉一的変化は，家族を一つの単位として，そのニーズの変化との関連において，社会的なリソース・パターンの変化としてとらえることができる。しかし，右の二つの例にみるように，家族員の個別のニーズが，家族ネットワークと強い関連をもつのであり，特に役割セットや役割内容の変化によるニーズの変化は，妻において著しいとみられる。ここにも，性別という変数をもち込む必要があろう。

老年期の役割再編成

役割再編成の際に生じる危機的状況は，子どもの成長後，老齢化しつつある夫婦の親役割の縮小によっても起因される。母親役割の縮小は，子どもの精神的・身体的発育にともなって，徐々に進行するとみられる。それゆえ，母親役割における変化は，中年期に始まっているといえる。

父親役割も，子どもが成長する長い間に変化することは否定できないが，もっとも重要な手段的リーダーとしての役割は，職業リンケージを失うとき，つまり定年退職時に，典型的に急変すると考えられる。それまでの夫の社会的ネットワークの主要リンケージは職業領域であり，退職によってそれを失うことは，彼のアイデンティティの危機につながるだろう。

中年期以降徐々に進む母親役割を中心とする妻の役割セットの変化と，定年退職後の夫の役割セットの変化の組み合わせが，老年期の夫婦のニーズを形成することになる。

老人のニーズは，経済，健康，精神などの領域にまたがるので，その社会的ネットワークも，それぞれのニーズによって，パターンが異なるはずである。老人調査にみられる傾向は多様で，一般化に至る結論は出しがたい。しかし，生活困窮者でない場合，子どもとのつきあいは重要視されている。特に女親の

子ども依存は，男親に比べ，顕著である[2]。ここにも，ネットワーク形成における性別の傾向がうかがえる。

　今後の老人家族の社会的ネットワークを考えるとき，特に影響が大きいと思われる近年の動向は，老後生活の子どもへの依存志向の減少ということであろう。老後の独立生活には，経済的・精神的基盤がしっかりしていなければならない。その意味で，女性が働くことが「当たり前」に近づきつつある傾向は，プラスの要因である。より大きな問題は，精神的独立で，子どもをもつ親にとって，子どもを私物視する精神構造を変えることは容易ではあるまい。

《**E・F夫妻は二人の独立した子どもをもっているが**，F夫人は中年期以降，仕事を続けている。F氏も定年退職後，退職前の仕事のつながりを生かした仕事をもっている。二人は，自分たちの生活を子どもたちのそれとは切り離して考えており，親子間の親密さの中にけじめをつけている。》

《**G・H夫妻は50歳前後で**，子どもがない。子どもという，老人家族ネットワークの重要リンケージの可能性がゼロである。老後の経済的・精神的独立は，この夫婦にとっては前提である。子どものある妻に比べて，子どものない妻は，夫婦単位の生活の展開を経験している。H夫人は，最近，夫と同じ趣味をもち始めた。老後に向かって，夫との精神的なつながりを強化しようという，彼女の意図の現われである。このようなケースの場合，夫婦が一つの単位として，老年期に入ってからの家族ネットワークの再編成をする可能性が大きいだろう。》

3　家族の危機と社会的ネットワーク

危機要因

　家族の一生は，家族の発達課題を基礎とする周期的・斉一的な変化のシリーズである。同時に，多くの予期せぬ事件に遭遇する経験を通じても変化する。本節では，予期せぬ事件に遭遇したときの家族の対応状況を危機としてとらえ，その際の家族ネットワークについて考察してみよう。

　ある事件が家族にとって危機となるか否かを決定する要因として，少なくとも三つの変数があると，ヒルは指摘する。第一は事件のもつ問題性（困難度）

そのものであり，第二は家族がもっている危機対応のためのリソースや役割構造，柔軟性，過去におけるトラブル解決の経験である。第三は家族がその事件をどのように意味づけるかという，事件の定義である（Hill [1949]）。われわれの用いる「危機」の概念は，ヒルのそれより広義のものであるが，右の3変数は，いずれの場合にも妥当であると思われる。

ある事件が起き，家族がそれを危機と判断したとき，それに対応するためのリソースが活用化されなければならない。その対応には当然，役割構造や過去の経験が前提となっている。事件の種類は多様であるが，ここでは，家族外の事情によるものと，家族内の要因によるものと区別して考えてみよう。

家族外要因による危機

家族外の事情が急変するという場合，たとえば，戦争や天災，公害，不況，失業，突然の遺産相続や栄転，などが含まれよう。これらは，家族がもっている物質的資産や構成員の増減をもたらすことによって，それまでの家族生活の維持を困難にするのである。危機の度合いは，家族によって異なるのだが，物的・人的に欠損した場合と追加の場合では，危機の内容が異なるものと思われる。

家族外要因の多くは，家族にとって日常的な出来事とはいえないが，いつ遭遇してもおかしくない事件として，交通事故が挙げられる。交通事故によってたとえば父親を失った家族を考えてみよう。この場合，父親という家族員を失うことにより，家族内の役割関係の調整が必要となる。その方法として，父親の果たしていた役割を他の誰かが代替する，あるいは，父親という役割をもつ個人を補充することにより，それまでの家族構成をとりもどす，などが考えられる。

このような事件では，事件直後の対応が第一関門であり，主として父親の役割代替のために，家族ネットワークの活用化が行なわれることになる。父親役割の中心は，家族を養うという手段的なものであるから，残された家族の生活費として十分な財産がないという一般的な状況では，母親や子どもが収入を得る方法を考えねばならない。成人男子が職業の世界における主役であるという社会においては，その世界に女・子どもが入ろうとすることには不利がともな

う。その際の問題を解決するためのリソースとして，家族ネットワークがいかに有効に活用化されるかが家族機能回復の鍵となろう。

　交通遺児の母親に関する調査では，事故時に「相談相手がほしいと思い，実際にその相手がいた」とするもの（約45％）が相談した相手は，母親のきょうだい（37％），母親の親（25％）の順で，3位の父親のきょうだい（12％）を大きく引き離している（交通遺児育英会［1977］）。死んだ父親の親族よりも，残った母親の近親が圧倒的に重要なリソースとなっていることがわかる。親族以外のリソースとして知人や近所の人などが含まれているが，専門家はわずかとなっている（ibid.）。

　交通事故に限らず，父親が突然欠けるような事件は，夫婦関係，親子関係という家族内の役割関係の変調と同時に，家族の存続の手段的基礎である「収入を得る」役割の遂行が不能になるという危機をもたらすのである。

家族内要因による危機

　家族危機の原因となる家族内要因は，家族員の間の不和とか病気など，家族員にかかわるものである。たとえば，親子4人で長年暮らしていた家族が，夫の老親と同居することになった，という場合，「増員」にともなって新しい役割関係が発生する。4人家族に1人新しく参加することによって，役割関係は四つ増加する。

　増員の場合と同様に，欠員の場合にも，役割関係の急減による役割再編成が必要となる。欠員に至らないときでも，病気などによって役割遂行が困難になった場合，特にその役割が1人の家族員によってのみ果たされていたものであれば，役割関係は大きく乱れる。

　家族員間の不和が原因で欠員という状況に至る離婚の場合を考えてみよう。離婚に関する研究の数は多くはないが，離婚時およびその後の生活について，ある程度の傾向がみられる。その一つは，妻が子どもを引き取った場合，多くは就職という形で自助の方向をとるが，家族ネットワークを通じての援助は，圧倒的に妻の親・きょうだいに偏っている，ということである。親やきょうだいの家計の中に組み込まれる生活をするものや，親・きょうだいと同居する，という形をとるものもある（東京都老人総合研究所社会部［1978］，佐竹洋人

[1979]）。

　もう一つの傾向は，妻の家族ネットワークに依存する度合いは，妻の年齢・周期段階によって異なる，ということである。家族周期の初期の段階には，子どもとともに実家に頼ることが多く（ibid.），また，中高年層でも，妻の年齢が若い方が，親・きょうだいからの援助を受ける割合が高い（東京都老人総合研究所社会部［1978］）。

　以上のような傾向は，離婚という事件によって生じる危機の基本的な性格が経済的なものであり，妻が経済的独立のために就業する際，子どもがその支障となることを示している。妻方近親ネットワークは，子連れ女性にとっての経済的独立が困難な状況において，もっとも活発に援助源として活用されているとみられる。

4　家族の新しい連帯

　すでに述べたように，家族生活の安定や継続性は，家族員の間の葛藤を，相互の交渉によって一時的に解決した状態の連続によるものである。葛藤という要素を常に含みながら，家族がもつ発達課題が大きく変化するときに，既存の課題達成の方法が役に立たないという危機を体験する。そのような危機を乗り越えるために，家族内のリソースだけでは十分でないとき，家族ネットワークが動員されなければならない。

　求められるリソースとしてのネットワークは，家族のもつ課題，ニーズ，によってその特性が異なるわけである。これからの家族成員の福祉を考察するためには，これからの家族の意味を再検討することから始めなければならない。

現代家族の機能

　人間社会においてもっとも古い制度としての家族は，もっぱらその社会的機能について論じられてきた。社会の存続に必要な成員の補充をするのは家族においてであり，家族生活を通じて，個人は，自分が生まれた社会の文化を内在化しつつ，社会的存在となっていく。個人が成長するために必要なリソースは，家族を通して得られるのである。

家族変動の過程は、家族機能の縮小・専門化過程であるといわれる。つまり、多種多様な機能集団が発達することによって、かつて家族が果たしていた機能が、そのような集団に代替されるようになってきた、という見方である。教育は学校に、仕事は家庭とは分離された職場で、という具合にである。個別機能を果たすのに効果的な集団や組織が発達すれば、家族に残される機能は、最終的にはゼロになるのだろうか、という議論が、当然可能となる。パーソンズは「子どもの社会化」と「成人パーソナリティの安定化」が現代家族に残された基本的機能であると論じ、このような見方には、かなりの合意があると思われる。

1960年代以降、アメリカの社会情勢の変化を反映してか、家族成員の人間性に焦点をあてた機能論が展開されている。パーソンズの言う「子どもの社会化」機能は、どちらかといえば次代の成員を補充するという社会の安定のための機能であるが、「成人パーソナリティの安定化」は、個人のパーソナリティを中心に置いている。新しい機能論は、上の後者の視点を強化したものと思われる。愛情や精神衛生の側面を重視し（森岡［1978］）、現代社会において要求される機能性、専門性の強化の中で人間としての個人が基本的に渇望するところの「バラバラでない総体としての人間」としての存在が、現代家族に求められる機能である、というものである（野尻［1975］）。

日本の家族はアメリカの家族に比べ、より制度的側面が重視されていると思われる。しかし、産業化の進行は著しく、現代社会の一員として、共通点を多くもつ。右のような機能を果たし得るような家族が出現することは、これまでの家族の社会的ネットワークとは違ったネットワークの編成を促すことになるだろう。

家族形態の多様化

一人の個人は複数の役割をもつが、各役割が社会関係の基礎となる。役割別に社会とのかかわりをもつことになる。ところが、一つの人格は、複数の役割を総合したものであり、人格としての一人の個人としてのニーズを充たす機能が家族に期待される方向に、現代社会は動いている。では、これからの家族は、どのような形態をとれば、期待される機能を効果的に果たせるだろうか。

離婚は，個人のニーズを中心に置く自己志向性の強さの一表現である。子どもニーズが親のニーズと一致する場合もあろうが，決定は親がする。また，デンマークのように，無登録結婚や非嫡出子の増加が著しい社会（マニッケ［1977］）では，法律という制度的規制にとらわれない「親密な人間集団」の存在が正当化されつつあるといえる。アメリカでも，従来の形態（特に共働きでない核家族）をとる家族は減少し，単親家族や再婚家族が増加し，また「実験的」形態と呼ばれる複数の男女が生活をともにする形態も増えている，という試算がある（Cogswell&Sussman［1974］）

　デンマークなどの場合，非嫡出子も嫡出子と同じ社会的サービスが受けられる社会条件が整っているので，法律に拘束されない形態を含む「家族的形態」の多様化が進んでいるといえる。アメリカでは，伝統的形態をとらない家族への社会サービス・システムが未発達であるが，現実の変化に対応する社会システムの変革が求められている面もある。

　トータルな人格としての個人のニーズを充たすような家族の形態は，人格が多様であると同時に，多様でなければならない。それは，従来のような血縁と婚姻に基づく家族集団という枠を超え，愛情に基づく選択性の強いものをも含むものであろう（野尻［1975］）。

柔軟な社会的ネットワークへ

　家族結合の原理が血縁と婚姻に基づく場合，すでにみたように，家族ネットワークの一部としての親族リンケージは，多くの危機的状況に対応するリソースとして重要な役割を果たす。家族（的）結合の原理がより選択性の強いものになるとすれば，親族リンケージの機能も変わるはずである。つまり，固定的な親族リンケージの基盤が，選択性が強くなることによって柔軟になるということである。きょうだいとのつきあいは友人とのつきあいと類似した特徴をもつことがすでに報告されているが，それは血縁関係に選択性の原理を取り入れる傾向を示すものであろう。

　日本の親族は，個人や家族にとって，そのニーズを充たすための社会的リソースとして，特に重要な役割を果たしてきたといえる。しかし，新しい価値観やニーズが，親族よりも流動的なリソースを求めるからといって，直ちに親族

リンケージが軽視されるわけではない。何らかの代替リンケージが社会的に整備されていて，初めて，個人や家族にとっての新しいリソースとなるからである。

このような社会的サービス・システムの整備と同時に，情報網の整備も必要である。サービス・システムが存在しても，それについての知識がなければ，活用に結びつかない。

都市の人間関係は流動的であるから，個人や家族のニーズに応え得る社会的ネットワークも流動的である方が効果的であろう。そのために必要な条件は，従来の制度を超えた社会的サービス・システムの拡充と，血縁といった固定的な結合原理にとらわれないような個人の側の精神構造の変革であると思われる。単に親子だから，という理由で，困難な同居を望むよりも，相互に求め合い，依存し合える他人との共同生活をめざすことの方が，個人志向の強まる傾向を示すこれからの家族にとって，より課題達成につながるのではなかろうか。

注
1) これらの理論に関しては，家族研究とのかかわりでは，Sprey [1969]，Scanzoni [1972] を参照。
2) たとえば，望月嵩 [1972] を参照。

第4章

社会的環境としてのソーシャル・ネットワーク

1　はじめに

　個人をとりまく社会的環境には、ごく少数の親密な関係を持つ個人から成るサークルや、血縁・姻縁で結ばれた親族、地縁による地域社会などが含まれる。また、職場や学校、病院などのような特定の目標を達成するための社会組織は、現代社会における個人にとって不可欠の環境である。このような社会的環境とのつながりは、個人からみれば直接的な場合もあるが、個人が所属する家族を介してみられる場合もある。

　このような社会的環境は、たとえば親族集団や職場集団、地域社会などというような、特定の境界をもつシステムとして分析の対象とされることが一般的である。その場合、システムの構造や機能の分析が中心となり、システムがその構成要素である個人にとっての環境であるという視点が弱められる傾向がみられる。特定のシステムの中の一個人というとらえ方ではなく、特定の個人が所与の社会的環境の中で発達し、機能するという視点に立つとき、個人を原点に据えて、その原点と結び目をもつ諸単位の広がりをとらえることが肝要となろう。そのためのもっとも有効な方法を提供するのがソーシャル・ネットワーク（social network）論といわれるものである。本章では、家族研究の領域に限定して、ネットワーク論の有効性を考察してみる。

2　ソーシャル・ネットワーク論の整理

社会関係としてのネットワーク

　家族研究の領域におけるネットワーク論には二つの潮流があることが認められる。その第一は，イギリスの社会人類学者たちを中心とする地域研究の中で発芽し，その後著しい発達をみたソーシャル・ネットワーク論である。特に家族研究との関連においては，イギリスの精神分析学者エリザベス・ボットの研究（Bott [1957]），がもっとも重要である。彼女のロンドン家族の研究が提示した仮説がアメリカの家族社会学者たちを刺激することによって，イギリスでのネットワーク研究の成果が大西洋を渡ってアメリカ家族の研究に貢献することになったといえるからである。

　そもそもラドクリフ-ブラウンが社会構造の定義を「現実に存在する社会関係の網の目（network）」とした（Radcliff-Brown [1952]）時，それは比喩的に用いられたものであった。社会学における「ネットワーク」という用語の用い方は，グラフ理論にみられるような厳密なものから比喩的なものまである。グラフ理論では，一つのネットワークに含まれる諸点を結ぶ諸線は所与の価を持ち，諸点を結んで構成されるネットの数は無限であるが，そのネットを作るために結ばれる点の数は有限である，とされる。社会学においては，現実的な理由から，一つのネットワークに含める点（個人）の数を制限することが一般的である。2点を結ぶ線は1本とは限らず，複数の場合，各線に特定の価または質が付与されることになる。

　ネットワークという概念は，ソシオグラムやコミュニケーション研究にも応用されている。異なる研究領域への応用は，主として，質問紙票や参与観察，実験などといった異なる方法を用いる方法論上の相違によるところが大きい（Mitchell [1969]）。

　バーンズはノルウェーの漁村を研究する中で，たとえば「集団」というような従来の構造概念では効果的に分析できないような社会関係の存在に気づき，その分析に際し「ソーシャル・ネットワーク」概念を導入した（Barnes [1954]）。その漁村の住民の社会行動を理解するために，バーンズは「地域」

「職業活動」「個人のソーシャル・ネットワーク」という三つの社会領域 (social fields) を区別した。そして，一つの領域における繋がり (link) は，他の領域における繋がりと関連があることを明らかにしたのである。このような領域間の関連は，個人が直接繋がりを持たない人々の行動を考慮に入れるという点で重要である。一つのリンケージ (linkage) に他の多数のリンケージが影響するというこの考えは，一つのネットワークの中の活用化されたリンケージについて理解するのに，特に重要である。

ボットのロンドンの家族を対象とした研究は，家族が持っているソーシャル・ネットワークの種類と家族の内部構造の一面，つまり，夫婦の役割関係との関連に注目したものである (Bott [1957])。ボットが用いた夫婦役割という従属変数は，ソーシャル・ネットワークの連結性 (connectedness) ——バーンズの提言に従って以後「密度 (density)」と同義——という独立変数とは，その関連性が明瞭ではなかった (Bott [1971], Mitchell [1969])。しかし，この研究から導き出された仮説は，後に多くの研究を触発することとなった。もっとも，それらの研究のほとんどがボットの仮説を検証する試みであったため，ソーシャル・ネットワークという概念の応用局面が夫婦の役割との関連についてのみに限定された，といえる。

ボットの仮説を検証するアメリカでの最初の試みは，ユドリーとホールによるもので，彼らは，中間層に属する中年の夫婦を対象に，その夫婦役割とソーシャル・ネットワークの相互連結性 (interconnectedness) の関連を調べたが，2変数間に直接的な関連は発見できなかった。その結果，彼らは，ボットの仮説は，中間層夫婦の場合は特定の家族サイクル段階にある夫婦，そして下層の夫婦にのみ該当するのではないかと結論した (Udry&Hall [1965])。

アルダスとストラウスは，ボットの研究から六つの作業仮説を導き出し，ネットワーク連結性，分業，性別活動，勢力，革新と受容のそれぞれの度合いを測る尺度を開発した上で，仮説検証を試みた (Aldous&Straus [1966])。六つの仮説を彼らのデータによって証明することはできなかったが，そのような結果は方法論上の問題によるところが大きいと，二人は結論している。

ネルソンは，労働者層の女性を対象とした試みにおいて，密度の高いネットワーク（一種のクリーク）と夫婦の役割分業との期待通りの相関を証明した

(Nelson［1966］)。

　ターナーは，ボットの仮説の事後分析として，別の目的で行なわれた調査資料を用いた（Turner［1967］）。彼は，ボットやユドリーとホール，アルダスとストラウスが用いた概念定義および方法を比較検討し，後者二つの研究はボットによる研究のレプリカではない，と結論した。ターナーによれば，ボットの仮説を十分に検証した試みはなく，またその仮説には主要2変数以外に多くの変数が含まれているので，厳密な検証をするには2変数調査デザインよりも多変量分析を用いる方が望ましい，ということである。

　ターナーのネットワーク連結性についての定義は，上述の他の研究者たちのものよりも公式的（formal）で，ボットの研究のレプリカという意味でのデザインはより正確であるといえよう。ターナー自身，多数の変数がソーシャル・ネットワークと夫婦の役割をそれぞれ独自に関連しているとしながらも，彼が用いたデザインは，夫婦の役割を従属変数とするネットワーク→夫婦の役割という2変数デザインの枠から脱していないと思われる。ターナーのネットワーク研究は，概念化および方法論の両域において非常に重要である。彼はボットの定義を「ひらめきの産物」ではあるが，くり返し用いるには具体性に欠けるとして，概念の明瞭化を試み，ボットをして，彼の定義が彼女の意味するものにもっとも近いことを認知させるに至った（Bott［1971］)。概念の明瞭化を通して，ソーシャル・ネットワークと夫婦役割の関連をより測定しやすくしたといえよう。ボットやユドリーとホール，アルダスとストラウス，クナ　自身の研究成果を比較した上で，ターナーは，上の2変数間の関係に影響を及ぼすのは，職業，地理的移動，教育程度，家族発達の段階などの変数であるが，統計的に有意な関係を示すのは最初の2変数のみであるとしている。

　測定法に関しては，「密度」についてバーンズが（Barnes［1969b］)，「夫婦役割の協同」に関してはプラットが，それぞれ問題を論じているが（Platt［1969］)，研究者によって方法が異なることが共通の問題といえる。夫婦役割とソーシャル・ネットワークの関連について日英の比較を試みたウィンバリーは，ボットの概念に替えて「単性集団」（monosex group）の有効性を唱えている（Wimberley［1973］)。

　ボットの仮説に関連した研究にみられる特徴は，比較研究一般に共通にみら

れる方法論上の問題，つまり，概念化，操作化，サンプリング，測定，解釈などの諸問題であろう。

バーンズに始まるイギリスのソーシャル・ネットワーク研究は，ボットの研究によって，その概念の家族研究への応用が著しく限定される結果となった。しかし，アフリカの地域社会を研究対象とする社会人類学者たちによるネットワーク概念の応用は，政治コミュニケーションや援助行動，政党形成などの領域で成果を上げている (Mitchell [1969])。

積極的な概念整理の試みは，1960年代後半になって，ミッチェルやバーンズらによって進められることとなった。ミッチェルは，ソーシャル・ネットワークの特性を形態的基準と相互作用的基準に分類し，前者に原点 (anchorage)，密度 (density)，社会的距離 (reachability)，範囲 (range) を，後者に内容 (content)，方向 (directedness)，継続性 (durability)，強度 (intensity)，頻度 (frequency) を含めた (Mitchell [1969])。またバーンズは彼自身が用いた概念定義の曖昧さを再検討し，全体ネットワーク (total network)，スター (stars) と領域 (zones)，密度，集合 (clusters)，有限性 (boundedness and finiteness)，行為セット (action-sets) と行為連鎖 (action-sequence)，部分ネットワーク (partial networks) などの下位概念の有効性を説いた (Barnes [1969a])。このような作業の結果として，全体ネットワークは特定の境界をもたないソシオ・セントリックなものであるが，研究者は各自の問題関心に従って，特定の境界をもち自己中心的 (ego-centric) な部分ネットワークを切り取って研究の対象とする，ということで合意がみられるようになったといえる。

家族近代化論

いま一つの潮流は，現代社会における親族組織の機能に関する研究にみられる親族ネットワーク論である。これは社会・経済システムと家族システムとの関係を論じる家族近代化論を源流とするが，特にパーソンズの「核家族の孤立化」論 (Parsons [1943]) に端を発したといえる。パーソンズへの反論は，サスマンやリトワクらによって，現代アメリカ社会における親族関係の機能を実証することによって成された。そこでは，核家族がもつソーシャル・ネットワークの一部としての親族関係として把握されたと考えてよい。

家族近代化論にみられる主な傾向は，産業化の進行にともなって，家族が持っていた諸機能が専門機関に移譲され，また，家族形態も拡大家族から夫婦家族に変化する，といった，一元的な変動論であった。その流れの中で，前述のパーソンズは，専門機関で果たし得ない機能が産業化社会の核家族に残され，その残された機能の重要性は増大するとし，またグードは，産業化社会と夫婦家族という二つのシステムの適合性を，家族イデオロギーという媒介変数を組み入れることによって説明した（Goode [1963]）。

サスマンやリトワクは，拡大家族から核家族へという二分法による変動論を排することで一致し，さらに産業化の帰結として家族の解体が導かれるという想定に対して，変化する社会に適応する形で家族が変化する，という家族の柔軟性を強調した。二人とも，産業化のみならず官僚制化という現代社会の側面を家族との関連において考察しているが，特にリトワクは，現代社会において最も機能性を発揮する家族のタイプとして「修正拡大家族」を提示し，官僚制組織が十分効果を発揮できない領域における第一次集団の特性に着目した（Litwak & Meyer [1967]）。リトワクが，家族ネットワークの構成要素として親族のみならず近隣や友人などの第一次集団や種々の機関を考えていたのに対し，サスマンは世代間関係における継続性を実証研究によって主張した（たとえば Sussman [1953]）。そして，3世代間関係の継続性を実証したのがヒルであった（Hill [1970]）。

アメリカ社会における親族関係の研究は，さらに成人きょうだい関係や社会階層別の親族関係の研究をも含めて，1960年代から1970年代前半にかけて著しい蓄積をみた（Cumming & Schneider [1961], Irish [1964], Farber [1966], Firth & Djamour [1956], Komarovsky [1967], Rosenberg & Anspach [1973], Adams [1964], Gibson [1972]）。その結果，従来の解釈とは異なり，都市の親族ネットワークは選択的任意システムであり，親族紐帯とその他の社会的紐帯と同列におかれた上で，交換と互酬性にもとづいて選択される，という解釈が浮上してきた（Sussman [1968] [1972]など）。この段階に至って，親族ネットワーク研究は，核家族を一つの単位としてとらえ，核家族がもつ親族関係は，その他の社会関係と同様に「費用」と「報酬」に基づく交換関係の一種であり，産業化社会における親族関係は，核家族が機能する上で重要な「資源」である，

という視点を強めた。このような親族ネットワーク論は，構造論と相互作用論を内包しつつ，従来の親族関係論から一歩踏み出したものであり，変化する親族関係を他の諸関係との対比において把握するところに，その有効性が認められよう。

家族近代化論におけるネットワーク概念は，産業化社会における家族を取り巻く環境要素として，親族のほかに教育や健康，経済などの機能専門組織などを含む種々の社会的単位を構造的にとらえるための道具である。親族論にみられるような比喩的な用法もあるが，サスマンらは家族の国際比較研究のために，ある程度厳密な定義を試みている。サスマンらによるリンケージ概念の用法は，先述のイギリス・グループと同じものであるが，家族生活の様々な局面をライフ・セクター (life sector) と呼び，家族ネットワークの構成要素としている点は，ネットワーク構成要素を「面」としてとらえる試みでもある。彼らは，各ライフ・セクターにおけるリンケージを測定することによって，対象家族の「近代度」およびその家族が存在する社会の「近代度」との関連を分析しようとしたのである。この研究におけるリンケージは，家族と家族外資源とを結ぶものとしての意味づけが強くされている (Sussman [1974])。

概念定義

ネットワーク研究の潮流にみられるように，ソーシャル・ネットワークという概念の厳密な定義は定まっているとはいえない。定義に関心を持つイギリス・グループの中で，ミッチェルとバーンズは下位概念を提示することによって，比較的明確な方向性を示したといえる。ボットの定義が家族研究に限定されていたのに対し，ミッチェルらの試みはより一般性の高い定義であり，家族研究への適用についても妥当であると思われる。したがってミッチェルらの定義に基づいて，現代家族のソーシャル・ネットワーク研究において有効と思われる定義を，次のように試みることができる。

まず分析対象を個人とすると，社会生活を営む個人は，様々な社会関係を網の目のように持っていて，その広がりは理論的には無限である。これを個人の全体ネットワークと呼ぶ。しかし現実の社会関係は，空間的・時間的に制約され，かなり限定されたものとなる。またある社会関係を持つことが可能であっ

ても、それを現実の行動に示さないこともある。社会学で対象とするソーシャル・ネットワークは、主として行動レベルに限られるので、対象となる「部分」は限定される。この限定される「部分」を部分ネットワークと呼ぶ。これは全体ネットワークの一部を切り取ったもので、切り取る基準は、研究上の問題関心に規定される。この部分ネットワークが、研究対象となるが、そこに含まれる社会関係の「相手」がネットワークの構成単位であり、構造図では、それらを点で示す。その相手との関係がリンケージであり、線で図示する。特定個人と直接関係を持つ相手のみで構成されるネットワークは第一次スター（primary star）で、その相手を経てつながる相手を含むネットワークは第二次スター（secondary star）となる。このような考え方は、基本的に人間関係をダイアディックな（2個［一対］の）関係として構造化するものである。「相手」となる単位は、個人でも集団でも任意とする。ここでリンケージとするものは、偶然認められた一時的な関係ではなく、何らかの体系化された相互行為がある場合にのみ該当する。

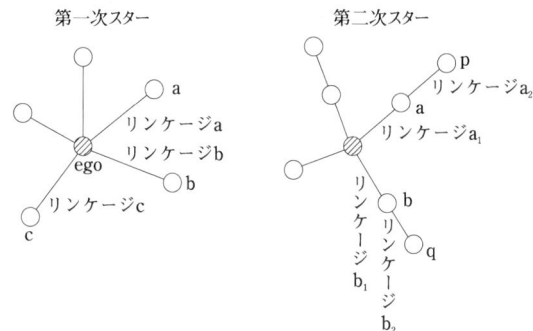

　ソーシャル・ネットワークは、その構成単位の数も、それらを結ぶリンクの数も無限であるが、実証研究の対象となるものは、その規模は有限である。したがって、そのネットワークには境界があり、特に、部分ネットワークは、その定義上、特定の単位を中心に広がる個中心（ego-centric）なものである。

　以上のようなソーシャル・ネットワークに含まれる下位概念を図示すると図4-1のようになろう。egoとaとの間にあるリンケージaは、必ずしも1種類とは限らない。その種類（ミッチェルによれば「内容」）や量（密度、強度、頻度）などを明らかにする作業は、方法論上の重要な課題となっている。また、概念定義のために提出された下位概念をまとめると表4-1のようになる。すでに述べたように、ボットのconnectednessはバーンズの指摘によってdensity

表4-1　ネットワーク下位概念

Mitchell	Barnes	Bott	Sussman
anchorage	total network	connectedness	linkage
density	partial network	loose-knit	life sector
reachability	star	close-knit	level of modernity
range	zone		
content	density		
directedness	boundary		
durability			
intensity			
freqency			

と同義であるとの合意が得られている。ソーシャル・ネットワークの形態は、日常的な状況と問題解決に直面した状況とでは異なることが考えられる。つまり、後者においては、特定の問題に関連の強いリンケージが重要性を増すわけであるから、「活用化 (activation)」という下位概念も見落とすことはできない (Nojiri [1974]，野尻 [1974])。

「時間」の問題

ソーシャル・ネットワーク概念における最大の問題は、それが人間の行動パターンのある時点における静的断面図を描くにすぎないということであろう。現実に観察される人間の行動は、時間の経過とともに、また置かれた環境の変化にともなって、変化する。

時間という視点 (time perspective) には、ロジャースによれば二つの要素が含まれる。一つは歴史的な時間であり、もう一つは個人の行動史 (behavioral history) 的な時間で、たとえば家族員のパーソナリティ発達といったものである (Rodgers [1973])。ここで重要なのは第一の「歴史的時間」で、その中に二つの側面がある。一つは社会変動という側面であり、いま一つは社会過程時間 (social process time)、つまり、家族の一生にはいくつかの段階があり、それぞれの段階で期待される家族行動は異なる、という家族周期という側面である。森岡清美が指摘する通り (森岡 [1972])、家族が歴史的に示してきた変化としての家族変動と、家族の成立から消滅までの間に生活周期の諸段階を経過するに従ってあらわれる変化としての家族周期段階は区別されるべき性質の

時間である。しかし，ネットワーク論において問題となる時間の経過は，歴史的事象の変化であれ家族周期の変化であれ，個人または家族のネットワークの変化過程に同質の意味をもつ。

　先述のミッチェルは，その概念定義の試みの中で挙げた下位概念の説明において，ネットワーク変化の問題に言及している（Mitchell [1969]）。彼が挙げた相互作用的基準の一つである「継続性」は，他の下位概念とは異なり，時間の経過を想定している。個人のソーシャル・ネットワークは，特定の問題解決に動員されたリンケージのセットとして認められる場合もあれば，日常的に繰り返し活用されるリンケージのセットであることもある。いずれの場合も，動員あるいは活用されたリンケージの母体となるリンケージ・セットが存在することを前提としているわけで，それが，個人ネットワークの範囲を規定することになる。「継続性」という下位概念には，その母体となるリンケージ・セット（あるいは action-set）も，個人の人間関係の変化や発達段階の移行にともなって変化するという認識が含まれているのである。

　このような考察は，ネットワーク論における欠陥を補うに十分ではないが，有益な示唆を含んでいる。一時点におけるネットワークの断面図は，それ自体が変化を語ることはしなくても，複数の時点で断面図を描くことにより変化をとらえることは可能である。「いかなる時点で」ということは，人の一生を年齢で区切る，あるいは発達段階別にとらえる，「転機」となる出来事でとらえるなど，研究テーマによって決められる問題であろう。

「資源」としてのネットワーク

　個人を中心に考える時，個人を取り巻く社会関係は，個人の欲求を充足させたり問題を解決するための資源となる半面，問題を生み出す源泉としてのストレス要因ともなる。ネットワーク研究では，概して，「資源」としてのネットワークという見方をしている。資源の内容は情報やサービス，金銭など様々であるが，特に「リンケージの活用化・動員」といった発想にみられるように，「必要であるが故に利用される」という意味づけがある。しかし，個人と直接かかわる社会関係の中にはストレス要因となるものも多くある。社会関係を「資源」と「ストレス」の両面から把握する発想は家族ストレス論にみられる

ように，問題発生・問題解決という軸で個人の社会関係を分析する試みであるといえる。一方，「人はなぜ特定の社会関係を維持するか」という観点に立てば，「費用」と「報酬」の概念を用いた交換理論は，ネットワークを構成するリンケージの方向や強度，継続性およびリンケージの種類についての理解に際し有効であると思われる。

夫婦関係という特定のリンケージの研究で顕著な「資源論」(Resource Theory) は，ブラッドとウルフの夫婦勢力論 (Blood & Wolfe [1960]) から発展し，国際比較研究を通してロドマンによって「文化的要因」を考察に加える形で修正され (Rodman [1967])，また，スキャンゾーニによって夫婦関係の変動論 (Scanzoni & Scanzoni [1976]) も提唱されるに至っている。このような夫婦勢力論では，夫と妻の勢力 (power) は，各々がもつ社会関係や資源の相対的評価に規定されるとみられ，社会関係は勢力の重要な資源であるとされる。既述のネットワーク論に比べ，夫婦が各々持つリンケージの資源性の評価が重視されているわけである。

またサスマンらの家族近代化論では，現代官僚制社会における家族の生存にとって，家族ネットワークが主要な資源であるとみられている (Sussman [1974])。

概念の有効性

上記のような概念上の問題は，ネットワーク概念の有効性を否定するものではない。ネットワークを資源セットとみることは，一面的であるという限界を認めた上で分析用具として用いるならば，極めて明瞭な内容の概念であるといえよう。さらに従来の資源論に比べ，夫婦の勢力関係のみならず家族員全体を対象としてその資源パターンを把握することができるという利点をもつ。

もっとも基本的な有効性は，バーンズが最初にノルウェーの漁村研究において発見した点に集約される。つまり，生活単位としての家族は地域や職業活動ではなく，個人的なソーシャル・ネットワークに規制されたリンケージをもち，それを活用する，ということである。これは，特定の地域や集団，組織などが所与とするシステムの境界を超えた人間の行動をとらえる道具としての有効性である。地域や職業体系といった枠の中で個人を位置づけて分析するのではな

く，個人を中心に置いて，生活者としての個人がかかわる要素をネットワークの構成要素として位置づけるから，人間の社会的行動をダイナミックにとらえることができるのである。

　いまひとつの有効性は，官僚制社会における家族機能の分析に応用できる特徴である。これは，ネットワークの中心を個人ではなく家族に求める場合であるが，家族のもつニーズは官僚制化が進んだ社会では多元的であり，すべてのニーズが家族内で充たされるのではない。家族の存続は，複雑な仕組みの官僚制度や種々の社会関係を家族外資源としていかに利用するか，にかかっている。ネットワーク概念は，家族がもつニーズ充足のための資源と家族との相互関係を断面的にとらえるために有効だといえる。

分析の単位
　概念上の問題に関する記述からもうかがえるように，ネットワーク分析の方法における第一の問題は，分析対象の中心を個人とするか家族とするか，という点に求められる。論理的には，中心が個人であっても家族であっても問題はない。イギリスの社会人類学者たちの研究では，ほとんどが個人ネットワークを分析している。ボットのように夫婦を対象とした研究でも，ネットワークのとらえ方は夫と妻のネットワークの重なる度合い・分離する度合いを変数としており，あくまで個人を単位としたとらえ方であるといえよう。

　それに対し，家族近代化論の脈絡の中で進められたアメリカの親族ネットワーク研究においては，核家族を単位としてそのネットワークをとらえる「家族ネットワーク」論が展開された。それは，生活単位としての家族が世代間で密接なつながりを持ち，また，そのつながりによって現代社会における家族が機能することを実証しようとしたものである。

　分析単位を明確にする必要性は，ネットワークを具体的にとらえるための方法論上の問題として出てくるが，それは，家族ネットワークを家族員個人のネットワークの総合とみるか，家族という一つの単位がもつネットワークの存在を認めた上で，それを家族ネットワークとするか，という点に集約される。家族発達論にみられるように，家族が独自の集団として発達課題をもち，課題達成が集団を単位としている，とする立場に立てば，分析単位を明確にすること

図4-2 家族ネットワークの構成リンケージ

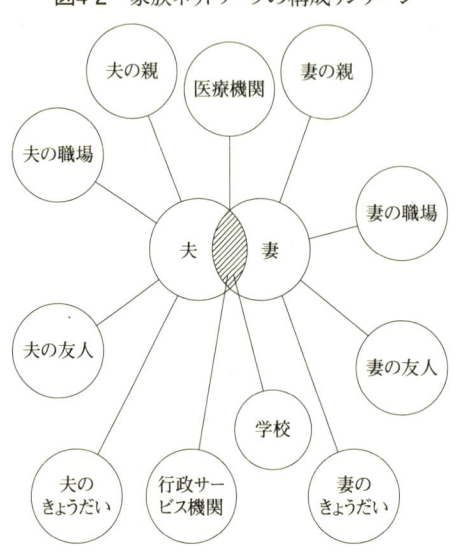

(図：中央に「夫」「妻」、周囲に 夫の親、医療機関、妻の親、夫の職場、妻の職場、夫の友人、妻の友人、学校、夫のきょうだい、行政サービス機関、妻のきょうだい)

は不可欠の作業であろう。この問題は，家族を個人の一生の中に占める特殊な経験としてとらえるのか，特定の個人の集まりであるところに発生する特徴にこそ家族の意味があるとして家族をとらえるか，という理論上の争点でもあるが，実証研究を進める際の具体的な方法の問題となってくる。これはネットワーク論に限らず，たとえばライフ・コース論においても同様の問題が内在しているといえる。

　生活単位としての家族がもつリンケージには，家族員個人がもつものもあれば，生活単位，あるいは行政上認められた単位としての家族がもつリンケージもある。たとえば，友人リンケージは，特定の個人のみの場合が多いが，「家族の友人」という場合もあるし，親族リンケージも，元来，個人に付随していたものが，家族単位のリンケージとなる場合が多い。教育に関するリンケージは，義務教育という面からみると，家族単位であるが，直接リンケージをもつ単位は子どもである。社会的に独立性をもたない子どもの場合，ほとんどの社会的リンケージは親との連合ユニットでもっており，個人リンケージは著しく限られるとみてよい。目下，統一された見方はないといえるので，上述の諸点を図示すると，家族ネットワークを構成するリンケージは図4-2のようになろう。リンケージの活用に際しての単位は家族であっても，リンケージの単位は個人である場合が多い。

分析の方法

　これまでに述べたような家族研究の領域にみられるネットワーク研究は，概して，概念定義や概念枠組みとしてのネットワーク論に関心が強く，アメリカの一部の研究者（たとえばターナー）を除いては，実証的方法は未熟であった

といえる。1970年代に入ってアメリカで急速に関心が高まったネットワーク論は，構造分析すなわちソシオマトリックス（sociomatrix）分析としてのそれであった。1960年代に著しい成果を上げたイギリスの社会人類学者たちとの違いは，アメリカにおける統計学的方法への傾斜である。ラインハートらに代表される彼らの考え方は，「実証的ソーシャル・ネットワーク理論は，そのデータが極めて複雑であるがゆえに，洗練された統計学的分析方法が不可欠である」（Leinhardt［1977］）とするものである。典型的なソーシャル・ネットワーク構造（ソシオマトリックス）は，そこに含まれる個人の数が少なく特性が顕著な場合には，構造命題を実証する作業は容易である。しかし，人数が増え，特性の表出が弱まり，複雑な要素が介入してくると，作業は著しく困難となる。したがって，洗練度の高い複雑な処理方法が求められることになる。

いかに複雑な統計モデルを用いるにしろ，データの基本的な数量化は，ボットの方法にみられるような「つき合いの数を数える」といった方法に依拠する傾向が強い。それは，人と人とのつながりを具体的に数え上げていく作業が基礎になることである。それゆえに，対象となるネットワークの規模が大きくなると，分析は著しく複雑となるのである。典型的な統計モデルのひとつであるグラフ理論は，決定的で静的なタイプの理論であり，変化を把握しないというネットワーク理論の典型ともいえる。しかし，社会関係の構造という意味をネットワーク概念を用いて明確にすることがネットワーク論の目的であるとするならば，有効な道具であるに違いない。個人の行動は構造的に規制されているがゆえに一定のパターンを示すという立場から，いかなる規制が社会行動にどのように影響するのかを示すことが，ほとんどのネットワーク研究の基本目標であるとされている（Leinhardt［1977］）。

以上は，分析方法に関してもっとも厳密な検討や実績がみられる「一般の社会行動」研究についてのまとめである。「家族行動」研究に絞ってみると，分析の方法は未熟であり，また，それゆえに，研究目標次第で，種々の方法を開発する可能性も残されているといえよう。

すでにみた家族ネットワーク研究の二つの流れの中に見出される方法としては，ボットの仮説およびその検証に関するものとして，夫婦役割構造の型と夫婦のソーシャル・ネットワークの型とを相互関連させるという方法が明らかに

されており，もう一つの親族ネットワーク研究に関しては，現代社会における親族が有効な支援ネットワークを形成していることを実証するための方法が中心となっている。その他の試みとしては，家族ニーズを充たす資源としてネットワークをとらえるならば，そのネットワークの特性はニーズの特性に規定されるものとして，その特性を「手段性」「情緒性」という二分法によって測定しようとするものもある（野尻 [1977]）。さらに，その資源の単位が個人か組織かという資源の規模別の分析や，ネットワークが夫中心か妻中心かという性役割との関連や，ライフ・セクター別のネットワーク分析などの考察もみられる。これらはいずれも，ネットワークの変化をとらえるための方法として提示されており，ネットワークの内容と型を同時に把握し，その変化のタイミングから家族周期段階の移行や歴史的変動を考察するための方法として考え出されたものである。いずれにしろ，方法としての妥当性は確立されていない。

3 行為者のネットワークと地域社会

本節では，現代日本の家族と，その環境としての他の集団や組織との相互関係について，実証研究の成果をもとに考察してみよう。日本の家族研究においてネットワーク概念が用いられるようになったのは，主として1960年のアメリカにおける親族ネットワーク研究が導入されて以来といってもよく，したがって，実証研究においてネットワーク概念が用いられるケースは数少ない。ここでは，ネットワーク概念の有無を問わず，研究の対象が家族とその社会的環境とのかかわりに焦点がある場合に，考察のための資料とした。

現代日本の家族ネットワーク

ここで用いる資料は，1960年代後半から1970年代にわたる都市家族の親族・友人・近隣関係などについての31報告を整理したもので，現代日本の都市家族がもつソーシャル・ネットワークの特徴を明らかにする試みのひとつである[1]。データ・インベントリーは次のような様式に従った。①研究テーマ，②データの出所，③研究の目的，④方法，⑤概念および変数，⑥結論，⑦家族間の相互作用の種類。これら7項目について，すべての報告から情報が得られたわけで

はない。研究の目的すら明らかでない資料は最初から除外したが，調査研究によって何が明らかになったか，という結論が不明瞭なものや，用いられた概念および変数が明確でないものなどが含まれている。特に，報告された調査によって明らかにされた「事実」が記述されたものの，何らかの理論的枠組みに沿って考察されたものは多くない。以上のような資料を整理することによって得られる成果は，家族がもつ様々の社会関係の実態をある程度明らかにし，それらを分類し，今後の実証作業のための命題作りをすることに求められよう。

　さて，資料の整理をした結果，家族ネットワークを構成するリンケージの種類とその機能については，次のような諸特徴が明らかになった。まず，親族との接触について，訪問の頻度で測った場合，親子・きょうだい間の接触頻度は高く，それ以外の親族との接触頻度は低いといえ，地理的距離が近いほど，接触頻度は高い，という傾向がみられる。訪問による接触であるから近距離の親族に偏るのは当然としても，親等の近い者に限定される傾向が強いことは，親族一般と親子・きょうだいとは区別される存在であることをうかがわせる。親族とのつきあいの内容としては，互助，社交，儀礼といえるものが中心で，特に，家族が援助を必要とする際に最も頼られるのは親族であり，親族は総合的な援助リソースとして第1位を占めるとみられる。日常的な互助関係は，親族よりも近隣との間に強くみられるが，状況の急変にともなう一種の危機的事態への対応に際しては，親族依存度が高い。日常的社交という意味での接触は，親族の中でも妻方の親族の比重が高い。親族リンケージは，親ときょうだい，夫方と妻方とでは機能の内容が異なり，それは，対象者の年齢によって影響される，と考えられる。

　資料として用いられた報告には，対象家族がもつリンケージとして親族や近隣のほかに友人や職場，専門家なども含まれる。これらの異なるリンケージに関して実際に相互関係がみられたという交渉の出現率は，親族，近隣，友人，職場関係，専門家の順で低くなるが，それは，家族がそのリンケージを活用化する必要の出現率と比例しているので，各リンケージの重要性を必ずしも示しているのではない。

　家族がもっている様々のリンケージは，家族のニーズに応じて活用化されるので，ある時点で活用化されたリンケージは，その時点における家族の特徴を

図4-3 親族ネットワーク・パターン形成要素の関連図

```
        e親等  f系譜  a性別  c学歴
          │     │     │     │
          ↓     ↓     ↓     ↓
d地理的距離 ──────────────────→ 親族ネットワーク・パターン
                │
             b家族周期
```

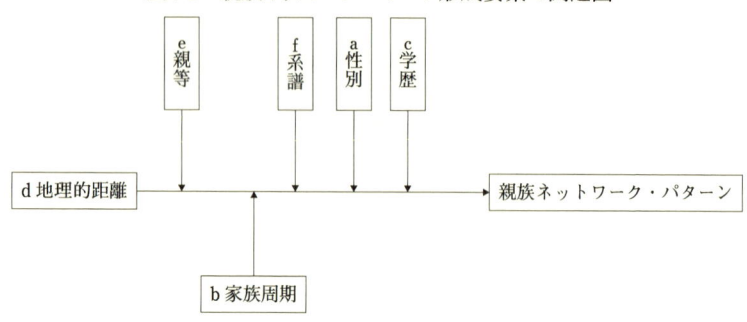

図4-4 家族のソーシャル・ネットワーク・パターン形成要素の関連図

タイプ1

```
a ─┐
b ─┤
c ─┼─→ 家族のソーシャル・ネットワーク・パターン
d ─┘
```

タイプ2

```
    a   c   d
    │   │   │
    ↓   ↓   ↓
b ─────────→ S.N.P.
```

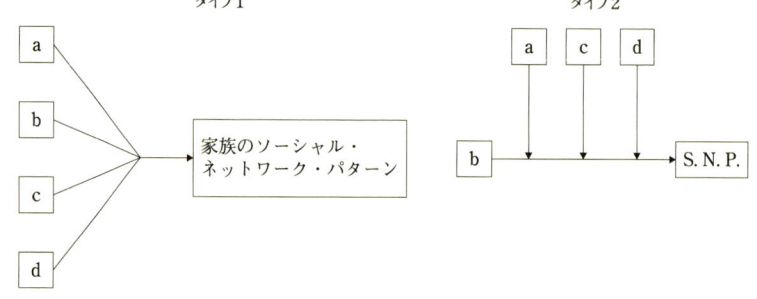

反映しているといえる。つまり，いかなるリンケージが，いかなる比重で活用化されるか，を把握することによって，ひとつのシステムとしての家族の構造や内的ダイナミックスの理解につながる，ということである。

では，家族ネットワークの構成に影響を及ぼす家族的要因には，どのようなものがあるだろうか。31報告にみる限り，次の6要素が比較的重要であると思われる。①夫の場合と妻の場合で異なるという「性別」，②「家族周期段階」または結婚年数，③学歴，④特に親族関係に関しては「地理的距離」，⑤親族の親等（特に親子・きょうだいとその他の別），⑥夫方か妻方かという，系譜。これら諸要素の相互関係を図示すると図4-3と図4-4のようになる。図4-3は親族リンケージに限定した場合のネットワーク・パターンであるが，資料による限り，親族との地理的距離が独立変数となり，他の要素が親族ネットワークの形成に異なる影響を与えている。ただし家族周期段階によって，家族の発達

課題が異なるところから，それに関連した家族ニーズがかなり規定されるようであり，この変数のみは他の変数とは異なる位置づけをする必要があるように思われる。

図4-4は親族を含めた種々のリンケージによって構成される家族のソーシャル・ネットワーク形成に影響を与える諸要素の関連を示すものである。タイプ1は四つの変数が並列的に独立変数として位置づけられているのに対し，タイプ2は家族周期段階が唯一の独立変数とされ，性別，学歴，地理的距離が媒介する変数とされている。これら二つのタイプは，用いられた資料による限りいずれか一つに断定することが性急であり，異なる可能性として提示したものである。

以上は一般的な家族ネットワークの特徴をまとめたものであるが，老人家族に限定すると，資料が少ないために一般化することは危険であるが，一般家族とは異なる面が現われている。たとえば，老親と子や孫の往来の頻度は地理的距離と比例する，といった傾向は，一般の家族と同様にみられるが，独居老人は比較的近距離の所に居住する子どもをもつ率が高く，往来の頻度も職業により異なるという傾向も一部みられる。特に顕著な差異は，困った時の援助先に関する性差で，同居・別居・独居等の居住形態や職業にかかわらず，女老親は圧倒的に子ども依存の傾向が強く，男老親は配偶者依存の傾向が強い。いずれも配偶者，子どもの双方を頼ることに変わりはないが，その比重が男女で異なる，ということである。

老人のソーシャル・ネットワーク形成に影響を及ぼす要素としては，性別（ほとんどの報告で性差が明らか），独居か夫婦居住かという居住単位，年齢，親族の地理的距離，親等（子どもの有無）などが挙げられよう。ネットワークを構成するリンケージの種類は，圧倒的に親族リンケージで，近隣，友人，専門家などは，親族リンケージの代替であるような出現傾向を見せている。

アメリカにおける実証研究を基礎とする理論構築の試みは，家族ネットワーク研究の領域においてもすでにみられる。リーはソーシャル・ネットワークと親族・近隣からの援助に関する変数関連図をまとめている（Lee [1979：51]）が，そこには，親族からのサービスの援助は地理的距離が近く，必要性が長期で，年齢が高いほど多く得られ，経済的援助は社会経済的地位が高く，必要性

が長期であるほど多く得られる傾向が見出され,また近隣からのサービス援助は,親族が地理的に離れ,必要性も短期的であるほど多く得られる,というものである。

　日米いずれの場合も,整理の対象となった研究は,そのほとんどがネットワーク概念を明確に定義しそれを分析の道具として意図したネットワーク研究ではないので,必要な変数がすべての研究に含まれておらず,したがって,十分な変数関連図を作成するに至らない状態であるといえよう。

家族ネットワークの変化

　概念上の問題としてすでに論じたように,ネットワーク分析は構造分析の一種であり,個人の社会関係の変化を把握する側面が不十分である。しかし,一つのネットワーク構造を時系列的に追いかけることによって,時間の経過にともなう変化を見ることができることは,すでに指摘した通りである。理論的な問題としてのネットワークの変化は,家族周期段階の変化と社会変動という二つの時間軸でとらえることが有意であるが,実証研究はまだ乏しく,周期的変化に関する事例研究がわずかにあるのみである。

　家族周期段階は家族の発達課題によって設定されるものと一般に理解されている。その発達課題は,家族のニーズによって形成されるが,ここに,リソースとしての家族ネットワークとの接点がある(目黒 [1980a])。家族のニーズは無制限に充足され得るものではなく,その充足に当たっては,家族自体がもつリソースと家族ネットワークというリソースを動員することが必要であり,その範囲内で充足し得るニーズが,当該家族の発達課題として顕在化する,という考え方も成り立つ。このような考え方に従えば,家族が活用化するネットワークのパターンは,家族内リソースによって充足し得ない家族ニーズの指標となり,そのパターンの変化は,発達課題＝家族周期の変化を示すものであろう。したがって,家族ネットワークのパターンの変化をとらえることによって,家族周期段階の移行をとらえるという方法が可能となる。

　家族ネットワークのパターンの変化から周期段階の移行を探り,さらにわずか5年間の間隔ではあるが社会変動との関連をも同時に考察した試みがある(野尻 [1977])。この研究は,わずか5家族を対象としたもので,結果的には,

5年間の変化よりも家族ネットワークのパターンの変化から周期段階の移行をとらえる具体的な方法を提示していることに特徴がみられる。家族ネットワークの分析を五つのレベルで試みているが、その第一のレベルは、手段性 (instrumentality) と情緒性 (emotionality) という二分法を用いる方法で、「手段性」の高さは家族の手段的ニーズを充たす機能、「情緒性」の高さは家族の「情緒的」ニーズを家族ネットワークが充たす機能を果たすこと、と規定されている。第二のレベルは、日本の家族のニーズを充たすサービス源が個人的リンケージ中心か組織リンケージ中心かという視点に立つもので、問題処理の傾向を個人的なレベルから社会サービス機関へ、という家族近代化論に即した変動分析の試みである。それと同時に、個人リンケージを親族と友人に区別することにより、資源の「選択性」についても考察している。第三のレベルは、ネットワークが夫中心か妻中心かという性役割とネットワークとの関連を軸にしたものである。第四のレベルは、家族生活のいくつかの側面 (life sector) を基準にして、各ライフ・セクターの比重の変化を家族の発達課題との関連でとらえる試みである。第五のレベルは、E.ボットの用いた方法に従って、夫婦役割構造と家族ネットワークとの相互関連を分析する試みである。

　上記研究が導き出した結論の一つは、家族成員の役割内容や種類に変化がみられない場合でも、家族ネットワークの構成要素の変化 (たとえば老親の死亡) や家族成員の加齢によって役割関係が変化することが、その家族のネットワーク・パターンを分析することによって明らかになる、ということであった。研究対象となった中年家族の場合、5年間の周期的および歴史的時間の変化は、手段性よりも情緒性を、そして妻中心の友人リンケージを増大させ、いわば「妻の個人化」という変化をもたらしている。

4　現代家族と社会的ネットワーク

　社会的ネットワーク分析の視点や方法および若干の応用の成果について検討してきたが、このような分析法あるいは理論は、今後いかなる意味で重要性が認められるだろうか。少なくとも二つの面で、重要性が増すと思われる。その一つは、家族を取り巻く環境が急速に変化する中で家族の構成や機能も多様化

しつつあるが，そのような現代の家族の分析において，ネットワーク論の特徴がより有効性を発揮することが予想される。第二は，社会学理論としてのネットワーク論の位置づけである。

家族の多様化

現代家族とは，その特質が「友愛」であるとされる情緒的側面に比重のある家族である。そしてそれは，夫と妻という2人の成人の結婚を契機として創設される夫婦家族で，男女両性と2世代が含まれるが，成員数は比較的少数である。産業化社会の家族に対する要請は，家族内の性別役割分業と個人志向または私化と呼ばれる現象に表われていた。現代社会の典型的な核家族は，夫は職業，妻は主婦業という役割構造をもち，独立個人によって創設された家族単位は親族構造の中の位置づけが弱化した，親族関係的に孤立したものであるとされている。しかし，このような典型は，アメリカでは主として白人・中間層については該当するが，黒人を中心とする貧困層に関しては，家族員の交替や成人男子の失業の恒常性により，強力な親族ネットワークの機能が重要であることが指摘されていた。また，白人・中間層の場合でも，現実の親族間の相互関係が強力であることは，1960年代を中心とする親族ネットワーク研究において明らかにされたことは既述の通りである。

1970年代以降のアメリカ社会にみられる特徴として，生活単位としての家族の多様化があげられる。これは，既婚女性の就労や離婚・再婚の増加などによって結果された「二つの財布をもつ家族」や，単親家族，血縁関係をもたない親子・きょうだいなどの混成部隊の家族など，産業化社会との適合性が低いとされる家族の出現である。そして，趨勢としては，これらの家族は増えている。両性と2世代で構成された，分業体制の固定した家族であって初めて私化された家族であり得たのが，役割構造（特に性別の）変化や家族員の欠員や交替によって，私的単位としての境界を確保できない状況になってきたといえるのである。

かつて，離婚した母親とその子どもたちは，中間層的生活を維持しようとしながら，周囲の支援を得られない状態であったのが，最近では，同じ立場の人々が相互援助のネットワークをつくるようになっている (Stack [1979])。

このようなネットワークは、かつての親族組織のような血縁・姻縁に縛られるのではなく、個人の選択によってつくられるのが特徴である。選択によって構成されたネットワークは、離婚者のみならず単親・老齢者・死別者・同棲者・夫婦などにとっても、子どもの有無を問わず支援システムとして機能するために重要である。近代化の過程において、種々の特定目標達成のための機能集団が発達し、かつての支援システムとしての親族組織の機能は衰退した。性別・年齢別役割関係が明確である核家族において、各役割の演技者の欠員や重複があると、システムとしての家族内の均衡が崩れ、何らかのシステム外からの支援が必要となる。家族によって選択された資源群としての社会的ネットワークが構成されない場合には、家族関係の不均衡によって生ずる問題が、当該家族内で処理されなければならないことになろう。しかし、問題解決のために必要な資源は家族内では限度があり、必要な資源ネットワークをつくる能力、あるいは、支援ネットワークをつくらないで処理する能力など、家族の能力（competence）が問われることになる。その能力とは、問題解決のための支援資源を明らかにし、それを入手し、動員して問題の解決にあたる能力である。

　現代家族の状況は、家族の形態や機能を変えつつあり、それは多様化という方向をとっている。そのような変化について、危機感をもって論じる傾向が一部にはみられるようである。家族の崩壊に対する危惧は、ひとつには、家族は一度形成されると半永久的に存続するものである、という前提が崩れてきていることによると考えられる。これは、特定の男女の結びつきによる夫婦関係が離婚という形で解消されたり、再婚によって配偶者が交替するといった、家族成員の出入りが頻繁になったことにより、特定の個人の組み合わせが作る集団としての側面よりも、個人と個人の関係としての側面に、家族の特性の比重が移行していると理解できる。言い換えると、家族の集団性よりも、成員個人にとっての機能が重要性を増した、ということである。特定の個人と個人の組み合わせが、比較的短期間で解消される現象が、あたかも「制度」としての家族の崩壊であるかのごとき印象を与えていることは否めない。そして、初婚年齢の高さや婚姻率の低下が、そのような印象を強化しているとも考えられる。

　しかし、家族機能の「個人化」は、家族機能の弱化あるいは消滅ではない。ますます個別性の強い、つまり多様化された家族機能の内容になるだろうとい

うことである。家族員の出入りの激しさは，特定の役割を特定の個人に期待し続けることを困難にさせる。したがって，性別や年齢に基づくとされる役割も，流動的にならなければ，家族の統合性を強めるどころか，逆に家族問題の原因となる。

以上のように現代家族のおかれた状況をとらえるならば，集団・組織・地域などのような「境界」を前提としてもつ概念よりも，そのような境界を超えた個人の行動を把握することを前提としたネットワーク概念を用いる分析法は，もっとも有効な道具のひとつであるといえる。そして，「変化」の考察に弱いネットワーク分析の改善を意図するならば，ネットワークの中心を「家族」とするよりも「個人」とした方が，流動性の強い現代家族の理解により有効ではないかと思われる。

社会学理論としてのネットワーク論

ネットワーク概念の項で述べたように，ネットワーク論は特定の公認された理論モデルを指すものではない。それは単なる概念であったり，分析法であったり，また，比喩的な用語であったりする。バーンズ以来，構造論における「集団」と区別することが，中心議論のひとつであり，理論としての抽象性に関して，「個人」中心にネットワークをとらえることの必要性を主張するものもあった（Banck [1973]）。家族研究においては，その研究対象の性格上，家族を単位とする方法が中心で，ネットワークの中心単位が家族か個人かを理論上の問題として議論することはほとんどなかったといえる。

1970年代後半以降，アメリカの社会学者の中でネットワーク分析の中心となった人々は，数理社会学の傾向を強くしており，イギリスの人類学者たちの関心の的であった概念定義よりも，ネットワークの強度を測る測定法に強い関心を示し，その方面での成果を上げてきた。彼らは，様々な領域における個別の研究の積み重ねの結果として認められるアプローチの連合をネットワーク分析と呼んでいる。それゆえに，ネットワーク分析の理論としての位置づけは各人各様である。たとえば，ラインハートに代表されるように「パラダイム」としてとらえる立場では，体系化された社会関係を分析するのがネットワーク研究であり，その社会関係の単位は個人でも組織でもよいとされる（Leinhardt

[1977])。また,バートなどのようにネットワーク・モデルと称して,そのモデルが行為者間の関係パターンの記述に際して強力な枠組みであるとする立場もある (Burt [1980])。しかし,前者の場合も,個人間の紐帯に焦点が置かれ,特に個人間の関係の構造が個人の行動に及ぼす影響・制約を考察することにより,構造原理が社会関係を規制するか,という疑問に答えようとするものである。いずれにしろ,ネットワーク・モデルは複雑な関係構造のモデルであって,数学的操作を用いることは,より正確で明瞭なデータ整理を可能にし,社会的ネットワーク理論を実証性のある理論として発展させるために不可欠である,という姿勢が強いことに,現代アメリカ社会学におけるネットワーク論の位置づけがうかがえる。

注

1) 検討の対象とした報告は次の通り。高橋 [1967],Koyama [1970],大橋・清水 [1972],執行 [1973],老川 [1974],菅原 [1975],岩上 [1976],関 [1976] [1977],国民生活センター [1976] [1974a] [1974b] [1968],本村 [1970],東京都民生局 [1968],島内・新井野・斎木 [1976],島内 [1977],島内・斎木 [1978],森岡 [1968],野尻 [1974a, b] [1977],岡元・菅谷 [1977],松崎 [1978],湯沢・松浦 [1974],那須 [1967],山室 [1972] [1976],望月 [1972],東京都老人総合研究所 [1973],袖井 [1974],山中 [1976]

第 5 章

個人・家族と官僚制

1　家族環境の官僚制化と専門化

　家族と外部システムとの関連を考察する場合，家族社会学においては主として地域や職場との関連を対象としてきた。それは日本の場合，村落構造論と親族動態論を基盤とする家族研究にみられた傾向であり，欧米の研究においても，産業化や都市化と家族の変動を相互に関連づける家族変動論として一般にみられた傾向といえよう。特に家族の形態や機能の変化から，現代家族を小集団とみなし，その内部におけるダイナミックスを主要な研究対象とする傾向が強まると，家族を閉鎖システムとして考察することは，家族内部の役割構造や関係の研究において前提ですらあった。

　しかし，家族をとりまく社会環境は，地域や職業のみならず教育，医療，司法，行政など種々の社会セクターから成っている。家族変動論は，生産様式の変化や種々の機能集団の発達にともなって家族が担っていた諸機能が専門機能集団に移っていったと説明する。種々の社会セクターは，それら専門機能を司る領域である。そして，各セクターにみられる特徴は，官僚制化の進行であるといえよう。教育は学校制度の確立によって，個人が教育を受ける時期を，年齢を基準に固定化し，教育内容や程度を標準化した。

　職業においては，効率化や技術革新が続けられることによって，職種の専門化が進み，就業する個人の能力や資質が特定され，訓練の差や性差などが明確になってきた。生産の場における機械化は，製品を作るといった作業処理の効率を高めることによって，人間の労働が介入する領域を均一化し，訓練差や性

差などの差異を縮小する面を含んでいたといえる。しかし，物の生産から情報処理へ，ハードウェアからソフトウェアへと経済活動の比重が移っていく中で，われわれの労働は，機械に指示を与えるといったコントロール作業が中心となってくる。機械化は，われわれが一般にイメージしていたほどに労働から人間を解放したのではなく，新しい労働の側面の重要性を増加させたということにもなる。つまり，人間の判断力の重要性が増すことであり，いわゆる専門化の進行である。

小集団としての家族

産業革命を契機として生産の場と家族生活の場が分離した。この職住分離は，家族の機能や役割構造に著しい影響を与え，家族の現代化をもたらすこととなった。大人と子ども，そして男と女の役割が明確になり，世代差と性差に基づく地位をもつ個人で構成される小集団としての家族が，産業化社会の典型となったわけである。夫婦という男女とその子どもたちの二世代で構成される小集団としての核家族は，産業化や都市化がみられない状態の社会に存在する核家族とは異なるものである。上述の現代家族は集団としての境界が明瞭であり，相互依存する環境は専門機能を司る社会セクターで成り立っており，親族組織は他の諸セクターと同様に家族を取りまく環境の一部とみることができるのである。

しかし親族組織は専門機能組織とはその性格を異にし，都市化の進行とともに，地域性に基づく親族組織の機能が弱化してきたわけである。このような動向は，現代社会における専門性・官僚性の強調の中に親族組織のもつ非専門的機能の重要性を埋没させるような議論を導いたと考えられる。

機会構造としての官僚制

われわれの一生は，出生の登録に始まり死亡の登録で終わる。このような行政とのかかわりは，一定の年齢で始まる一定期間の就学やその後の任意的な教育，就業，結婚，離婚などの人生上の出来事についても同様である。日常生活における官僚制機関との交渉は，教育・職業・医療など種々の社会セクターにおいて経験されている。現代人にとって必然である官僚制は，かつて親族組織

がそうであったように，個人にとって，また家族という社会的単位にとって，生き方を支え発展させる環境であり，その可能性を規定する機会構造であると考えられる。

一方，いかに官僚制化が進んでも，親族や友人，地域の個人的人間関係が消滅するものでないことを，われわれは経験してきている。そして現代社会において，専門性のみが問題解決に役立つわけでないことをも知っている。重要なことは，個人の生活環境としての官僚制の有効性と第一次集団の有効性を整理し，個人および家族にとっての現代社会を考察する理論枠を，一つの社会変動論として構築することだろう。

2 「家族と官僚制」についての理論と見解

産業化社会の家族

「産業化が進むと親族組織の機能は新しく発達した専門機関によって代替され，親族システムはその重要性を失う」という変動論は，1950年頃まで支配的であり，家族などの第一次集団は，現代社会においてはその存在意義がいずれ消滅するだろうとみられていた。このような見解の理論的根拠としては，産業化社会の官僚制組織の方が第一次集団よりも目的達成のために効果的であること，これら二者にとって望ましい社会環境は相反する特性を備えているといったものがある。そのような特性の一つとして，現代社会の移動性があげられる。したがって地理的移動，職業移動に対応することを余儀なくされるのが，第一次集団の成員である。

パーソンズ（Parsons [1959]）は，特殊なタイプの第一次集団である家族が都市型社会に適合性をもつための「核家族の孤立化」論を提示した。この核家族は成人2人のみを含み，さらにその1人のみが産業とつながることによって移動しやすくしているというものである。これに対し，現代社会においても親族関係が活発に維持されていることを実証する研究が1950年代に続けられた（Sussman & Burchinal [1962a] [1962b]，Litwak [1960a] [1960b]）。パーソンズの「核家族の孤立化」論への反証として続いた一連の研究には，家族・親族のみならず，他の第一次集団である近隣や友人に言及したものもある。問題は，

第一次集団が産業化社会で機能することがどこまで実証されるか，その機能の度合いは単線的な変動論が提唱するように減少していくものか，または，第一次集団は産業化社会と本質的に適合性をもっているのか，などの点である。このような疑問に答えるための理論的考察がほとんどない状況の中で，この問題に正面からとり組んだ代表的な研究がリトワクによるものである（Litwak [1960 a] [1960 b], Litwak & Meyer [1967], Litwak & Szelenyi [1969] など）。

現代社会と第一次集団の同調性

　拡大家族関係（親族関係）は現代社会と同調性をもたないという前提に立つパーソンズの「核家族の孤立化」論に対し，リトワクは疑問をもった。そして，職業移動（特に世代間の）と地理的移動という二大移動と拡大家族の結合性との関係を実証し，次のように結論した。まず，パーソンズの仮説は，その拡大家族が「古典的拡大家族」である限りにおいて，そして，その現代社会が「産業化初期の段階」であるとする限りにおいて，妥当であろう，という点を指摘した上で，産業化の進んだ現代社会で最も機能性の高い家族は孤立した核家族であるという論点を否定した。さらにリトワクは，現代の拡大家族関係は必ずしも地理的近接性を要しないことを特徴としていること，そして，最も機能性の高い組織は，効率のよい官僚制の特徴と第一次集団の能力を兼ね備えていることを指摘した。このような理論的根拠が，現代社会における拡大家族の意義と可能性を示しているというものである（Litwak [1960a] [1960b]）。古典的拡大家族に対して，これを修正拡大家族（modified extended family）と呼んでいる。

　産業化・官僚制化が進んだ現代社会と同調性の高い第一次集団に求められる特性とは何だろうか。「移動」に規定されない親族関係のあり方が現代の修正拡大家族であるが，いま一つの考え方は，現代社会にも目的合理主義のみで機能しない生活領域が多様に広がっていることに着目することである。リトワクとメイヤーは，官僚制組織と第一次集団がそれぞれ最大の効果を発揮する領域を分類するために，二者の定義をそれぞれウェーバーとクーリーにしたがって行なうことから始めた（Litwak & Meyer [1967]）。官僚制の特徴として権威の序列，組織成員の行動をガイドするための法規，非個人的関係，義務・権利の

定義が所与であること，決定権と実施権の分離，専門家の活躍，メリットによる昇進および任命—組織の目標を達成する能力，を挙げ，官僚制組織の効率の基礎となるのは，最大の知識と経験を目的達成のために使用することであり，それは法規が明確で，権威の序列にしたがって法規が適用され，専門的知識が利用されるという形をとることになるとしている。

一方，第一次集団は，出生や情緒的つながりを契機とする成員の参加がみられ，集団として比較的永続性があり，成員の興味は拡散し専門化が生じない大きさ（いわゆる対面性を保てるサイズ）を持っていることなどを特徴とする。官僚制組織と第一次集団の根本的な違いは，前者が訓練された専門家を奨励するのに対し，後者はその逆であるとリトワクは言う。すると問題は「どのような状況において第一次集団は官僚制組織よりも効果的か」ということになり，それに答えるには「どのような状況において，目的達成のために，専門家（expert）は役に立たないか」に答える必要がある。つまり，専門家が目的達成のために役に立たないような場面でこそ，第一次集団の威力が発揮される，とみるわけである。

専門性無用の3領域

特別の訓練を受けた専門家を必要としない課題領域は少なくとも3種類あるとリトワクとメイヤーは言う。第一は，課題があまりにも単純で，誰でも課題達成が可能であるような領域である。たとえば，子どもに食事をさせる，朝起こして学校に行かせる，天候に応じた服装をさせる，といった一般の親たちが通常行なっている行為に，特別の専門性はない。このような領域で，訓練を受けた専門家の効用は認められない，というわけである。

第二の領域は，第一のそれとは逆に，課題達成に関する専門的知識が乏しくて，専門家の判断と一般人の判断に大した差がみられないといった種類のものである。たとえば，やる気のある子どもに育てることができる親をいかに教育するか，あるいは夫婦の緊張をいかに緩和させるか，大統領候補者のうち誰が最適任者かを判断するなどの問題は，複雑であると同時に未知数の要素が多く含まれている。したがって，専門的な意見の中にもくい違いが出てくる可能性の高い領域である。このような場合は，役割に応じた（「決定権を持つ人が決め

る」という正当性の原則による）決定をすることが期待され，専門家利用のメリットはない。

　専門家を利用する価値がない第三の領域は，特異な出来事（idiosyncratic events）で成り立っている。めったに経験しない出来事であるために，専門家の訓練が間に合わないとか，その費用がかかりすぎる，というタイプのものである。たとえば，天災の後始末なども，それがいつ，誰によって経験されるかで異なる出来事となるために，特殊な対応が難しく，ある程度標準化された形でないと専門家の知識の利用は難しい，ということになる。

　以上三つの領域はいずれも非画一的出来事（nonuniform events）といえるもので，専門性を特徴とする官僚制組織が第一次集団に対して優位性を示せないのみならず，多数の個人間コミュニケーション回路が，迅速な対応を阻むことにもなりかねない。また，専門家は概して過程を重視する傾向もあるので，課題達成における柔軟性を弱めることになりかねない。

　官僚制組織は画一的出来事への対応に，そして第一次集団は非画一的出来事への対応に，それぞれの機能性を高めるといえるにしても，われわれが直面する課題は画一性・非画一性の両面を含んでおり区分しがたい。要は，官僚制組織と第一次集団両者の特徴が現代社会における課題達成には必要とされる，ということなのである。

親族・近隣・友人の活性

　リトワクとメイヤーは以上のような理論的考察を，学校という官僚制組織と家族という第一次集団とをつなぐメカニズムを分析する作業を通して行なった。さらにリトワクは，家族以外の第一次集団の現代社会における積極的な機能を分析し，第一次集団が重要性を維持する条件を提示する（Litwak & Szelenyi [1969]）。

　クーリーの第一次集団の定義を用いて，親族，近隣，友人という代表的な第一次集団の構造と機能を，次の三つの命題に沿ってリトワクらは考察している。

　　命題1：親族にとって，その機能を維持するには，対面関係以外の状況で
　　　　　コミュニケートし，サービスの交換をすることを学ぶ必要がある。
　　命題2：近隣関係の維持には，頻繁に交替がみられる近隣関係の中で，サ

ービスの交換やコミュニケーションをはかる必要がある。
　命題3：友人関係の維持には，以上の二つのことのほかに，生活の特異な
　　局面に対処することを学ぶ必要がある。
　まず命題1に関しては，古典的な親族集団は地理的近隣性を基盤として親族メンバーの職業構造を支配し，中央集権的なシステムで親族結合を保っていたが，産業化社会は親族メンバーを地理的に拡散させたと同時に，彼らのコミュニケーションやサービスの交換を容易にするシステムを発達させた，としている。したがって，現代社会における親族機能は，地理的に離れていても情報やサービスの交換を行なうメカニズムの利用にかかっているということである。
　命題2も，産業化社会が要請する移動性・可動性と近隣関係における対面性・永続性との葛藤がテーマである。つまり，合理的な労働力の配置，生活水準の向上にともなう住居の選択，職業の特殊化・専門化などは，産業化社会の技術的要請であり，人々の移動に異なる影響を与えると考えられる。このような状況で，近隣関係の結合を生み出すのは，短期間で新しい近隣メンバーを受け入れ，仲間入りさせるメカニズムである。そしてそれは官僚制組織化の傾向——つまり地位とその地位を占める個人との分離という考え方——に慣れることだ，とリトワクらは主張している。近隣仲間という個人としての関係ではなく，近隣関係の中で特定の役割をもつ人として相互に位置づけるわけである。メンバーの交替が激しいだけ，その機能も限定される，というものである。
　命題3の友人関係は，他の二つに比べると対面性・永続性という圧力が含まれないので比較的弱い。この関係の中心は情緒性にあるので，選択性が強く，移動性と対立する要素ということでもない。
　三つの第一次集団をこのようにとらえた上で，リトワクらはそれぞれの機能的特性を次のようにまとめている。近隣集団は，対面性からくる最大の利点，つまり反応が速い（たとえば，災害時の最初の支援は近隣による）こと，同一地域の住民にとって利益となるサービス向上，継続的な学習を要する行動などに関する領域をもっている等があげられる。親族集団は，永続性に基づく行動（たとえば育児，看護，生活設計などの領域）を得意とする。そして友人関係は，永続性・対面性の少ないことを利点とする領域，つまり変化への対応，が特徴としてあげられている。

親族ネットワークの機能

　リトワクらは産業化社会の要請と親族機能の衰退を相関づける主張に対する疑問から，現代社会における第一次集団の新しい機能を整理し，さらに，官僚制化が進む中で専門家の有効性が認められない生活領域にこそ第一次集団の活力が生かされることを主張した。

　サスマンもリトワクらと同じ疑問から，産業化の進んだ現代アメリカ社会における親族ネットワークの活発な機能を実証し，ヒルの三世代関係の研究とともに，世代間の相互援助，特に中年親世代から成人子世代に対する種々の援助が，中間層的生活スタイルの維持に貢献している側面に光を当てた（Hill［1970］など，Sussman［1953］［1959］［1965］，Sussman & Burchinal［1962a］［1962b］）。

　さらにサスマンは，親族ネットワークが官僚組織と家族とをつなぐ機能を果たしているとして，家族システムが社会システムに働きかける際のリンカー（linker）としての親族ネットワークに注目しつづけた。社会が複雑さを増す中で，家族は従来の機能を失う傾向があるが，また新しい機能も手に入れている，という。たとえば，医療システムは医療を担うが，病気や健康についての判断は，いかに現代的な社会においても家族が行なう。特に長期にわたる病気や障害の治療は制度化されたケアのコストは高く，家族の果たす役割は大きい。家族の現代的機能が資源の利用にあると考えるならば，家族外の資源を使いこなす能力を家族員が身につけるような社会化が，現代家族に必要だという。このような観点からサスマンは家族の国際比較を試みた（Sussman, ed.［1974］）のである。

　ここで鍵となる概念は，能力（competence），リンケージ（linkage），そして選択肢（options）である。複雑な仕組みの現代社会において，あらゆる生活領域に存在するすべての資源（resources）を知ることは不可能である。ある専門家あるいは専門機関を知ることにより，そこから他の資源に紹介され，リンケージが増加するというふうに，公式の「紹介」は重要なリンケージへの道となる。同時に，インフォーマルなリンケージは友人や親族によって広がる。認知されたリンケージは，家族やその成員にとっての選択肢となり，選択肢が多いほど，生活のコントロール度が大となる。

この選択肢＝オプションにはいくつかの分析レベルがあるが，近代化が進むほどオプションが増大するか，という問題が，国際比較をする基底にある。また，オプションの存在を認知し，そのオプションを実際に利用することに結びつく「能力」が必要である。オプション認知と利用する能力は社会化によって育まれる，というのがサスマンの概念枠組みである。現代家族の第一機能はオプションを活用する能力の社会化であり，第二機能は官僚制化された社会システムとの効果的なリンケージを発達させることだ，というのである（Sussman, ed. [1974]）。社会レベルの変動に家族が影響されて変化する，という一般的な傾向を認めつつも，家族は常に受け身ではなく，社会システムに能動的に働きかけるという側面にサスマンは関心を持ちつづけていることから，彼の考える現代家族の面目は，官僚制を操作する能力に見出されると解釈してよいと思われる。「家族の近代性（family modernity）」という概念を「社会の近代性」と「個人の近代性」の中間に位置づけることによって「近代化」に接近しようとしたサスマンは，その操作概念として官僚制操作能力を用いて，家族の国際比較調査を行なった（Sussman, ed. [1974]）。近代以降の産物としての官僚制こそ，現代家族が対処すべき対象であり，そこに現代家族の機能を彼は見出すわけである。

3　官僚制機関のサービスと拘束

官僚制の特性から生じる問題

　家族と官僚制の関係を考察するとき，官僚制の構造的特性がいくつかの問題を産み出すといわれる。たとえば，官僚制機関のサービスを受けるために必要なアクセスの問題（機関が近くにないとか，サービス時間が限られているなど），合理的態度（対人関係に求められる温かさの欠如），規則・書類作り，形式主義などによる非効率，などはその典型としてあげられることが多い（Streib [1977]）。

　官僚制組織の公式特性は，組織内の効率を高めることになっても，家族や家族成員の生活を支援する環境としての機能には問題があることが，上の例からわかる。このような構造上の問題に加え，さらに重要なことは，官僚制の社会

心理的な側面であるとストリーブは指摘する。つまり，必要なサービスを必要な時に受けられたか，サービス提供者の態度に人間味があったか，といったサービスの受け手の心理的認識によって，サービス機関に対する満足度が異なる，ということである（[ibid.]）。これに対し，サービス機関の側では，官僚制の構造的特性を操作することによって，サービス提供の量や方法をコントロールすることができる。その判断は，機関の成員である官僚という個人に委ねられ，これが官僚制の一種の「門番（gatekeeper）」となるわけである。

われわれの日常生活では，この門番の良し悪しで運不運が分かれることを経験している。たとえば，旅券申請の書類を出す際に，添付する写真の映り方に細かく注文を出す担当者か否かで，申請がスムーズに行なわれるか否かが決まったりする。また，書類の形式が複雑で，修正を数回重ねることが当たり前のようなプロセスで，嫌気を起こす申請者を脱落させ，結果的にサービス提供を軽減することもあろう。さらに，門番が官僚制機関のハイエラーキーにおいて比較的低い地位にある場合，特殊な心理がはたらくことも考えられる。つまり，サービス提供のあり方は門番の匙かげん一つで結果が変わるかもしれないと知った時，その門番はサービスの受け手に対して，許される限りの権力を行使しようとするかもしれないのである。このような日常的経験について，より体系的な研究が必要だと思われる。

官僚制と家族のインターフェイス

家族研究の立場から官僚制機関と家族の関連を対象とした研究は，前節で紹介したリトワクやサスマンらの1960年代から1970年代にかけての研究が中心であった。日本の研究も，教育，職業，医療などの機関と家族生活との関連を，家族の役割構造や役割分担という視点から取り入れることがほとんどで，「官僚制」と「第一次集団」という観点は明らかではなかったといえる。

先述のサスマンを中心とした家族の国際比較研究の一部である日本の分析は，その意味で数少ないものの一つである。たとえば，家族生活の局面として仮定としての危機的状況を設定し，その状況から脱するための方法としてどの程度官僚制機関や専門家を支援資源として利用するかを分析している（Nojiri [1974]）。仮想危機的状況はいずれも何らかの官僚制機関との接触を含むもの

表5-1　仮想危機状況と主な活性リンク

仮想危機状況	活性化された主なリンク
1．家族員の誰かが精神病の疑いがある	専門機関と直接接触
2．子どもの成績が落ちている	自分で処理
3．家族員の誰かが心臓発作を起こした	専門機関と直接接触
4．福祉年金や生活保護，失業保険など行政からの援助を申請する	専門機関と直接接触
5．家族員の誰かが逮捕された	専門機関・専門家の助言や仲介を利用
6．家族員の誰かが交通事故に遭った	専門機関と直接接触

で，その接触の際に活性化されるリンクとして調査対象家族が挙げたものは，表5-1の通りである。状況によっては複数の種類の専門機関あるいは専門家が介入する。たとえば状況2（子どもの学校問題）は，学校という教育システムと教師という専門家が介入し得る状況であるものの，大半の家族にとって，それは家族として解決すべき問題であると認知されている。もっとも多い回答は，「子どもに自分が教える」と「成績が落ちた原因について子どもと話し合う」であった。これは，子どもの成績が落ちたという状況を子どもの社会化の問題として親が認識しているということだろう。

　危機的状況におかれた家族が求める支援資源は，一般的には親族が多く，状況に応じて近隣・友人，専門家・専門機関などの広がりをみせる。専門家・専門機関志向の強さが家族の現代性の証明となるかどうかについて，上記の調査では必ずしも明らかでない。どちらかというと，ブルーカラー層に比べてホワイトカラー層で非親族志向が強く，高年齢層に比べて若年層の方が専門機関志向が強い程度である。教育程度の違いも，高学歴層の方が専門機関志向が強く，特に状況4（行政援助申請）ではその傾向が強いといえる。低学歴層では「何もしない」という傾向がみられるようであった。全体として，状況による違いが顕著であるといえる。

　どのような状況で，どのような家族が官僚制機関に接触を求めるかについては，日常的なダイナミックスであるにもかかわらず，体系的な整理が不十分である。家族のニーズに応じるサービスの提供についても，ストリーブの言うように，その社会心理的側面からの分析は今後不可欠であろう。

4　個人・家族と官僚制機関

家族の個人化

　現代家族と官僚制について考えるとき忘れてはならないのは，家族の変化の動向である。最近の変化のもっとも基本的な特徴は，家族成員の範囲が固定した夫婦中心の小規模な生活集団としての現代家族のもつ「集団性」の崩壊であろう。現代家族の機能が，家族成員のニーズを充足させる方向に収斂されてきた過程で，家族の集団としてのまとまりは前提でありつづけた。しかし，1960―70年代にみられたアメリカやヨーロッパでの諸現象は，夫婦関係の永続性や両親性が「正常な」家族であるとする観点に挑戦することとなった。離婚や再婚の増加は，単親家族や非親族の親子，きょうだいを含む新しい複合家族を増加させたが，特に後者は，「同居する他人（非親族）」（再婚の配偶者の子など）と「別居する家族員」（離別した配偶者と同居する子など）などが混在することから，家族集団の成員の範囲を流動化させたといえる。

　さらに，寿命の伸長によって老年期が長くなり，またそこに男女差もあることから，家族的生活のパターンを多様化させることにつながっている。一人の個人が一生の中で家族を経験することについて，その時機や期間などが多様化し，また，経験される家族の形も意味も，「一つの典型」ではなく多様な選択肢から選ばれる，という可能性が大きくなる状況となりつつある。これは，個人が生活の主体となり得る条件が現われたことの反映であろう。

　個人の人生設計の中で選ばれる家族は，その重要性はむしろ増大したといえるかもしれない。専門化や官僚制化が進んだ社会では，個人は経済や教育，医療，娯楽など個別セクターにおいて，それぞれの接点の部分のみが表出するような状況におかれている。各セクターにおいて表出する役割が相互に葛藤することも多々あり，一人のユニークな個性としての存在感を得る場がますます求められる社会である。このようなニーズを充たす家族は，個人にとっての問題を解決するための資源となるものである必要がある。

　個人が家族的生活をするとき，家族という単位で官僚制機関との接点をもつことも当然考えられる。子どもの教育という面で学校という機関と家族が交渉

を持つ場合などはその例であろう。しかし，多くの場合，家族と官僚制機関との交渉は，家族員個人と機関との間に家族がリンカーとして介入しているといえる。たとえば，病人と医療機関との関係に，病院が患者の家族に対して要求するサービスを家族が提供するか否かが，患者の受ける医療サービスに影響する，といった場合である。

家族が個人と官僚制とのリンカーとなっている状況の典型は，その個人が老人や離婚者などの場合にみられることは，これまでの研究からうかがえる。つまり，社会的支援をより必要とする状況に置かれた個人にとって，支援，サービスの提供者であり，また，官僚制機関からサービスを効果的に引き出すリンカーとしての家族は，今後ますます注目されることになろう。

リンカーとしての家族

官僚制が過去において無視してきた対象で，現在，そして未来にかけて重要さを増すものの代表に「高齢者」がある。高齢者は家族の枠組みの中で取り扱われることが一般的であったが，高齢者に関する機能は今や家族特有のものではなく官僚制機関と共有されていることが，種々の研究によって実証されている。共有のされ方は国によって，また家族形態によって異なるようである。また，サービスを受ける老人側が支払う代償のあり方も国によって異なっている (Shanas & Sussman [1977])。老人に社会が提供すべきサービスや，老親とその子どもとの関係について法制化しているユーゴスラビアのような国もあるが，行政によるサービスと家族員によるサービスの区分を明確にすることが，必ずしも老人のニーズを充たすという実際の運用に効果的であるとはいえないようである。

シャナスとサスマンは，オーストリア，イギリス，フランス，イスラエル，オランダ，ポーランドおよびアメリカ合衆国の研究から，20世紀の老人史で特筆すべきは家族の代理としてのソーシャル・ワーカーが出現したことだと言う ([ibid.])。ソーシャル・ワーカーという専門家にとってのクライアントとして，老人が漸増したこと，そして，このことは，変化する社会の中で老人のニーズも変化し，新しい要求が出てきたことの反映であるとしている。

家族の代理として考えられているものには，近隣やボランティア，地域の諸

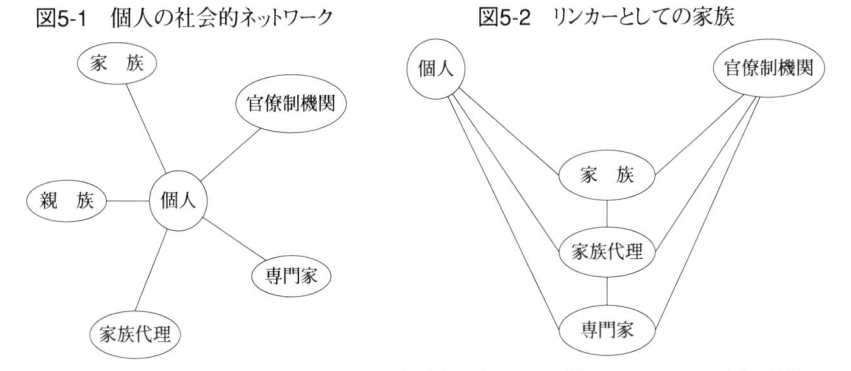

第5章　個人・家族と官僚制

図5-1　個人の社会的ネットワーク　　図5-2　リンカーとしての家族

注：家族：配偶者，子ども，きょうだい，その他の親族。家族代理：近隣，ボランティア，友人，地域グループetc.。専門家：ソーシャル・ワーカー，弁護士，オンブズマンetc.。

集団，友人などが含まれている。ソーシャル・ワーカーのような専門家をこのカテゴリーに入れるかどうかについては議論もあろう。ストリーブは，ソーシャル・ワーカーを牧師や看護師，オンブズマンなどの「専門家」というカテゴリーに入れて，家族の代理と区別している（Streib [1977]）。

　個人をとりまく環境を社会関係のネットワークとしてみると図5-1のようになり，個人と官僚制機関のリンカーとしての家族を位置づけると図5-2のようになろう。ネットワーク図では，個人のニーズに対応する資源としての各単位が個人と直結する第一次リンケージとして描かれている。図5-2では，官僚制機関との結びつきに家族以外の他の単位がリンカーとして介入する場合と，その介入がない場合が示されている。また，3種類のリンカー間の相互リンクもあることが示されている。第2節で考察したように，第一次集団と官僚制組織の特性を検討した上で官僚制の活用を図る場合もあれば，その活用方法についてリンカーを活用する場合もあるからである。

　専門性，官僚制が進むほど，社会システムを支援システムとするために専門的知識が要求される。変化する社会では，その知識も時間の経過とともに古くなる。個人にとって，社会システム運用の能力は，特定の知識の習得自体よりも，情報を得，人的関係の活用を可能にする社会的ネットワークの充実が重要であると思われる。そして，ネットワークの構成単位として，情緒的局面の家族，目的合理的局面の専門家，そして，その両局面を含みうる家族代理などは，

状況に応じて選択的に活用されるべき資源としての重要性を増大していくだろう。

II

第 6 章

都市家族の社会的ネットワーク
―― 二次分析による考察 ――

1　概念・測定の精緻化と新発見への試行

　本章は，1976年に収集した資料の二次分析を通して，以下の目的を達成する試みである。1976年度文部省科学研究費を用いた「都市家族の社会的ネットワーク」研究において，その分析対象となったのは，東京23区内の核家族177ケースであった。その際の研究目的は，日本の都市家族がもつ日常的な相互作用および危機時における支援パターンを，ソーシャル・ネットワーク概念を用いて分析するというものであった。当時の家族社会学の潮流として，家族・親族ネットワーク研究は，欧米においては社会階層とネットワーク・パターンの関連が主要テーマであり，日本においては，ネットワーク研究自体にまだ見るべき成果が上がっていない状態であったが，欧米・日本に共通した関心は，産業化や都市化の進展にともない，家族にとっての親族交流の重要性が減少する，というテーマであった。上記の研究は，そのような関心を背景としたものであった。

　そのような性格の研究のために収集されたデータを，今回二次分析の対象とした理由は以下のようにまとめられる。第一は，縦断分析のための基礎枠組みあるいは基礎尺度を精緻化するということの重要性である。これまでの実証研究の大半は（少なくとも社会学においては），横断分析的手法を用いたものであった。社会組織や人間の行動における様式を，特定時点で記述する際はもちろん，その変化を把握しようとする場合にも，いわゆるクロス・セクショナルなデータを単純に比較することによって，時間の経過にともなう変化を推察する，

という方法である。たとえば，x 年における特定の家族グループ X を観察した結果と，y 年における別の特定の家族グループ Y の観察結果を比較することによって，x 年から y 年までの家族に関する変化あるいは継続性を測定する，といった方法である。このような方法は，異なる主体を観察の対象としているので，同じ主体の「変化」を測ることはできない。しかし，時間の経過にともなう何らかの影響が，観察対象に反映されていることを否定できないことや，時間的・経済的コストが比較的軽いことなどから，これまで最も一般的な方法として用いられてきたのである。その際に最も問題となるのは，x 時点と y 時点における観察の枠組みや尺度が同一であるかという点である。この点に対する配慮は，主として同一質問項目を用いるという形でみられたが，状況の変化にともなう現象の意味という観点からすると，概念的同質性（conceptual equivalence）の問題が大きい。今回の二次分析の第一の目的は，研究上のコストの点から現実性の高い横断的比較をする際に，その方法論的弱点を小さく押さえることによって，理論化のための積み重ねを可能にするための概念および測定における精緻化を試ることである。

　本二次分析の第二の目的は，最初の研究における分析とは異なる角度からデータを見ることによって，新しい発見を得ることである。この新しい発見には，三つの内容が考えられる。

a．第一の目的との関連で触れた縦断分析は，同一主体を対象として継続的に観測し，異なる時点間の変化や連続性を把握する方法である。当然のことながら，そのような観察には理論的な意味と具体化された測定尺度が必要である。先述の通り，家族領域におけるネットワーク研究の歴史は浅く，特に日本においては緒についたばかりといってよい。さらに，縦断分析それ自体も社会学においては希少である。したがって，現時点の目で1976年時点の状態に光を当てることによって，変化する社会における家族とそのネットワークの分析枠組みを再考し，構築の試みをすることができる。

b．上記 a と同様の意味で，最初の研究における目標とは別に，新しい指標を用いることによって，古いデータから意味のある事実が浮かびあがることが予想される。

c．この10年間に特にアメリカにおいてネットワーク分析が著しく発展した。

それは主として数理統計的な方法による構造分析としてのネットワーク研究であるが，その間に普及した枠組みや概念・指標を，われわれのデータ分析に用いて，その効力を検討する。この種の作業は，理論構築や指標の精緻化に不可欠であるが，一般にはほとんど行なわれていない。

分析全体の方向としては，最初の研究目的に沿って，家族構造特性と家族のネットワーク・パターンとの相互関連を見出そうとするものである。

2　対象家族の特性

データの特性

分析の対象としたデータは，文部省科学研究費による「都市家族のネットワーク」（目黒依子）研究において1976年に収集したものである。この調査の対象者は，東京Ｓ区の在宅子をもつ普通世帯で，等間隔抽出法によってサンプリングされ，質問紙票による面接調査が行なわれた。ここでは，核家族の形態をとる171ケースを分析対象としている。

対象家族の属性

- 年齢——夫の年齢は24歳から61歳までで平均年齢41.8歳，妻は22歳から54歳までで平均年齢38.3歳であり，夫の73％，妻の79％が30〜49歳の層に入る家族成長期にある。
- 出身地——小学校頃までいた場所は，夫の30％，妻の41％が東京区部，夫・妻ともに15％が関東地方，その他の地域が夫55％，妻44％である。
- 在京年数——東京での居住年数は，15年以下は夫で32％，妻で40％，16〜30年は夫39％，妻28％，31年以上は夫29％，妻32％となっている。夫の方が，出身は東京以外でも在京年数が長いことがわかる。
- 子ども数——平均子ども数は1.98人（1人—23％，2人—60％，3人—14％，4ないし5人—3％）で末子の年齢は，47％が6歳以下，33％が7〜15歳である。
- 教育——平均教育年数は，夫13.5年，妻11.7年である。

・職業—夫の56％が「専門技術・管理・事務」，9％が「販売・サービス」，6％が「運輸通信・工員・単純労働」，29％が「自営」である。妻の70％は無職，13％は「自営」，7％は「専門技術・管理・事務」，6％は「運輸通信・工員・単純労働」である。また，妻の就業状態は，18％が「フル・タイム」，11％が「パート・タイム」である。
・親の生存状況—「両親とも健在」は夫で36％，妻で41％，「両親とも死亡」は，夫では23％，妻で16％となっている。夫方・妻方とも両親死亡の夫婦は全体の7％である。親が生存の場合，その32％が東京都区部に在住しており，22％が比較的往き来の簡単な関東地方に住んでいる。
・きょうだい—平均きょうだい数は，夫では3.6人，妻では3.1人（死亡したきょうだいおよび本人を除く）。夫の続柄は「長男」37％，妻のそれは11％が「娘ばかりの長女」，44％が「男きょうだいのある長女」で，夫よりも長子である割合が高い。

家族構造特性

都市家族としてサンプルした対象家族がもっている構造特性をまとめたのが表6-1～6-4である。

まず，夫の職業をもとに，ホワイトカラーとブルーカラーの階層による特性をみてみると表6-1のようになる。ここでは，自営業者については，大学卒の者はホワイトカラーとして取り扱った。家族特性11項目のうち，カイ二乗検定によって有意な差異が認められたのは，夫の学歴，妻の学歴，妻の職種（現職），結婚年数などである。夫の学歴に階層差がみられるのは，定義上もっともな傾向であるが，妻の学歴にも同様の傾向があることは，夫婦間の学歴バランスがみられることを示している。調査時現在有職であった妻の職種にみられる階層差は，彼女たちの学歴を反映しているものと思われる。

妻の就業パターンに関しては，階層差がほとんどみられない。いずれの層でも，約3分の2が結婚前の就業経験をもち，約3分の1が現在就業している。ただ，結婚後も一時的に就業した経験をもつ妻は，ブルーカラー層にやや多い。

夫のみ就業か共働きという夫婦の就業タイプと他の家族特性項目との間には，特に相関はみられなかった（表6-2）。現在共働きか否かということと，夫・妻

第6章　都市家族の社会的ネットワーク

表6-1　社会階層別　家族構造特性　　　（　）内は%

			社会階層		
			ホワイトカラー	ブルーカラー	
家族タイプ 核家族	1. 夫のみ就業 2. 共　働　き		67 (72.8) 25 (27.2)	57 (73.1) 21 (26.9)	$x^2=0.00$ d.f.=1
	T		92 (100.0)	78 (100.0)	$p=1.00$
夫の学歴	1. 中 卒 以 下 2. 高　　　卒 3. 短大卒以上		0 (0.0) 0 (0.0) 100 (100.0)	32 (38.1) 46 (54.8) 6 (7.1)	$x^2=161.19$ d.f.=2 $p=0.00$
	T		100 (100.0)	84 (100.0)	
妻の学歴	1. 中 卒 以 下 2. 高　　　卒 3. 短大卒以上		5 (5.0) 58 (58.0) 37 (37.0)	29 (34.5) 50 (59.5) 5 (6.0)	$x^2=40.83$ d.f.=2 $p=0.00$
	T		100 (100.0)	84 (100.0)	
夫の職歴	1. 専門・技術 　　管理・事務 2. 販売・サービス 3. そ の 他		79 (100.0) 0 (0.0) 0 (0.0)	25 (43.1) 19 (32.8) 14 (24.1)	
	T		79 (100.0)	58 (100.0)	
妻の就業 状　　態	1. 有　　　職 2. 無　　　職		29 (29.0) 71 (71.0)	25 (29.8) 59 (70.2)	$x^2=0.00$ d.f.=1
	T		100 (100.0)	84 (100.0)	$p=1.00$
妻の職種	1. 専門・技術 　　管理・事務 2. 販売・サービス 3. そ の 他		12 (70.6) 4 (23.5) 1 (5.9)	2 (14.3) 9 (64.3) 3 (21.4)	$x^2=9.86$ d.f.=2 $p=0.01$
	T		17 (100.0)	14 (100.0)	
妻の就業 (結婚前)	1. 有　　　職 2. 無　　　職		75 (75.0) 25 (25.0)	67 (79.8) 17 (20.2)	$x^2=0.35$ d.f.=1
	T		100 (100.0)	84 (100.0)	$p=0.55$
妻の就業 (結婚後)	1. 有　　　職 2. 無　　　職		43 (43.0) 57 (57.0)	44 (52.4) 40 (47.6)	$x^2=1.26$ d.f.=1
	T		100 (100.0)	84 (100.0)	$p=0.26$
夫の親 との続柄	1. 長　　　男 2. 次男以下		43 (43.0) 57 (57.0)	29 (34.9) 54 (65.1)	$x^2=0.92$ d.t.=1
	T		100 (100.0)	83 (100.0)	$p=0.34$
妻の親 との続柄	1. 女きょうだい 　　のみの長女 2. そ の 他		11 (11.0) 89 (89.0)	10 (12.2) 72 (87.8)	$x^2=0.00$ d.f.=1
	T		100 (100.0)	82 (100.0)	$p=0.99$
結婚年数	1. 　～ 9年 2. 10～19年 3. 20年以上		19 (19.0) 55 (55.0) 26 (26.0)	37 (47.4) 25 (32.1) 16 (20.5)	$x^2=16.96$ d.f.=2 $p=0.00$
	T		100 (100.0)	78 (100.0)	

表6-2 家族タイプ別 家族構造特性 （ ）内は％

		家族タイプ核家族		
		夫のみ就業	共働き	
夫の学歴	1. 中卒以下	22 (17.7)	7 (15.2)	$x^2=0.29$
	2. 高 卒	32 (25.8)	11 (23.9)	d.f.=2
	3. 短大卒以上	70 (56.5)	28 (60.9)	$p=0.87$
	T	124 (100.0)	46 (100.0)	
妻の学歴	1. 中卒以下	24 (19.4)	8 (17.4)	$x^2=3.37$
	2. 高 卒	76 (61.3)	23 (50.0)	d.f.=2
	3. 短大卒以上	24 (19.4)	15 (32.6)	$p=0.19$
	T	124 (100.0)	46 (27.1)	
夫の職歴	1. 専門・技術 管理・事務	74 (77.1)	23 (76.7)	$x^2=0.57$
	2. 販売・サービス	13 (13.5)	3 (10.0)	d.f.=2
	3. その他	9 (9.4)	4 (13.3)	$p=0.75$
	T	96 (100.0)	30 (100.0)	
妻の就業 (結婚前)	1. 有 職	94 (75.8)	38 (80.9)	$x^2=0.25$
	2. 無 職	30 (24.2)	9 (19.1)	d.f.=1
	T	124 (100.0)	47 (100.0)	$p=0.62$
妻の就業 (結婚後)	1. 有 職	40 (32.3)	41 (87.2)	$x^2=39.14$
	2. 無 職	84 (67.7)	6 (12.8)	d.f.=1
	T	124 (100.0)	47 (100.0)	$p=0.00$
夫の親 との続柄	1. 長 男	51 (41.5)	14 (29.8)	$x^2=1.49$
	2. 次男以下	72 (58.5)	33 (70.2)	d.f.=1
	T	123 (100.0)	47 (100.0)	$p=0.22$
妻の親 との続柄	1. 女きょうだい のみの長女	10 (8.2)	6 (12.8)	$x^2=0.38$
	2. その他	112 (91.8)	41 (87.2)	d.f.=1
	T	122 (100.0)	47 (100.0)	$p=0.54$
結婚年数	1. ～ 9年	44 (36.4)	8 (17.8)	$x^2=5.36$
	2. 10～19年	50 (41.3)	23 (51.1)	d.f.=2
	3. 20年以上	27 (22.3)	14 (31.1)	$p=0.07$
	T	121 (100.0)	45 (100.0)	

表6-3 家族周期別 家族構造特性

( ) 内は%

		結婚年数 ～9年	10～19年	20年以上	
家族タイプ: 核家族	1. 夫のみ就業	44 (84.6)	50 (68.5)	27 (65.9)	$x^2=5.36$ d.f.=2
	2. 共働き	8 (15.4)	23 (31.5)	14 (31.5)	
	T	52 (100.1)	73 (100.0)	41 (100.0)	$p=0.07$
夫の学歴:	1. 中卒以下	14 (24.6)	9 (11.3)	7 (16.7)	$x^2=13.72$
	2. 高卒	20 (35.1)	15 (18.8)	7 (16.7)	d.f.=4
	3. 短大卒以上	23 (40.4)	56 (70.0)	28 (66.7)	$p=0.008$
	T	57 (100.0)	80 (100.0)	42 (100.0)	
妻の学歴	1. 中卒以下	12 (21.1)	12 (15.0)	7 (16.7)	
	2. 高卒	36 (63.2)	44 (55.0)	26 (61.9)	
	3. 短大卒以上	9 (15.8)	24 (30.0)	9 (21.4)	
	T	57 (100.0)	80 (100.0)	42 (100.0)	
夫の職種:	1. 専門・技術 　　管理・事務	25 (58.1)	55 (87.3)	23 (79.3)	$x^2=14.15$
	2. 販売・サービス	11 (25.6)	6 (9.5)	2 (6.9)	d.f.=4
	3. その他	7 (16.3)	2 (3.2)	4 (13.8)	$p=0.007$
	T	43 (100.0)	63 (100.0)	29 (100.0)	
妻の就業 状態	1. 有職	8 (14.0)	28 (34.6)	17 (40.5)	$x^2=10.00$ d.f.=2
	2. 無職	49 (86.0)	53 (65.4)	25 (59.5)	
	T	57 (100.0)	81 (100.0)	42 (100.0)	$p=0.007$
妻の職種:	1. 専門・技術 　　管理・事務	1 (25.0)	10 (66.7)	4 (33.3)	
	2. 販売・サービス	3 (75.0)	3 (20.0)	6 (50.0)	
	3. その他	0	2 (13.3)	2 (16.7)	
	T	4 (100.0)	15 (100.0)	12 (100.0)	
妻の結婚前 の就業状態:	1. 有職	50 (87.7)	63 (77.8)	26 (61.9)	$x^2=9.19$ d.f.=2
	2. 無職	7 (12.3)	18 (22.2)	16 (38.1)	
	T	57 (100.0)	81 (100.0)	42 (100.0)	$p=0.01$
妻の結婚後 の就業状態:	1. 有職	24 (42.1)	40 (49.4)	23 (54.8)	
	2. 無職	33 (57.9)	41 (50.6)	19 (45.2)	
	T	57 (100.0)	81 (100.0)	42 (100.0)	
夫の親との 続柄:	1. 長男	23 (41.1)	33 (40.7)	15 (35.7)	
	2. 次男以下	33 (58.9)	48 (59.3)	27 (64.3)	
	T	56 (100.0)	81 (100.0)	42 (100.0)	
妻の親との 続柄:	1. 女きょうだい 　　のみの長女	8 (14.3)	9 (11.1)	4 (9.8)	
	2. その他	48 (85.7)	72 (88.9)	37 (90.2)	
	T	56 (100.0)	81 (100.0)	41 (100.0)	

表6-4 妻の就業状態別 家族構造特性　　　　　　　（　）内は％

		有職 [フル, パート, 内職]	無職	
家族タイプ: 核家族	1. 夫のみ就業	3 (6.1)	121 (99.2)	
	2. 共働き	46 (93.9)	1 (0.8)	
	T	49 (100.0)	122	
夫の学歴:	1. 中卒以下	10 (18.5)	22 (16.8)	
	2. 高卒	11 (20.4)	35 (26.7)	
	3. 短大卒以上	33 (61.1)	74 (56.5)	
	T	54 (100.0)	131 (100.0)	
妻の学歴:	1. 中卒以下	9 (16.7)	26 (19.8)	$x^2=4.92$
	2. 高卒	27 (50.0)	81 (61.8)	d.f.=2
	3. 短大卒以上	18 (33.3)	24 (18.3)	$p=0.09$
	T	54 (100.0)	131 (100.0)	
夫の職種:	1. 専門・技術 管理・事務	26 (72.2)	79 (77.5)	
	2. 販売・サービス	4 (11.1)	15 (14.7)	
	3. その他	6 (16.7)	8 (7.8)	
	T	36 (100.0)	102 (100.0)	
妻の職種:	1. 専門・技術 管理・事務	15 (46.9)		
	2. 販売・サービス	13 (40.6)		
	3. その他	4 (12.5)		
	T	32 (100.0)		
妻の就業状態: (結婚前)	1. 有職	43 (78.2)	100 (76.3)	
	2. 無職	12 (21.8)	31 (23.7)	
	T	55 (100.0)	131 (100.0)	
妻の就業状態: (結婚後)	1. 有職	49 (89.1)	40 (30.5)	$x^2=50.91$
	2. 無職	6 (10.9)	91 (69.5)	d.f.=1
	T	55 (100.0)	131 (100.0)	$p=0.00$
夫の親との続柄:	1. 長男	17 (30.9)	55 (42.3)	
	2. 次男以下	38 (69.1)	75 (57.7)	
	T	55 (100.0)	130 (100.0)	
妻の親との続柄:	1. 女きょうだいのみの長女	7 (12.7)	14 (10.9)	
	2. その他	48 (87.3)	115 (89.1)	
	T	55 (100.0)	129 (100.0)	
結婚年数:	1. ～9年	8 (15.1)	49 (38.6)	$x^2=10.00$
	2. 10～19年	28 (52.8)	53 (41.7)	d.f.=2
	3. 20年以上	17 (32.1)	25 (19.7)	$p=0.007$
	T	53 (100.0)	127 (100.0)	

の学歴その他との関連性はないということになる。

　家族生活の展開は，家族が形成されてから解消されるまでのプロセスである。そこには，形成期，発展期，成熟期，縮小期などの段階があり，その全体は家族周期と呼ばれている。そこには，家族の一生の中には，異なる発達課題があり，その発達課題によって周期段階が特徴づけられる，という視点が前提となっている。この周期段階の区分は，発達課題の基準をどこに求めるかによって，区分設定の指標が異なる。長子や末子の年齢や結婚年数が，もっとも一般的に用いられている。ここでは，家族が都市生活を営む上での課題やニーズは，子どもの有無や出生のタイミングなどの影響とは別に，家族的生活の契機となる結婚の経験を軸に周期段階を考察してみた。表6-3は，結婚年数を3グループにカテゴライズして，他の諸変数との相関をみたものである。

　結婚年数と有意な相関がみられるのは，夫の学歴，夫の職種，妻の就業状態，妻の結婚前の就業状態である。結婚年数の長いグループで教育程度が高いという結果は，結婚年数と年齢が必ずしも正比例しないことや，職業の種類と結婚の安定との関連が反映しているものと思われる。結婚年数と夫の職種とのクロス表をみると，その相関の高いことがわかる。結婚10年以上のグループで「専門技術・管理・事務」のホワイトカラー層が著しく多いことから，結婚年数と夫の学歴との「擬似相関」がみられたと考えられる。

　妻の就業状態にみられる傾向は，パターンとしては予想通りである（中年妻の再就職傾向）が，全体の約3割が自営業であることも影響を与えているといえる。

　結婚年数と妻の結婚前の就業状態との直線相関は，女性における就業傾向への年齢効果が著しいとみてよいだろう。

　妻の就業状態は，家族生活の種々の側面に影響を与えるとされる。表6-4のように，ほとんどの変数との相関はみられないが，すでにみたように，結婚年数との相関が有意であるのと，結婚後の就業の有無と現職の有無との間に相関がみられる程度である。

　夫の出身地は，家族構造特性にどのような影響を及ぼすのだろうか。職種を基準にした社会階層との関連は，東京出身者がホワイトカラー，その他の地域出身者はブルーカラーが多いという傾向がみられ，この差は有意である。また，

夫の学歴にも有意差がみられ，東京出身者には高学歴者が著しく多いのに対し，他の地域出身者には低学歴者の割合が比較的高い。夫の職種と学歴との間に極めて高い相関があることは，すでにみた通りである（表6-1）。

妻の学歴についても，夫の出身地との相関が強い。妻の場合，全体としては中等教育が中心であるが，夫が東京出身者であるものでは高学歴者が比較的多く，夫が北・東日本出身者の場合，低学歴者の割合がかなり高い。高学歴者が少ないことは，夫が東京以外の出身者であるという場合に共通しているが，低学歴者が多く，その分中学歴者が少ないのが，北・東出身者の夫をもつ妻の特徴となっている。

3　家族属性とネットワーク

本分析では，データの第一次分析の際に行なわれなかった角度からの分析として，特にネットワーク・サイズとネットワークの紐帯（tie strength）に焦点を当てて，それらと他の変数との関連をみることにする。

表6-5は，家族属性とネットワーク・サイズについて示したものである。これは，過去1年間に何らかの理由で一定の「つきあい」を持った相手の人数を，そのカテゴリー別に集計し，属性によって統計的に意味のある差異があるかどうかを分析したものである。親族は，家制度の伝統的な考え方が夫方中心の親族関係を重視するという日本の家族の背景の中で，都市家族の特徴や変化をみるために，夫方・妻方の区別をした。友人についても，夫の妻の友人のウェイトをみることを通して，親族と友人との比較とともに，パーソナルな関係としての友人関係における夫婦の比較を念頭においた。以下の分散分析およびパス解析において用いた変数尺度は，この表に沿ったものである。

まず，親族ネットワークのサイズは，ホワイトカラーとブルーカラーで有意差がみられる。前者のサイズが大きいが，それは，妻方親族のサイズにおける差異の影響が強いことがわかる。この差異は，歴史的な脈絡で単純に理解すれば，ホワイトカラー層において家制度的父系親族思想からの解放が進んでいることを示しているといえる。しかし，人とのつきあいは，相手との接触が可能であって初めてできるわけであるから，夫と妻の親の生存率の差が反映してい

第6章 都市家族の社会的ネットワーク

表6-5 属性別にみた家族のネットワーク・サイズの分布

	家族のネットワーク・サイズ[1]						
	親族	夫方親族	妻方親族	友人	夫友人	妻友人	親族+友人
家族タイプ							
核家族で夫のみ就業	3.55	1.62	1.69	2.13	0.87	1.35	5.72
核家族で共働き	3.57	1.75	1.55	2.40	1.00	1.40	5.96
社会階層							
ホワイトカラー	3.78*	1.78	1.81**	2.16	0.87	1.39	5.98
ブルーカラー	3.23	1.61	1.34	2.26	0.93	1.33	5.43
家族周期[2]							
I	3.30	1.68	1.56	2.04	0.87	1.16	5.36
II	3.52	1.62	1.74	2.23	0.81	1.46	5.80
III	3.90	1.86	1.52	2.30	1.05	1.44	6.18
妻の就業の有無[3]							
有職	3.65	1.89	1.44	2.40	1.04	1.36	6.04
無職	3.51	1.62	1.70	2.08	0.83	1.34	5.59
夫の出身地							
東京都内	3.58	1.73	1.66	2.36	0.92	1.58	5.98
関東以西	3.57	1.78	1.57	2.34	1.04	1.33	5.84
関東以北	3.56	1.60	1.70	1.94	0.74	1.21	5.48
夫の年齢							
39歳以下	3.16**	1.58	1.47△	2.10	0.87	1.22	5.27*
40歳以上	3.91	1.81	1.77	2.26	0.91	1.46	6.17
妻の年齢							
36歳以下	3.23*	1.60	1.56	2.15	0.92	1.25	5.37△
37歳以上	3.84	1.79	1.68	2.21	0.86	1.43	6.05
夫の学歴							
中卒以下	2.94	1.59	1.06**	1.88△	0.84	1.03	4.77△
高卒	3.49	1.70	1.54	2.68	1.04	1.62	6.09
短大卒以上	3.73	1.72	1.81	2.08	0.84	1.33	5.85
妻の学歴							
中卒以下	3.58	1.60	1.63	2.21	1.00	1.26	5.71
高卒	3.50	1.70	1.58	2.15	0.86	1.35	5.65
短大卒以上	3.77	1.82	1.88	2.47	0.94	1.53	6.24
夫の職業[4]							
PTMC	3.76*	1.68	1.85	2.26	0.89	1.39	6.09*
販売・サービス等	2.89	1.32	1.58	2.21	0.84	1.37	4.97

注1：有意水準は　1％水準　**　5％水準　*　10％水準　△
注2：家族周期のIは結婚年数が1～9年まで。
　　　IIは結婚年数が10～19年まで。
　　　IIIは結婚年数が20年以上を示す。
注3：妻の就業で有職は、パート・自営・内職を含む。
注4：PTMCとは Professional, Technical, Managerial, Clerical の略。

表6-6　属性別にみた家族のネットワークの紐帯（tie strength）の分布

	家族のネットワークの紐帯[1]		
	親族	友人	親族＋友人
家族タイプ			
核家族で夫のみ就業	3.00	2.89	3.16
核家族で共働き	2.77	2.88	2.99
社会階層			
ホワイトカラー	2.78*	2.63*	2.90**
ブルーカラー	3.11	3.23	3.38
家族周期[2]			
Ⅰ	3.00	2.78	3.14
Ⅱ	2.92	2.71	3.02
Ⅲ	3.00	3.18	3.29
妻の就業の有無[3]			
有職	2.81	2.87	3.02
無職	2.97	2.89	3.17
夫の出身地			
東京都内	2.96	3.01	3.09
関東以西	2.86	3.06	3.11
関東以北	3.02	2.76	3.30
夫の年齢			
39歳以下	2.97	2.81	3.10
40歳以上	2.89	2.95	3.14
妻の年齢			
36歳以下	3.03	2.87	3.18
37歳以上	2.83	2.90	3.07
夫の学歴			
中卒以下	2.94	2.90**	3.34*
高卒	3.14	3.49	3.29
短大卒以上	2.84	2.63	2.97
妻の学歴			
中卒以下	2.86	3.28	3.23
高卒	2.99	2.80	3.14
短大卒以上	2.67	2.80	2.88
夫の職業[4]			
PTMC	2.83**	2.78	2.96**
販売・サービス等	3.42	3.22	3.64

注1：有意水準は　1％水準　**　5％水準　*　10％水準　△
注2：家族周期のⅠは結婚年数が1〜9年まで。
　　　　　　　　Ⅱは結婚年数が10〜19年まで。
　　　　　　　　Ⅲは結婚年数が20年以上を示す。
注3：妻の就業で有職は、パート・自営・内職を含む。
注4：PTMCとは Professional, Technical, Managerial, Clerical の略。

るということも考慮しなければならない。

　夫の年齢による有意差は，高年齢グループでネットワークのサイズが大となっている。親族のみならず友人ネットワークも高年齢グループの方が大きい傾向を示しているところから，加齢による社会関係の広がりとみてよかろう。妻の年齢効果についても同様のことがいえる。

　夫の学歴による親族ネットワーク・サイズの有意差は，学歴が高いほど，サイズが大きいという傾向を示している。夫の学歴と階層との相関が著しく高いところから，妻方親族のサイズにおいて，その差異が特に顕著であるのは予想通りである。夫の職業にみられる差異がやや小さいのは，階層分類の際に，大学卒の自営層をホワイトカラーに含めたためである。

　友人ネットワークのサイズに関しては，親族にみられたほどの属性別差異は認められなかった。友人と親族を合わせたパーソナル・ネットワークのサイズは，加齢によって拡大する，中卒以下で小さいという学歴差がある，ホワイトカラー的職業をもつ男性の家族で大きい，という傾向が示された。

　表6-6は，家族のネットワークの紐帯（tie strength）を属性別にみたものである。「紐帯の強さ」の測定方法は，研究者によって異なる状態であるが，ここでは，親族と友人それぞれとの接触頻度の平均値によって算出した。したがって，ネットワーク論における「紐帯の強さ」と同時に「密度（density）」をも内包していると考えてよい。

　カテゴリー間の有意差がみられた属性は，社会階層，夫の学歴，そして夫の職業であった。ブルーカラーの方が親族・友人いずれの紐帯においてもホワイトカラーより強いが，自営を除いた職業別の差異でも，販売・サービス等の方が専門技術・管理・事務よりも，特に親族紐帯において強いことがわかる。すでにみたネットワーク・サイズと対比させると，親族に関しては，サイズと紐帯の強さは反比例しているが，友人に関しては，ブルーカラー層の友人ネットワークは，ホワイトカラー層より大きくかつ紐帯が強いという結果である。夫の学歴による差異は，親族・友人との紐帯の強さはいずれも高卒グループが最大で，特に友人との紐帯にその傾向が強くみられる。ネットワーク・サイズも高卒（夫）グループで最大であり，階層と学歴の関連が反映されている結果である。中卒グループが紐帯強でネットワーク・サイズが小であるのに対し，大

表6-7 属性別にみた「子どもの世話」に関する
サポート・ネットワークのサイズの分布

	サポート・ネットワークのサイズ[1]		
	親族	友人	親族+友人
家族タイプ			
核家族で夫のみ就業	0.64	0.32△	0.95
核家族で共働き	0.62	0.51	1.13
社会階層			
ホワイトカラー	0.75*	0.42	1.17**
ブルーカラー	0.46	0.29	0.75
家族周期[2]			
I	0.79	0.39	1.18*
II	0.62	0.43	1.05
III	0.41	0.19	0.60
妻の就業の有無[3]			
有職	0.58	0.44	1.02
無職	0.63	0.33	0.96
夫の出身地			
東京都内	0.74	0.40	1.15
関東以西	0.41	0.38	0.79
関東以北	0.66	0.25	0.91
夫の年齢			
39歳以下	0.75△	0.43	1.18*
40歳以上	0.50	0.30	0.79
妻の年齢			
36歳以下	0.79*	0.42	1.20**
37歳以上	0.46	0.31	0.77
夫の学歴			
中卒以下	0.53△	0.25	0.78*
高卒	0.37	0.33	0.70
短大卒以上	0.76	0.41	1.17
妻の学歴			
中卒以下	0.37	0.26	0.63
高卒	0.65	0.40	1.05
短大卒以上	0.76	0.36	1.12
夫の職業[4]			
PTMC	0.64	0.44	1.07
販売・サービス等	0.70	0.30	1.00

注1：有意水準は　1％水準　**　5％水準　*　10％水準　△
注2：家族周期の I は結婚年数が 1～9年まで。
　　　　　　　　II は結婚年数が10～19年まで。
　　　　　　　　III は結婚年数が20年以上を示す。
注3：妻の就業で有職は、パート・自営・内職を含む。
注4：PTMC は Professional, Technical, Managerial, Clerical の略。

卒グループでは紐帯弱でネットワーク・サイズが大と，対照的である。

　以上は，われわれの対象となった家族が日常持っているネットワークのサイズと紐帯の強さであるが，次に具体的なニーズ領域に関してみてみよう。まず，子どもの世話に関する支援を，どの程度親族や友人に依存しているだろうか。子どもの世話に関するサポート・ネットワークのサイズは，表6-7にみる通り社会階層，家族周期，夫の年齢，妻の年齢，夫の学歴で有意差がみられる。社会階層差は，日常一般のネットワークと同様にホワイトカラーのもつサポート・ネットワークのサイズの方がブルーカラーのそれよりも有意に大きい。家族周期別では，結婚年数の短い方が，そのサイズは大きいが，これは子どもが小さいであろうことと関連しているのであろう。夫・妻双方の年齢も，若い方のサポート・ネットワークのサイズが大きい。夫の学歴別差異は，高学歴グループで子どもの世話に関するサポート・ネットワークのサイズが他のグループに比べて大きいが，日常一般のネットワークが最大の高卒グループが，中卒グループと類似の傾向をみせているのは興味深い。

　子どもの世話に関するサポート・ネットワークの紐帯について属性別にみたのが表6-8である。有意差がみられるのは，家族周期，夫と妻の年齢であり，いずれも1％の水準である。結婚年数が短く，年齢の低いほど，紐帯が強い傾向となっている。日常一般のネットワークにおいては，ネットワークのサイズと紐帯の強さは，どちらかというと反比例していたが，子どもの世話という特定領域においては，明確に正比例している。子どもに関するサポート・ネットワークは，そのニーズがある場合には，依存先の数が多いと同時に，つながり方も強いということである。

　もう一つのニーズ領域として「買物」をとりあげた。質問項目の都合により，まとめは親族と友人の合計を取り扱う。有意差は，子どもの世話の場合とは全く別の属性に現われた。つまり，家族タイプと妻の就業状態である。この二つの属性にみられる差異は，妻が専業主婦の核家族で，買物に関するサポート・ネットワークは共働きの家族よりも大きい（5％レベル）という形となっている。同じ買物に関する紐帯の強さも，ネットワークのサイズと正比例の傾向をみせているが，有意のレベルは10％である。それよりも有意レベルの高い（5％）差は，夫の職業にみられ，販売・サービス等のグループで紐帯が強いとな

表6-8 属性別にみた「子どもの世話」に関する
　　　サポート・ネットワークの紐帯（tie strength）の分布

	サポート・ネットワークの紐帯[1]		
	親族	友人	親族＋友人
家族タイプ			
核家族で夫のみ就業	0.82	0.62	0.72
核家族で共働き	0.85	0.77	0.81
社会階層			
ホワイトカラー	0.86	0.62	0.74
ブルーカラー	0.73	0.63	0.68
家族周期[2]			
I	1.17**	0.79**	0.98**
II	0.78	0.79	0.79
III	0.38	0.07	0.23
妻の就業の有無[3]			
有職	0.76	0.66	0.71
無職	0.82	0.63	0.72
夫の出身地			
東京都内	0.94*	0.57	0.75
関東以西	0.47	0.64	0.56
関東以北	0.99	0.66	0.83
夫の年齢			
39歳以下	1.03**	0.93**	0.98**
40歳以上	0.58	0.35	0.47
妻の年齢			
36歳以下	1.07**	0.85**	0.96**
37歳以上	0.56	0.43	0.50
夫の学歴			
中卒以下	0.77	0.56	0.66
高卒	0.63	0.74	0.69
短大卒以上	0.89	0.62	0.76
妻の学歴			
中卒以下	0.61	0.69	0.65
高卒	0.78	0.63	0.70
短大卒以上	1.04	0.62	0.83
夫の職業[4]			
PTMC	0.79	0.71	0.75
販売・サービス等	0.91	0.64	0.77

注1：有意水準は　　1％水準　　**　　5％水準　　*　　10％水準　△
注2：家族周期のIは結婚年数が1〜9年まで。
　　　　　　　IIは結婚年数が10〜19年まで。
　　　　　　　IIIは結婚年数が20年以上を示す。
注3：妻の就業で有職は，パート・自営・内職を含む。
注4：PTMCとはProfessional, Technical, Managerial, Clericalの略。

第6章　都市家族の社会的ネットワーク

表6-9 属性別にみた夫の家事参加率の分布

	夫の家事参加率 I[1]	夫の家事参加率 II[5]
家族タイプ		
核家族で夫のみ就業	0.20	0.26
核家族で共働き	0.24	0.29
社会階層		
ホワイトカラー	0.21	0.26
ブルーカラー	0.22	0.28
家族周期[2]		
I	0.21	0.29
II	0.22	0.26
III	0.23	0.26
妻の就業の有無[3]		
有職	0.25*	0.29
無職	0.20	0.26
夫の出身地		
東京都内	0.20	0.27
関東以西	0.21	0.25
関東以北	0.24	0.28
夫の年齢		
39歳以下	0.22	0.28
40歳以上	0.22	0.26
妻の年齢		
36歳以下	0.21	0.27
37歳以上	0.22	0.26
夫の学歴		
中卒以下	0.23	0.27
高卒	0.22	0.28
短大卒以上	0.21	0.26
妻の学歴		
中卒以下	0.23	0.28
高卒	0.22	0.27
短大卒以上	0.19	0.28
夫の職業[4]		
PTMC	0.22	0.27
販売・サービス等	0.22	0.26

注1：有意水準は　1％水準　**　5％水準　*　　10％水準△
注2：家族周期のIは結婚年数が1～9年まで。
　　　　　IIは結婚年数が10～19年まで。
　　　　　IIIは結婚年数が20年以上を示す。
注3：妻の就業で有職は、パート・自営・内職を含む（現在有職）。
注4：PTMCとは Professional, Technical, Managerial, Clerical の略。
注5：夫の家事参加率I＝夫の家事主要分担数／妻の家事主要分担数
　　　夫の家事参加率II＝（2＊夫の家事主要分担数＋夫の家事補助分担数）
　　　　　　　　　　　／（2＊妻の家事主要分担数＋妻の家事補助分担数）

っている。

ネットワーク研究が家族研究において最初に行なわれたのは，E. ボットによるロンドンでの研究（Bott [1957]）である。そこでの最も重要な発見は，家族のもつソーシャル・ネットワークのタイプと夫婦の役割分業パターンとの相関であった。したがって，本章でも，この2変数間の関係を分析してみた。まず，夫婦の役割分業パターンの操作化の一方法として，夫がどの程度家事役割を遂行しているかを測った。唯一の有意差は，妻の就業状態にみられ，妻が就業しているグループの方が，夫の家事参加率は高い（5％レベル）。夫の家事参加率の算出には，第一担当者として夫が役割を担う場合（Ｉ）と，第二担当者である場合をも含めた場合（II）の2方法を用いて比較した。全体的に，IIの数値がＩより大きいことは，夫の補助分担率が高いということになる。Ｉにおいてのみ，妻の就業状態に5％の有意差がみられたことは，第一担当者としての夫の家事参加の度合いが，共働き家族において高いという意味である。わずかな手伝い程度でも夫が行なう際の属性別の差異が，第一担当者として行なう夫の属性差と異なるパターンがみられるのは，興味深いところである。

このような方法で夫婦の役割分業パターンを測った上で，家のネットワーク・サイズおよび紐帯の強さとの関係をみたのが表6-10である。サイズ，紐帯のいずれにおいても，夫の家事参加率IIのみとの相関がみられるだけである。サイズでは妻方親族，夫の友人，親族と友人の合計と正の相関，つまり，各ネットワークのサイズが大きいと夫の家事参加率（II）が大である。また，紐帯の強さとの関連では，親族紐帯が強いと夫の家事参加率（II）は大である。

さまざまの社会参加は，それが契機となって新しい人的つながりを拡大すると考えられる。それはネットワークのサイズはもちろん，紐帯の強さとも密接な関係があると思われる。ここでは，種々の団体・組織への参加の状況と，ネットワークのサイズおよび紐帯の強さとの相関をみてみた（表6-11）。

親族ネットワークのサイズと正の相関が強いのは，労働組合，住民運動，レクリェーション・クラブへの参加である。それに対し負の相関は，社交グループへの参加にみられる。よくみると，正と負の方向の違いは，夫方妻方の違いであって，妻方親族ネットワークのサイズが大きいことと，住民運動やレクリェーション・クラブへの参加が積極的であることが結びついているのである。

第6章　都市家族の社会的ネットワーク

表6-10　ネットワークのサイズ・紐帯と夫の家事参加率との関係（ピアソンR）

	夫の家事参加率 I[2)	夫の家事参加率 II
サイズ（size）		
親族	.04	.08
夫方親族	.05	.09
妻方親族	.05	.12*
友人	-.00	.07
夫友人	.07	.12*
妻友人	-.07	-.02
親族＋友人	.02	.09*
紐帯（tie）		
親族	.07	.11*
友人	-.08	-.03
親族＋友人	-.05	-.01

注1：有意水準は　1％水準　＊＊　5％水準　＊　10％水準　△
注2：夫の家事参加率 I＝夫の家事主要分担数／妻の家事主要分担数
　　　夫の家事参加率 II＝（2＊夫の家事主要分担数＋夫の家事補助分担数）
　　　　　　　　　　　／（2＊妻の家事主要分担数＋妻の家事補助分担数）

表6-11　ネットワークのサイズ・紐帯と社会参加との関係（ピアソンR）

	社会参加（参加＝1　不参加＝0）								
	労働組合	住民運動	レクリエーション・クラブ	社交グループ	PTA	互助団体	宗教団体	政治団体	その他
サイズ（size）									
親族	.07	.09	.04	-.12*	.05	.03	-.05	-.03	.16**
夫方親族	.18**	.01	-.02	-.10△	.02	.05	-.10△	-.07	.07
妻方親族	-.09	.17**	.13*	-.02	.08	.03	.06	.05	.10△
友人	.15*	.16**	.16**	.01	.14*	.06	.01	-.04	.30**
夫友人	.06	.03	.07	-.11*	.02	.01	.07	.02	.17**
妻友人	.13*	.17**	.13*	.08	.19**	.06	-.06	-.07	.32**
親族＋友人	.14*	.16**	.12*	-.08	.14*	.06	-.03	-.05	.29**
紐帯（tie）									
親族	-.04	-.12*	.06	.01	-.05	-.09	.08	.10△	.02
友人	.07	-.05	.07	.09△	.03	.00	-.08	-.07	.02
親族＋友人	.02	-.18**	.12△	.12△	-.11△	-.13*	.09	.05	-.02

注1：有意水準は　1％水準　＊＊　5％水準　＊　10％水準　△

友人ネットワークのサイズと社会参加全般とは正の相関がみられるが，特に住民運動やレクリェーション・クラブへの参加にその傾向が強く，労働組合やPTAがそれに続いている。よくみると，そのような傾向は妻の友人のネットワーク・サイズの傾向であることがわかる。親族・友人を合わせたネットワーク・サイズは，各々のそれと同様に，妻方中心のネットワークである場合に，地域生活型の任意集団への参加が活発であるようにみられる。

　紐帯の強さと社会参加との相関は，ネットワーク・サイズの場合とはかなり異なるが，全体に強い相関はみられない。ただ，紐帯の強さと住民運動は一貫して負の相関で，しかもかなりの強さであるのは興味深い。親族や友人といったパーソナルな関係と住民運動という活動の質的な対比が明らかになったことは，理論的考察に一つの方向づけをする結果であったと思われる。

4　親族リンケージの活用

　家族生活を営む上で，家族内での処理が困難な状況が生じることは，常に経験されることである。日本の家族制度は，父系親族組織の原理が支配する直系家族をその理念としてきたために，夫婦を中心とする核家族単位で生活していても，親やきょうだい（特に夫方の）との結びつきを優先させる考え方が，第二次大戦後も続いている。しかし一方で，都市化の進行は，親族間の交流よりも職場や行政，友人などの機能集団や選択された個人との結びつきを拡大させ，親族のもつ重要性の減少は不可避とされてきた。最近では，親族のもつ重要性は，単なる量的な減少というよりも，重要性の内容が変化したととらえるべきであるとする立場が主となっている。都市家族の親族ネットワーク研究は，そのような変化する親族機能に実証的に接近するものである。先行研究の成果によれば，都市家族が交流する親族は，親ときょうだいが中心となっているので，われわれの分析でも，その二つのカテゴリーに絞って，交流のパターンを分析した。

　表6-12は，親ときょうだいを夫方と妻方別に分類したものである。近年の変化は，夫方中心の直系家族制度の理念が薄れ，妻の選択による親族との交流がみられるようになったことである。したがって，夫方と妻方の区別をすること

表6-12 親族リンケージの活用度

	親族のカテゴリー								
	親			きょうだい			親＋きょうだい		
	夫方	妻方	トータル	夫方	妻方	トータル	夫方	妻方	トータル
潜在的な ネットワーク・サイズ	144	155	299	664	567	1231	808	722	1530
活用化された ネットワーク	68	78	146	202	187	389	270	265	535
ネットワークの 活用度（％）	47	50	49	30	33	32	33	37	35

は，日本の親族研究においては欠かせない作業である。表6-12の「潜在的なネットワーク・サイズ」というのは，われわれの対象家族がもつ生存親ときょうだいで構成される。「活用化されたネットワーク」は，実際に「何らかの目的で」交流をもった親・きょうだいの数である。「ネットワークの活用度」は，潜在的に活用可能な親・きょうだいのうち実際に活用した割合を示す。

親の活用度は，妻方の親の生存者が多いと同時に活用もされており，活用度は妻方の方が大である。きょうだいは，生存きょうだい数は夫方の方が多いが，活用される割合は妻方の方が大である。親・きょうだいともに妻方の方の親族活用度が高いことがわかる。

一方，親ときょうだいの比較では，親よりもきょうだいの生存者数が圧倒的に多いにもかかわらず，活用度は親の方がかなり高い。これは資源として潜在的に存在していることとは別に，活用するために入手可能である（availability）かどうか，必要とされる資源の内容がどのようなものか，同じ資源として存在する際にどの資源を選択するか，といった問題が介入するためである。独立した都市生活をする家族にとって，親はきょうだいとは異質の意味をもつ親族という社会的資源であるといえよう。

親族ネットワークの活用パターンを解明するために，ここでは以下のようにパス解析を用いた。どのような要件が親族ネットワークの活用に影響するかについて，そのパスをみるためである。

図6-1～3は，家族の構造的特性を独立変数，日常生活における援助のため

図6-1 家族構造の親族リンケージの活用に及ぼす影響を示すパス・ダイアグラム
（妻の就業・結婚前のみ＝X_2）

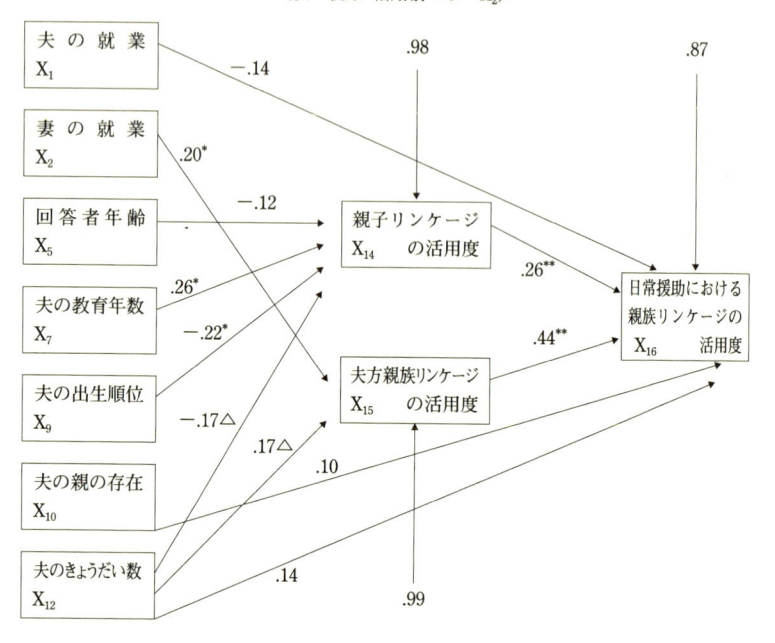

[図：パス・ダイアグラム
- 夫の就業 X_1 → 親子リンケージ X_{14} の活用度：−.14
- 妻の就業 X_2 → 夫方親族リンケージ X_{15} の活用度：.20*
- 回答者年齢 X_5 → 親子リンケージ X_{14}：−.12
- 夫の教育年数 X_7 → 親子リンケージ X_{14}：.26*
- 夫の教育年数 X_7 → 夫方親族リンケージ X_{15}：−.22*
- 夫の出生順位 X_9 → 親子リンケージ X_{14}：−.17△
- 夫の親の存在 X_{10} → 夫方親族リンケージ X_{15}：.17△
- 夫のきょうだい数 X_{12} → 夫方親族リンケージ X_{15}：.10
- 夫のきょうだい数 X_{12} → 日常援助における親族リンケージの X_{16} 活用度：.14
- 親子リンケージ X_{14} → X_{16}：.26**
- 夫方親族リンケージ X_{15} → X_{16}：.44**
- 誤差項：.98、.87、.99]

注1：有意水準は △が10％水準　*が5％水準　**が1％水準である。
注2：ベータ値が .10に満たない変数はこの図から除去した。

に親族が活用されている度合いを従属変数，そして媒介変数として，親族の中でも親対きょうだい，夫方対妻方という依存傾向の違いを用いたモデルによるパス・ダイアグラムである。3図の違いは，妻の就業という変数の内容による。つまり，6-1図では，結婚前の就業状態が従属変数に及ぼす影響をみているが，6-2図では，その影響を結婚後の就業状態に求めており，さらに6-3図では，結婚前と後を通しての就業状態に着目している。図の注2に示すように，影響度の小さい家族構造変数は，各図から除去されているので，図に残されている独立変数は，ある程度の影響を日常援助における親族の活用度に与えているというわけである。

まず，3図の相違点である「妻の就業」からみてみると，図6-1では媒介変数の一つである夫方親族活用度への規定力およびそれの日常援助における親族

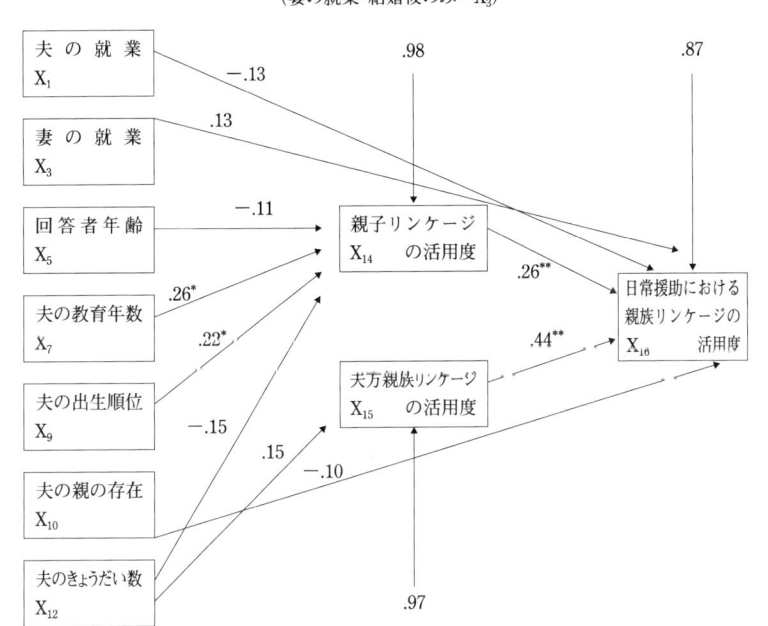

図6-2　家族構造の親族リンケージの活用に及ぼす影響を示すパス・ダイアグラム
(妻の就業・結婚後のみ＝X_3)

活用度に対する規定力がかなり大きい。つまり、妻が結婚前にのみ就業経験のある家族では、活用される親族は夫方中心であり、その傾向が強い場合、日常生活における援助源を親族に求める傾向が強い、ということである。図6-2では、妻の就業は直接従属変数を規定し、その度合いも比較的小さい（有意水準10％にも達していない）。図6-3では図6-1と類似のパターンを示しているが、図6-1に比べて独立変数の媒介変数に対する規定力は小さい。しかし、媒介変数の従属変数に対する規定力は図6-1と同程度で、かなり強い。

親族の中でも、親ときょうだいではどちらが資源とされるか、また夫方と妻方ではどちらの活用度が高いか、を規定する家族構造上の特性にはどのようなものがあるだろうか。「夫の教育年数」は、それが長いほど（高学歴ほど）親を活用する傾向が強い（5％水準）。逆に「夫の出生順位」の規定のしかたは、

図6-3 家族構造の親族リンケージの活用に及ぼす影響を示すパス・ダイアグラム
（妻の就業・結婚前後通して＝X_4）

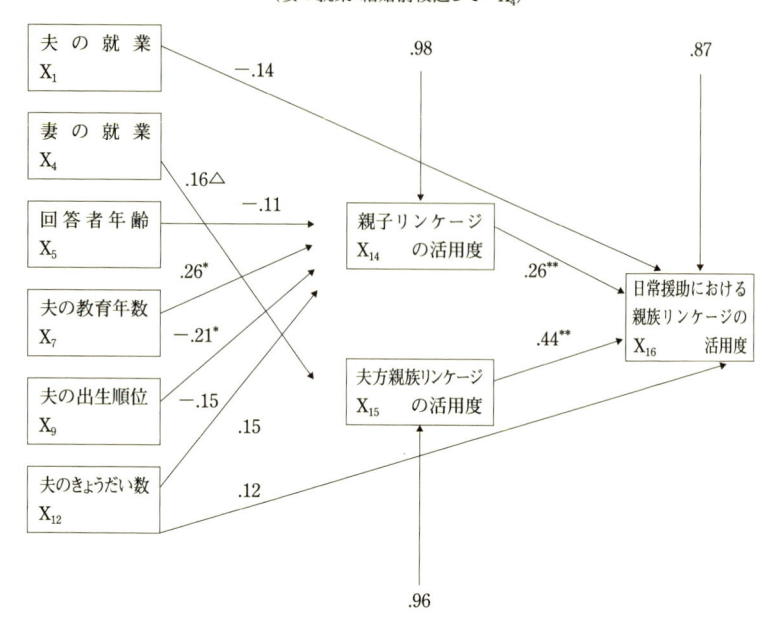

```
夫の就業 $X_1$ ─── −.14 ─────────┐
                    .98              ↓          .87
妻の就業 $X_4$                    親子リンケージ         日常援助における
         .16△                    $X_{14}$ の活用度 ──.26**──→ 親族リンケージの
回答者年齢 $X_5$ ─── −.11 ──→                              $X_{16}$  活用度
              .26*
夫の教育年数 $X_7$                                    .44**
              −.21*                 夫方親族リンケージ
夫の出生順位 $X_9$ ─── −.15 ──→    $X_{15}$ の活用度
                    .15
夫のきょうだい数 $X_{12}$ ─── .12 ──→
                    .96
```

注1：有意水準は　△が10％水準　*が5％水準　**が1％水準である。
注2：ベータ値が　.10に満たない変数はこの図から除去した。

出生順位が低いほど（長男でない者ほど）親の活用度が高い。夫方か妻方かを規定する特性は主として「妻の就業」であるが，それも「結婚後」の就業は規定力をもたない結果となっている。「夫のきょうだい数」も，その数が多いほど「夫方傾斜」の方向に，弱いながら規定力をもっている。

　日常生活における援助源を親族に求めるという傾向を生じさせる規定要因を家族構造特性に求めるモデルは，パス解析の結果，特性のどれもが，直接的な強い規定力をもつものではないことが明らかとなった。しかし，われわれが用いた媒介変数は，強い規定力をもつことが示された。つまり，親族の中でも親とのつながり（linkage）の比重が高いこと，そして，夫方親族とのつながりの比重が高いことは，日常援助を必要とする際に，種々の社会的資源の中で親族を活用する度合いが高いことに導かれる，ということである。そして，これ

ら二つの媒介変数は，いくつかの家族構造特性に規定されているのである。

5 親族関係変質の仮説化に向けて

今回の分析では，第一次分析の際に行なわれなかった角度から，ネットワーク・サイズとネットワークの紐帯（tie strength）に焦点を当てて分散分析を行ない，さらに先行研究のモデルに沿ったパス解析を行なった。最初のネットワーク・サイズと紐帯の強さに関する分析の結果，ホワイトカラー層・高学歴グループではネットワーク・サイズは大きく紐帯の強さは低いのに対し，ブルーカラー層・低学歴グループではネットワーク・サイズは小さく紐帯の強さは高く，高校卒グループは特に友人ネットワークが大きく，紐帯も強いといった多様性が発見された。

親族リンケージの活用に関しては，きょうだいに比べて親の方とのつながりが強く，また，援助源としての活用度は，夫方よりも妻方の親族がやや優性であることが明らかとなった。

パス解析の理論モデルは，産業化や都市化が進行する日本社会において，日常生活上の支援を家族が外部に求める際に，資源としての親族が活用される度合いは家族構造特性によって規定される，というものである。われわれの分析の結果，きょうだいというヨコの関係（しかも選択性の余地の強い）に対して親というタテの系譜的関係の比重が高いこと，直系家族制の理念である夫方親族重視がその活用にみられることが，そのような傾向をもたない家族に比べて親族活用度が高いことが示された。そのような傾向は，一つには夫の教育年数が長いことから導かれている。一般的な近代化理論からすれば，高学歴は古い因習を破る機能をもつとされる。われわれの発見は，それに矛盾するようにみえる。これに対する解釈はいろいろあるだろう。たとえば，第二次大戦後の教育の内容は，民主主義を前提としたものであっても，古い家族主義を打ち破るほどの革命的なものではなかった，といった高学歴の意味を問うことである。また資源として活用するためには，それが手の届く所に存在しなければ活用されない，という入手可能性（availability）の問題も重要である。つまり，親族が他の資源に比べて高学歴層にとって手に入れやすい，ということである。もっ

とも妥当な解釈として考えられるのは、われわれの対象となった家族のもつサンプル特性からくる影響だと思われる。高学歴者の在京年数が長く、自営業者がかなり多いこと、親が都内や日帰りできる程度の所に住んでいること、など、高学歴グループは比較的地域密着型の住民であるという特徴がある。

また、「夫の出生順位」が親子リンケージの活用度に負の規定力を示す結果となっているが、これは「長男の方が親と密接」という家族理念に矛盾するのではなく、単に成人子が年長であるほど、その親の生存率は低いという、入手可能性の問題であるとみれば理解できる。

きょうだいに対して親、妻方に対して夫方というパターンが、他の資源に比べて親族の活用度が高い、というパス解析の結果は、都市家族における親族とのつながりのパターンが、直系家族理念を基盤としたタイプのものであることを示しているといえよう。この結論は、データ収集が1976年であったことを考慮して、1989年現在およびそれ以降の都市家族の親族ネットワーク・パターンと比較すべき重要なテーマとなる。その理由は、日本における親族関係は、近年大きく変化しているものの、特定の親族関係の重要性は認められる上に、親族関係の質の変化であるとみるのが妥当であり、この質的変化こそ直系家族理念とは異なる原理に基づく親族リンケージの発見によって実証されるからである。

もう一つ今後の研究につながる発見は、ネットワーク・サイズと紐帯の強さとの関係および、階層差・学歴差・職業差である。これらの差異が「見せかけ」なのか、時代とともに変化しているのか、について、新しいサンプルとの比較を通して分析すべきテーマである。特に紐帯の強さという概念は、1980年代のアメリカで浮上した、ネットワーク分析における有効な概念であるので、日本社会の分析に応用することによって、日米比較のための有効な尺度とすることが望まれる。

注

本報告は、財団法人「北野生涯教育振興会」助成研究を基にしたものである。
コンピューターによる集計および分析は、上智大学大学院社会学専攻の前田信彦氏の援助によるところ大で、ここに謝意を表わしたい。

第 7 章

母親と子どもの社会的ネットワーク

1　家族・地域の変化とネットワーク

　子どもの発達過程は社会構造や文化体系に規定されるが，その過程に最も直接的にかかわるのは家族である。家族は子どもの発達環境として，基本的にそして長期にわたって，その機能を果たすことが期待されている。しかし，その家族自体は時代とともに変化している。日本の家族は，1960年代以降の約20年間に，その形態や理念に大きな変化を経験したが，その変化の内容とともに変化のスピードが，家族の意味を大きく変えたといえる。制度としての家族から私的集団としての家族へという変化は，家族員という個人を表面化させる。そして，夫婦や親子といった個人間の関係の数は，家族員数の減少とともに減少するが，それゆえに各関係の比重が増大する。

　このような状況で家族がその成員のニーズを充足させるためには，数量的にはミニマムの関係がマキシマムの効果をあげなければ，家族システムとして機能しない。家族システムの機能に問題があると，その影響は夫婦関係はもとより親子関係にも及ぶ。離婚や登校拒否，家庭内暴力といった具体的な形になって現われる結果よりも，潜在的・長期的影響の方が把握しがたいために，影響の内容についての理解も不十分である。子どもの発達は種々の段階を経る長期的な過程であり，子どもの発達環境としての家族がいかに機能するかは，次世代につながる影響をもたらすものである。

　家族の変化は，産業構造の変化や都市化の進展といった社会全体の変化を反映している。日本の家族制度は，共同体として地域社会と不可分の性格を強く

していたが，第二次世界大戦後の急速な産業化や都市化の中で，地域社会も家族も変化し，しかも，新しい性格を備えた地域と家族が新しい結びつき方を開発しないままで，それぞれの道を歩んできたといってよい。一般に，都市化は地域結合を弱めるとされている。それは，都市化が人間関係の異質性を一つの特徴とするからである。しかし，都市化によって弱められる地域結合とは，地縁による結びつきであって，人間関係自体を弱めることには必ずしもならない。要は，人間関係づくりの基準が変わるということであろう。それは，地域というもののとらえ方によるところが大きい。地理的に限定された地域であれ，行政的な境界を定められた地域であれ，「地域」は一般に地理的境界によってその広がりが規定される。ところが，人間の行動はその境界を越えて広がるのであり，人間の移動が促進され，異質の行動様式をもつ人間が特定の地域に居住する状況では，行動の範囲と地域の境界とは一致しない部分が大きくなる。

つまり，特定地域の人間がもつ社会関係は，その地域の内外にまたがる広がりをもつわけで，このような社会関係をネットワーク（厳密には社会的ネットワーク）という。

すでに述べた家族の変化は，家族成員のニーズに対する支援あるいは資源の量的減少をもたらしたということであるが，その変化が都市化という脈絡の中でみられたために，核家族という小資源家族の機能が不十分となる要素をもっていたことになる。ところが，ネットワークという視点を取り入れると，家族のニーズを充足する資源は地域を越えて広い範囲で求められることに気がつく。日本人にとって最強の資源でありつづけた家族ですら，地域的には拡散している。

資源としてのネットワークという考え方は，ニーズの充足という目標達成を前提としており，それは，目標達成に効果的な資源を選択するという選択性の原理を含んでいる。それでは，子どもの育成という目標の達成に，家族や地域の特性が資源となるための条件とは何か。本章は，家族特性と家族ネットワークとの相互関連を明らかにすることを通して，家族内外の有効な資源要素を浮上させ，親のもつ社会関係や子どもの付き合い範囲などから，子どもの発達のための社会環境を把握する試みである。家族特性によってネットワークの大きさが異なるという仮定に基づき，独立変数としての家族特性を以下の1～9の

第7章　母親と子どもの社会的ネットワーク

変数で測ることにした。
 1　家族タイプ
 2　家族サイズ
 3　両親のきょうだい数
 4　居住年数（調査時までに対象地に住んでいた年数）
 5　母親の年齢
 6　両親の学歴
 7　母親の就業
 8　父親の職種
 9　地域のタイプ

また，母親と父親の集団参加の2変数を独立変数および媒介変数として取り扱った。

そして，家族特性に対する従属変数として①妻（母親）のネットワーク・サイズ，②夫（父親）の家事参加および社会参加，③子どものネットワーク・サイズを用い，基本的なクロス集計とともに，分散分析，回帰分析とパス・モデルの作成を試みた。

本章で用いたデータは，昭和62年度文部省「生活基盤充実問題調査研究会（座長：目黒依子）」による「親と子の地域社会におけるネットワーク研究」として実施した調査によるものである。調査対象者は，「現在都市化が進行している地域」「都市化が昭和40年代に進行した地域」「流入人口の少ない安定した地域」の3地域（埼玉県入間郡・千葉県浦安市・東京都小金井市・東京都豊島区）における小学校4年生とその母親で，8小学校の協力を得て実施された。調査時期は昭和63年2月24日から3月7日の間で，母親票は874（有効回収率95.4%），子ども票は919（有効回収率100.0%）を回収したうち，ここでは親子データが対になる874ペアを分析の対象とした。

2　家族特性と妻（母親）のネットワーク・サイズ

表7-1は家族特性に関連した11変数と妻（母親）のネットワーク・サイズとの関係を示したものである。妻のネットワークは，ネットワークを構成する関

表7-1 属性別にみた妻のネットワーク・サイズ

	妻のネットワーク・サイズ				
	親族	近隣	友人	職場	トータル
家族タイプ					
核家族	3.20	3.10	3.76	1.97	11.71*
その他	3.26	3.10	3.85	2.05	12.63
家族サイズ					
4人以下	3.20	3.09	3.75△	2.07△	11.98
5人以上	3.25	3.12	3.86	1.90	12.26
妻のきょうだい数					
3人以下	3.08**	3.07	3.79	1.89**	11.82
4人以上	3.39	3.13	3.80	2.14	12.40
夫のきょうだい数					
3人以下	3.24	3.10	3.83	2.00	12.12
4人以上	3.21	3.10	3.75	2.01	12.06
居住年数					
10年未満	3.14**	3.07	3.71**	1.97	11.64**
10年以上	3.33	3.15	3.90	2.05	12.67
妻の年齢					
39歳以下	3.18△	3.11	3.77	1.94△	11.90
40歳以上	3.31	3.09	3.83	2.14	12.47
妻の教育					
高卒以下	3.22	3.09	3.74△	2.07△	11.87
専門・大卒	3.23	3.12	3.86	1.92	12.37
夫の教育					
高卒以下	3.20	3.03△	3.72△	2.19**	11.70△
専門・大卒	3.24	3.15	3.85	1.87	12.38
妻の就業					
有職	3.20	3.05△	3.77	2.54**	12.58**
無職	3.25	3.17	3.78	1.12	11.35
夫の職種					
自営	3.30	3.02	3.75	2.04	12.19
会社員	3.20	3.14	3.81	1.92	12.05
地域のタイプ					
変動型	3.24	3.15	3.78	2.06	12.12
安定型	3.21	3.06	3.80	1.94	12.05

注1：有意水準は以下のとおりである。
　　　　1％水準**　　5％水準*　　10％水準△
注2：地域のタイプは，現在変動の激しい地域を「変動型」，安定した地域，および昭和40年代に変動した地域を「安定型」とした。

係領域別とそれらのトータルについて，それぞれのパターンを示している。

　家族タイプによる妻のネットワーク・サイズは，近隣ネットワークを除く親族，友人，職場の各領域で，有意差ではないものの差異が見られる。それがトータル・ネットワークになると5％水準で「非核家族」の方が核家族よりも大きいネットワークをもっていることがわかる。つまり，核家族に比べて，夫や妻の親やきょうだいなどと同居している家族をもつ妻の方が，人的交流の範囲が大きいということで，トータル・ネットワークでは約1人の差がみられるのである。

　家族サイズは，中央値が4人であるので，それを基準にして，家族サイズの大小がネットワーク・サイズに及ぼす影響をみてみた。表7-1の通り，さほどの有意差とはいえないが，どちらかというと大家族の妻の方のネットワークが大きい。ただし，職場に関しては逆の傾向がみられる。これは有職率との関係からくる効果であろう。

　高い有意差がみられたのは，妻のきょうだい数，居住年数，妻の就業状態である。妻のきょうだい数の多い方が，どの領域においてもネットワークが大きく，特に親族と職場に関しては1％の水準で差がみられる。きょうだい数が多いと親族ネットワークが大きいということは，一見当然のことのようであるが，夫のきょうだい数の有意差は特に認められないので，「妻の」きょうだいであるところに重要性があるといえる。さらに，妻のきょうだい数は，年齢の高い方がきょうだいも多いという傾向がある（表7-3）ので，年齢の高い方が親族ネットワークも大きいという効果の現われでもあろう。妻の年齢との関係をみると（表7-1），10％の有意水準ではあるが，40歳以上グループの親族ネットワークの方が39歳以下グループより大きいことが示されている。職場ネットワークの差異も，やはり年齢効果によるものであろう。

　居住年数の長い妻たちは全般にネットワーク・サイズが大きい。しかし，その内容は必ずしも近隣との交流の充実ということではなく，友人や親族の領域に広がりがみられる。親族に関してはすでにみたとおり年齢効果を無視することはできないが，全体としては居住年数が生活基盤の安定を示す尺度であると理解してもよいだろう。

　妻の就業の有無，職業領域のネットワークの差異が突出しているために，ト

ータル・ネットワークの有意差が出たものと思われる。有業妻のネットワークにおける職業領域の比重の高さが顕著である。

都市化の進行状況による妻のネットワーク・サイズへの影響は特にみられなかった。地域による差異ではなく，一定の場所に定住した年数が，妻のネットワークの大きさを規定しているということになる。

3 家族特性と社会参加・家事参加

家族のもつネットワークが家族ニーズを充足させるための資源であるとしても，その資源を発掘し，活用するという家族の方からの積極的な働きかけが必要である。それは，家族のもつ能力とでもいえるものであり，家族の内外での人間関係のあり方に，その特徴をみることが可能である。本章では，資源発掘や活用の能力を，家庭生活や社会活動への積極的な参加という側面からみることによって，ネットワーク活性化への志向性と実際に観察されるネットワークの大きさとの関連をみることにする。したがって，前節で家族特性と妻のネットワーク・サイズの関連をみたように，ここでは，家族特性と夫婦の社会参加度および家族特性と夫の家事参加度の関連について検討する。

妻の社会参加に有意な差が認められたのは妻の教育程度，夫の教育程度，妻の就業状態，夫の職種および地域のタイプなどによるものであった（表7-2）。妻，夫ともに教育程度の高いグループの方が低いグループに比べて妻の社会参加度が高い（いずれも１％の有意水準）。社会参加を測るための質問項目が，自治会・町内会やPTAといった地域密着型の活動や，趣味・スポーツ，ボランティア，消費者運動，学習などの目的志向性の強い活動を含んでおり，どちらかというと地域密着型（あるいは選択性・任意性の低いタイプ）活動では学歴差が少なく，目的志向型（選択性・任意性の高いタイプ）の活動に学歴差が認められる。前者は，地域住民としての構造的あるいは制度的な制約を強く受けるタイプの活動であるのに対し，後者は個人の任意な選択によって開発したり活性化させる傾向の強いタイプである。このように考えるならば，後者に学歴差がみられることは，社会的資源としてのネットワーク作りは，日本人口の若い層ほど高学歴化しているという傾向から，目的志向型ネットワーク作りが今後活

第7章 母親と子どもの社会的ネットワーク

表7-2 属性別にみた社会参加および家事参加

	社会参加・家事参加の分布		
	妻の社会参加度	夫の社会参加度	夫の家事参加度
家族タイプ			
核家族	3.11	1.08	9.04
その他	3.25	1.13	9.34
家族サイズ			
4人以下	3.22	1.04△	9.21
5人以上	3.09	1.19	9.22
妻のきょうだい数			
3人以下	3.26	1.07	9.17
4人以上	3.08	1.13	9.26
夫のきょうだい数			
3人以下	3.09	1.06	9.03△
4人以上	3.26	1.14	9.40
居住年数			
10年未満	3.10	1.08	9.26
10年以上	3.26	1.14	9.15
妻の年齢			
39歳以下	3.11	1.14	9.36△
40歳以上	3.29	1.03	8.91
妻の教育			
高卒以下	3.04**	1.10	9.32
専門・大卒	3.34	1.11	9.07
夫の教育			
高卒以下	2.85**	1.08	8.79**
専門・大卒	3.41	1.12	9.52
妻の就業			
有　職	3.05*	1.11	9.05
無　職	3.33	1.09	9.40
夫の職種			
自　営	2.76**	1.01	9.04**
会社員	3.34	1.16	9.72
地域のタイプ			
変動型	3.37**	1.27**	9.51**
安定型	2.98	0.93	8.93

注1：有意水準は以下のとおりである。
　　　1％水準**　　5％水準*　　10％水準△
注2：地域のタイプは、現在変動の激しい地域を「変動型」、安定した地域、および昭和40年代に変動した地域を「安定型」とした。

表7-3 きょうだい数と学歴に及ぼす年齢の効果（単相関係数）

	きょうだい数および学歴			
妻の年齢	妻のきょうだい数	妻の学歴	夫のきょうだい数	夫の学歴
	.178**	−.034	.072**	−.049

注：有意水準は以下のとおりである。
　　　1％水準**　　5％水準*　　10％水準△

発になるであろうという推測も可能である。

　夫の職種による妻の社会参加度の差は，自営の方が低い（1％の有意水準）。夫が自営業の妻は本人も家業に従事することから，時間的な制約による社会参加度の低さという理解が可能である。これは5％水準の有意差が妻本人の就業状態にみられ，有職者の方の参加度が低い結果からも推察できる。もう一つの解釈は，同じ表7-2の「夫の家事参加度」が自営の夫の方が低いところから1％有意水準，家事責任者としての妻の社会参加が制約される，というものである。

　地域のタイプ別では，現在変化が著しい地域（変動型）と，都市化が昭和40年代およびそれ以前に生じた地域（安定型）で有意差がみられ，1％の水準で安定型の地域の妻の社会参加度が低い。これは，夫の職種との関連が考えられる。さらに，妻の年齢分布において35歳〜39歳が55.5％，40歳〜44歳が27.9％となっているために，解析のための区分を39歳以下と40歳とした結果，有意差が認められなかったものの，分散分析の結果として40歳〜44歳で参加度が最も高く（3.4），35歳〜39歳がそれに続いており（3.2），34歳以下と45歳以上に比べて有意に高い（0.005水準）。特定の年齢と夫の職種，教育程度などの相互関連が，現在変化の著しい地域に移り住んできた人口の特性となって現われているのであろう。

　地域タイプによる差は夫の社会参加度にもみられ（1％水準），変動型地域に高い。夫の社会参加度は妻に比べて全般的に低いが，変動型地域の夫たちは，家事参加度においても有意に高く（1％水準），家事に手を出し，社会活動もどちらかというとやりながら，妻の社会活動を支持する，というイメージが浮かんでくる。

　夫の家事参加度は，夫本人の教育程度が高く，会社勤めで，都市化進行中の

地域に住む家庭で高いという傾向があるといえよう。

4　子どものネットワーク・サイズ

　以上と同様の作業を子どものネットワーク・サイズの規定要件を家族特性から見出すために行なった。有意差がみられるのは子どもの母親の就業状態のみで，1％水準で母親が有職の場合に子どものネットワークは大きい（母親有職は3.90；母親無職は3.58）。母親自身のネットワークも，有職者の方が大きいという傾向については，すでにみた通りである。

　子どものネットワーク・サイズと母親のネットワーク・サイズの関係を分散分析によってみたが，有意差は特にみられない。わずかながら，母親のネットワークが大きくなるほど，子どものネットワークも大きくなるという傾向がうかがえる。

5　妻・母親のネットワーク・サイズの規定要因

　子どもの発達環境の中で最も基本的な領域である家族と，子どもの育成を最も直接的に担う母親の社会的資源を明らかにするという視点から，妻・母親のもっているネットワークの大きさについて，家族のもつ諸属性の規定性の分散分析を行なった。本節では，家族特性が妻・母親のネットワーク・サイズに及ぼす直接的効果と同時に，媒介要因としての父親の効果をその社会参加度と家事参加度を尺度として，パス解析を行なった。

　まず，父親の社会参加度の効果をみると図7-1のようになる。この，パス・ダイアグラムに残されている家族属性は，有意レベルのパス係数を示したもののみである。分散分析でみたように，核家族タイプは母親のネットワーク・サイズが小さいという負の効果が示されている。家族員数が多く，居住年数が長く，父親の学歴が高く，母親が有職である場合に，それぞれが母親のネットワーク・サイズの大きいことに貢献していることがわかる。父親の社会参加が多いほど，母親のネットワーク・サイズが大きい（パス係数.20で1％の有意水準）が，この「父親の社会参加」に直接有意の影響を及ぼしているのは「家族サイ

図7-1　母親のネットワーク・サイズに及ぼす父親の社会参加の影響のパス・ダイアグラム

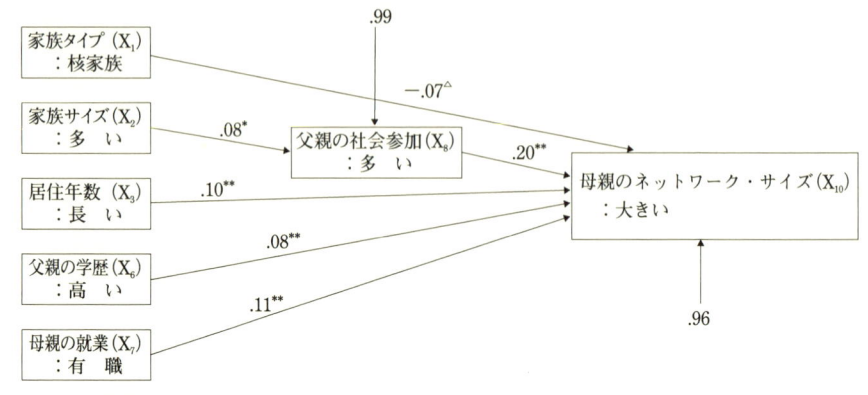

```
家族タイプ (X₁)
：核家族                                    .99
                              −.07△
家族サイズ (X₂)        .08*   父親の社会参加(X₈)   .20**
：多　い                       ：多　い              母親のネットワーク・サイズ(X₁₀)
居住年数 (X₃)    .10**                                ：大きい
：長　い
                       .08**
父親の学歴 (X₆)
：高　い           .11**                              .96
母親の就業 (X₇)
：有　職
```

注：有意水準は**が1%水準，*が5%水準，△が10%水準を示す。

図7-2　母親のネットワーク・サイズに及ぼす父親の家事分担の影響のパス・ダイアグラム

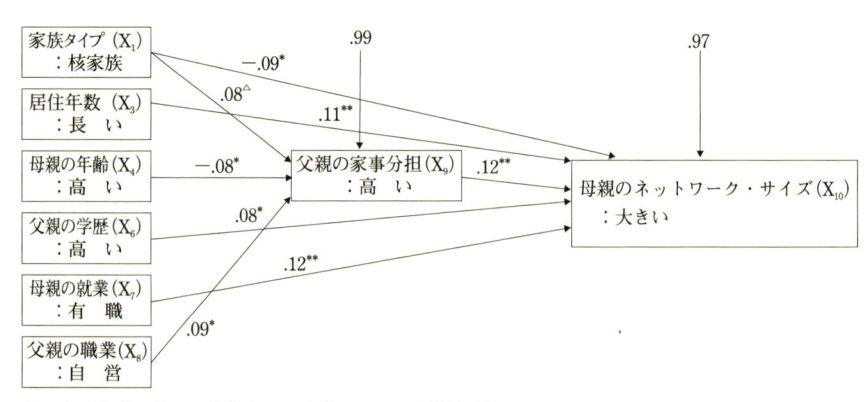

```
家族タイプ (X₁)                .99                .97
：核家族          −.09*
居住年数 (X₃)    .08△
：長　い          .11**
母親の年齢 (X₄)  −.08*   父親の家事分担(X₉)  .12**
：高　い                  ：高　い                母親のネットワーク・サイズ(X₁₀)
父親の学歴 (X₆)  .08*                              ：大きい
：高　い
母親の就業 (X₇)  .12**
：有　職
父親の職業 (X₈)  .09*
：自　営
```

注：有意水準は**が1%水準，*が5%水準，△が10%水準を示す。

ズ」のみである。図7-1に含まれる諸変数の中で，母親のネットワーク・サイズに対する規定力が最も大きいのは，家族の構造的特性を示す要因ではなく，父親の社会参加という家族の行動要因であることがわかった。もちろん，すでにみたように，五つの構造要因は，社会的資源としての母親のネットワークの大きさの規定要因として注目しなければならない。しかし，父親の社会参加という「父親」というもう一人の親という役割をもつ個人の「社会参加」という行動パターンが，母親のネットワーク作りという行動と，資源の活性化という

レベルで関連が強いということは興味深い。

　次に, 母親のネットワーク・サイズに影響を及ぼす諸要因を, 父親の家事分担度を媒介としてみると図7-2のようになる。家族タイプ, 居住年数, 父親の学歴, 母親の就業状態の4変数は, 図7-1と類似の規定性を示している。図7-1に出現している家族サイズは図7-2では消えているが, 図7-1には出ていない母親の年齢と父親の職業が図7-2では出現している。しかもこの二つの変数は, いずれも母親のネットワーク・サイズを直接規定せず, 父親の家事分担度への影響を通して間接的に規定していることがわかる。分散分析では, 父親が自営業であることと父親の家事参加度が低いことの関連が強く現われていたが, 父親の職種と母親のネットワーク・サイズには有意な関連は認められなかった (表7-1, 7-2)。しかしパス解析によって, 父親の職種が, 父親の家事参加という媒介項を経て, 母親のネットワーク・サイズに影響を及ぼしていることが理解できる。

　母親の年齢が及ぼす影響も, 分散分析では強い有意差はみられないものの, どちらかというと年齢の高い方がネットワーク・サイズが大きい傾向がうかがえた。パス解析の結果では, 母親の年齢が高いと父親の家事分担度が低い傾向にある一方, 父親の家事分担度の高い方が母親のネットワーク・サイズが大きいという傾向を示している。母親の年齢と父親の家事分担の間が負の関係である一方, 媒介項の父親の家事分担と説明される変数としての母親のネットワーク・サイズとの関連は1％水準で正の方向である。分散分析で現われた年齢とネットワーク・サイズの弱い関連は, その間のパスを明らかにすることで, より具体的に理解できたわけである。

　父親の家事参加という行動パターンが, 母親のネットワーク・サイズを規定することは, 父親の社会参加の規定力と同様に, 任意性・選択性の強い行動と資源活性化というレベルでのつながりである。

6　子どものネットワーク・サイズの規定要因

　これまで母親のネットワーク・サイズの規定要因について考察してきた。ここでは, 子ども本人がもつネットワークのサイズについて, その規定要因を検

図7-3　子どものネットワーク・サイズに及ぼす母親のネットワークの影響のパス・ダイアグラム

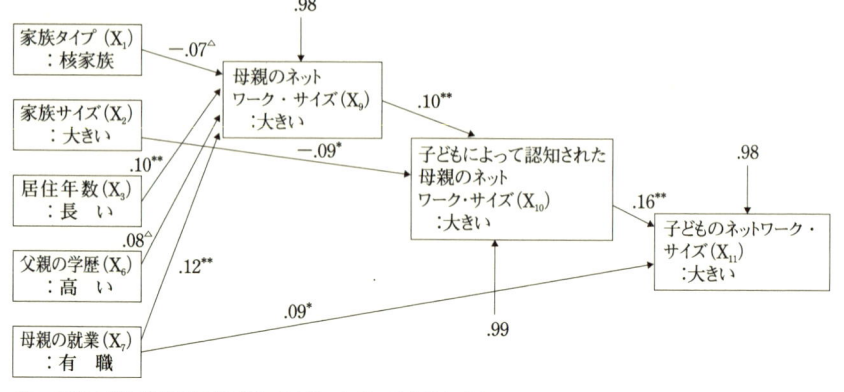

```
                            .98
                             ↓
家族タイプ (X₁)  ─.07△→  母親のネット
：核家族                ワーク・サイズ(X₉)     .10**
                       ：大きい          ─────→   子どもによって認知された
家族サイズ(X₂)                                      母親のネット
：大きい        .10**    ─.09*→           ワーク・サイズ(X₁₀)       .98
                                          ：大きい                   ↓
居住年数(X₃)                                              .16**
：長い          .08△                              ─────→   子どものネットワーク・
                                                           サイズ(X₁₁)
父親の学歴(X₆)   .12**                                       ：大きい
：高い
                         .09*                     .99
母親の就業(X₇)  ────────────────────→
：有職
```

注：有意水準は**が1％水準，*が5％水準，△が10％水準を示す。

討してみる。子ども自身が無力であるとは限らず，小学校4年ともなると，自己のニーズを充足させるための資源開発も可能である。子どもにとっての自己 (ego) 中心的なネットワークの大きさを規定する要因にはどのようなものがあるだろうか。ここでは特に母親のネットワークとの関連で，その規定要因をみてみよう。

　図7-3にみる通り，子どものネットワーク・サイズは，直接的に子どものネットワーク・サイズを規定する働きをしていない。これら二つの変数を媒介しているのは，母親のネットワーク・サイズについての子どもの認識である。すでに検討した分散分析の結果では，母親のネットワーク・サイズと子どものネットワーク・サイズは，弱いながらも正の相関がみられた。しかし，パス解析の結果からは，子どものネットワーク・サイズを直接的に規定するのは母親の就業状態が5％水準でみられることと，子どもによって認知された母親のネットワーク・サイズ（1％の水準）であることがわかった。そして，子どもに認知された母親のネットワーク・サイズは，母親がもっているネットワーク・サイズに規定される，というわけである（1％の有意水準）。母親のネットワーク・サイズに対する諸変数の影響については，すでにみた傾向を示しているので，ここでの注目は，子どもによって認知された母親のネットワーク・サイズである。

母親のネットワーク・サイズとそれについての子どもの認知との関連は1％レベルで有意であるから，母親の行動についての子どもの認知は著しく高いといえる。そのような認知度の高さが，子ども本人のネットワークについての認知を高める，ということであるかもしれない。全体として，子どもネットワークのサイズは，家族構成要因のうち，家族タイプ，家族サイズ，居住年数，父親の学歴，母親の就業状態によって，母親のネットワーク・サイズやそれについての子どもの認知を媒介する形で規定され，中でも母親の就業状態は直接的な規定力をもっている，ということになる。

7　母親の就業とネットワークの有効活用

以上は，子どもの育成という一つの目標のための資源として家族や地域を把握するために，ネットワークという概念を用いて試みた研究報告である。データの制約から，ネットワークのサイズを中心とする分析となった。ネットワークの大小が，その資源としての有効性を代表するものとは限らない。ネットワーク分析においては，密度や方向，接近可能性など他の局面にも注目すべきである。しかし，ネットワーク・サイズは最も基本的な局面であり，特に，社会構造や社会制度といった個人にとって「所与」の資源が積極的・任意的・選択的に活性化された結果の表現であるとみることができる。つまり，与えられた材料を用いて料理や彫刻を作ったりする個人や家族の能力の表現ということになる。ただし，ネットワーク・サイズは，目標達成への資源動員の結果であるから，目標の内容によって有効性とサイズとの関係が決まる。したがって，大きいことがいいことだ，ということにはならない。今回の調査研究で用いたような子どもの育成環境としての家族や地域への接近の方法によるデータの限界に留意した上で，分析結果を評価しなければならないことはいうまでもない。

都市化の進行度は，今回の研究における一つの主要軸であった。現在進行中の地域，昭和40年代に都市化，それ以前に都市化した安定地域という3地域の比較によって，父親の家事参加や社会参加の領域で「現在都市化進行中」の地域で活発であり，それが妻・母親のネットワーク・サイズの大きいことと結びついている，ということが明らかになった。流動性の強い環境において，家族

が能動的に行動する傾向がみられる,という理解ができると思う。

　また,妻・母親の職業の有無は,彼女のネットワーク・サイズに強い影響を与えていることが明らかとなった。今回の分析では,無職以外の妻・母親は有職として取り扱ったが,それにもかかわらず有意な差が出た(フルタイム就業者は約1割)。そして,それが,子ども本人のネットワーク・サイズと強く関連していることが明らかになったのは,興味深い発見であった。

　今後,この種の研究を積み重ねることによって,研究方法を改良し,理論化を進めなければならないだろう。

第 8 章

均等法第一世代のキャリア形成とネットワーク

1　目的と方法

　本研究の目的は，職業キャリア初期における女性たちの社会環境について，特に彼女たちを取り巻く重要な人物との関係の構造に着目して，成人期に移行した女性のニーズに応じる資源となる周囲の人々を明らかにし，そのような人々との紐帯（social ties）のパターンと彼女たちの生き方との相互関連について実証的に考察することである。このような作業の結果は，女性が就労を継続していく場合に，その促進または阻害する要因を峻別することにつながると考えられる。

　本章での考察は，東京都生活文化局による研究会が実施した調査データを用いたものである。調査対象者は，雇用機会均等法施行後初めて募集され，採用された人たちである1987年度に就職した，本社所在地および本人の勤務地が東京都内の女性である。サンプル母体は，民間企業の女性の就業分布状況を考慮に入れ，その状況に比例するように調査対象企業を選定し，それに公務員等を加えたもので，サンプル数は1,483，うち有効回収数936（63.1%）である。調査は郵送法を用い，1988年12月13日〜1989年1月27日に実施された。

　対象者の特性をまとめると，以下のようになる。

　・年齢　最年少者の19歳（1969年生まれ）は5.6%，20歳は19.3%，21歳11.4%，22歳20.6%，23歳13.1%，24歳17.1%，25歳6.2%，26歳以上6.3%，無回答0.3%

　・学歴　高校卒27.0%，各種学校・専修学校卒13.8%，高専卒29.7%，大学

卒28.0％，大学院・その他1.3％，無回答0.2％
- 共学・別学　最終学卒の共・別学は，共学54.4％，女子校45.4％，無回答0.2％
- 婚姻上の地位　未婚者95.7％，既婚者3.6％，離別者0.2％，無回答0.4％
- 両親の生存状況　両親とも健在93.3％，父親のみ健在1.0％，母親のみ健在5.6％，両親とも死亡0.1％，無回答0.1％
- きょうだい数（本人を含む）　1人9.0％，2人58.0％，3人27.2％，4人4.2％，5人以上1.3％，無回答0.3％
- 住居形態　親所有住居60.0％，賃貸住宅22.9％，官・公舎・社宅・寮など13.9％，本人・配偶者所有住居1.2％，その他1.0％，無回答0.4％
- 年間収入（税込み・賞与を含む）　150万円未満12.6％，150〜200万円未満29.5％，200〜250万円未満28.2％，250〜300万円未満15.3％，300万円以上12.9％，無回答1.5％
- 業種　卸売・小売業31.6％，情報サービス・調査・広告業21.8％，公務13.6％，電気・ガス熱供給業9.9％，医療9.1％，金融・保険業および不動産業6.8％，教育5.1％，製造業2.0％
- 職種　事務職46.0％，販売・サービス職28.5％，専門・技術職21.7％，労務・技能職1.6％，経営・管理職0.3％，その他0.9％，無回答1.0％

2　ソーシャル・ネットワークとライフコース：基本的視点

　本章の分析視点はソーシャル・ネットワークおよびライフコース研究の概念枠組みに基づくので，それらについて概略しておこう。
　本章は，若い就労女性がおかれている状況について，特に彼女たちを取り巻く重要な人物との関わりという視点からアプローチする試みである。そして，今回の調査が，縦断的研究の第一段階であるところから，対象者の諸特性についてのデータを整理し，現在から将来への道筋を予想するという人生設計の面にも射程を広げる。したがって，本章をまとめるに当たっての基本的な視点は，われわれがソーシャル・ネットワークおよびライフコースと呼ぶ概念に代表されるものである。以下で簡単に，これらの鍵となる概念にふれておく。

ネットワーク・アプローチ

　社会構造分析におけるネットワーク・アプローチでは，社会構造がネットワークという形で表出する，という理解をしている。そのネットワークは，社会システムの構成員という「結び目」(nodes) とそれらの相互のつながりを示す「紐帯」(tie) で構成される。その紐帯のパターンを通して社会システムの中の資源配分の構造を研究するのが，ネットワーク構造分析の一つの立場である。資源の内容は，紐帯を結ぶ成員の特性に規定されると考える。このような構造分析としてのネットワーク・アプローチは，計量モデルを用いる方法によるのが一般的である。

　一方，ソーシャル・ネットワークという概念を，社会システムの中の個人を分析単位として，その個人が持つ紐帯のパターンに着目する場合に用いる立場もある。そこでは，社会関係を交換とみなし，紐帯を結ぶ諸個人の間の資源の流れが，双方向性を持つことが前提となる。システムの構成員である個人という「結び目」は，特定の個人が持つニーズあるいは課題のための資源要因と考えるわけで，このようなネットワークはサポート・システムということができる。

　今回の調査では，若い就労女性のニーズに応じる資源となる周囲の人々を明らかにすることや，そのような人々との紐帯のパターンの差異と彼女たちの生き方との相互関連に関心が持たれている。

ライフコースの視点

　ライフコース研究は，1970年代になって，それまでのライフサイクル研究が持つ不備を超えるものとして形成されてきた。ライフコース研究の先駆者の一人としてリーダーシップをとりつづけている G. H. エルダーは「年齢別の役割や出来事を経て個人がたどる道」がライフコースであるとしている（Elder [1977]）。人の一生は，人生上の出来事が相互につながりあって描かれる軌道のようなものである。出来事には，個人が生まれた時代の特性を背景として，個人の成長過程における年齢や家族関係などに規定される標準的な性格のものもあれば，特定の時代や事件に規定される非標準的なものもある。特定の年次出生集団（出生コーホート）と別の出生コーホートとを比較することによって，

時代差や世代差から社会変動に接近することができる。また，特定コーホートの内部における差異は，成長・成熟過程における環境条件の差異によると考えられるので，個人の持つ種々の特性——家族背景や学歴，職種，職場の人間関係など——によって，個人の一生が規定される。その際に，資源としてのネットワークは，ライフコースの中で経験される出来事や問題解決に影響を与えることになろう。いずれにしろ，時代特性や非通常的な歴史的事件などは，人の一生に長く尾を引く刻印を残すことになる。

今回の調査対象者は，出来事経験からすれば，成人期への移行過程にあるので，ライフコース・パターンを把握することは研究目的としがたい。しかし，ネットワーク概念を用いることによって，人生の一時期における移行過程のパターンを分析することができる。対象者に関しては，コーホート内比較を行なうことになるが，母親の経験した結婚および就業のコースとの比較によって，コーホート間比較という変動分析も可能である。

3 支援ネットワーク

本調査の対象者は，成人期への移行過程にある就労女性である。彼女たちは自分自身の人生をどのようにとらえ，どのように設計しているのだろうか。彼女たちは，女性としての自分が仕事を持つことを，自己の人生の中でどのように位置づけているのだろう。現実の世界についての認識は，幼少期からのさまざまの経験を通して形成されてくるが，本章では，現時点における彼女たちの人的環境を把握することによって，働く若い女性にとっての人的資源の構造を明らかにしたい。そして，「働く」女性内の差異がどのような形で存在しているのかを，彼女たちの社会関係を通して見ることにする。さらに，彼女たちとその母親のライフコースを比較することによって，社会規範や社会構造といった歴史的文脈のインパクトをも考察したい。

相談したり頼りにできる人

日常生活における社会関係は，家族や親戚，近所の人，友人，職場の人などを含む広がりを持っている。われわれの調査対象である若い就労女性たちは，

「親の家族」（定位家族）の中での子どもという立場と，「自分がつくる家族」（生殖家族）の中の妻・母という立場の狭間とでもいえるライフステージを生きている。少数の既婚者（3.8％）を除き，大多数が親の家族と同居しているものの，成人期への移行期という「家族フリー」な段階にあることは，青年期特有の友人関係中心の世界に生きていることが予想される。また，就業者であるということから，職場関係のつきあいの重要性も大きいと思われる。現職について2年目であることや，結婚や職業キャリアについての人生設計を具体的に考える年齢であることなどの状況を考慮するとき，職業や人生一般に関する情報や助言など，意志決定のために必要な資源のネットワークが，彼女たちの社会関係の構造を表わしているといってよい。その面を「日頃相談したり，頼りにできる人」という形で問うた。表8-1と8-2は，相談したり頼りにできる人の有無とその人物の種類および人数についてまとめたものである。

まず全体で「誰もいない（0.6％）」「無回答（0.3％）」はわずかで，99.0％が相談相手や頼れる人を持っている。表8-1に示されるように，その相手は，こ

表8-1 日頃相談したり頼りにできる人の有無とその人数（％）

相談したり頼りにできる人	有	無	1人	2人	3人	4人	5人	6人	7人	8人	9人	10人以上	人数不明	N/A	平均人数
父親	47.6	52.4													
母親	76.5	23.5													
配偶者	3.0	97.0													
きょうだい	43.9	55.8	31.1	9.9	1.0	0.3	0.2	—	—	—	—	—	1.4	0.3	0.57
友人（女）	92.8	6.8	7.2	16.7	23.6	10.0	17.7	4.7	1.6	2.1	0.1	5.6	3.5	0.3	3.67
友人（男）	49.4	50.3	13.4	15.1	9.8	2.7	3.7	1.0	0.3	—	—	1.8	1.6	0.3	1.31
上司（女）	17.6	82.1	7.7	5.2	2.6	0.2	0.6	0.1	—	—	0.1	0.3	0.7	0.3	0.35
上司（男）	21.5	78.2	10.6	6.0	3.0	0.5	0.4	0.1	—	—	0.1	0.2	0.5	0.3	0.40
同僚（女）	70.2	29.5	14.0	19.9	16.2	5.7	7.7	2.1	0.3	0.4	0.2	1.8	1.8	0.3	2.07
同僚（男）	18.4	81.3	6.2	5.6	3.5	0.7	1.2	0.2	—	0.1	—	0.4	0.4	0.3	0.43
先輩（女）	50.9	48.8	14.7	16.6	9.0	3.4	4.3	0.3	0.3	0.1	0.1	1.3	1.3	0.3	1.28
先輩（男）	19.4	80.2	6.0	5.7	4.4	0.6	0.9	—	—	0.2	—	0.7	0.1	0.3	0.51
先生	14.4	85.3	6.8	3.4	2.1	0.4	0.4	0.1	—	0.2	—	0.1	0.7	0.3	0.28
専門家	3.6	96.0	1.6	1.2	0.5	—	0.1	—	0.1	—	—	—	0.1	0.3	0.07
恋人	39.6	60.0	37.7	0.6	0.1	—	—	—	—	—	—	—	1.1	0.3	0.41
その他	1.2	98.5	0.5	0.2	—	0.1	—	—	—	—	—	—	0.3	0.3	0.01
なし	0.6														
N/A	0.3														

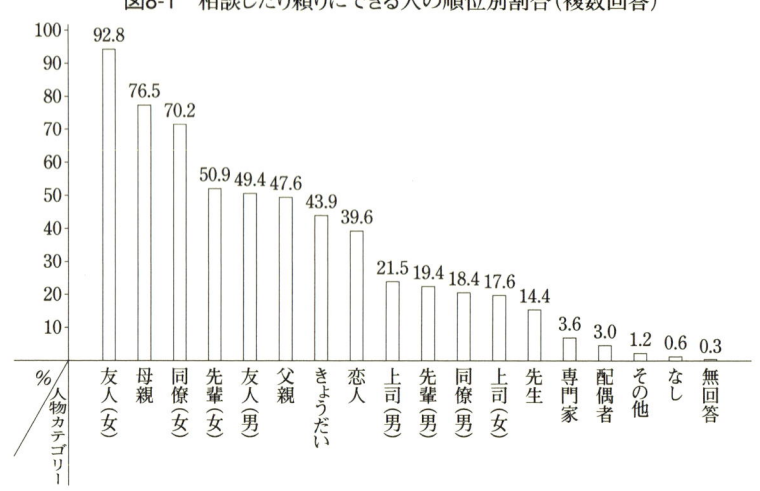

図8-1 相談したり頼りにできる人の順位別割合（複数回答）

人物カテゴリー	割合(%)
友人（女）	92.8
母親	76.5
同僚（女）	70.2
先輩（女）	50.9
友人（男）	49.4
父親	47.6
きょうだい	43.9
恋人	39.6
上司（男）	21.5
先輩（男）	19.4
同僚（男）	18.4
上司（女）	17.6
先生	14.4
専門家	3.6
配偶者	3.0
その他	1.2
なし	0.6
無回答	0.3

ちらが提示したリストでほぼ網羅されている。相談相手・頼れる人としての最大の資源は女友達で，対象者の92.8％が最低1人最高10人以上平均3.7人持っている。第二の資源は母親で，約77％であるが，母親との同別居とは関わりなく母親との親密さがうかがえる（母親との同居者は68.7％）。父親との同居者は64.3％であるが，父親を相談・頼る相手としてあげたのは47.6％であるから，一緒に住んでいる父親でも，必ずしも相談や頼るための資源となっていない。対象者の93.3％は両親とも健在であるが，彼女たちにとっての親は，女友達に比べると，相談事や頼る相手としての存在価値は低いということである。

　第3位は女性の同僚（70.2％）で，最低1人から最高10人以上，平均2.1人である。第4位は女性の先輩（50.9％）で，これも最低1人から最高10人以上だが，平均1.3人で，同輩に比べると少ない。以上4位までは，すべて対象者本人と同性である。

　第5位で初めて男性が浮上し，男の友人（49.4％），続いて父親（47.6％），きょうだい（43.9％）で，第8位が恋人（39.6％）となっている。友人・同僚・先輩といった社会的距離が近い人物の場合は明らかに同性が優先されているが，上司となると男性の方が女性をやや上回っている。上司の性比が不明であるから，この差が選択によるものか否かはわからないが，全体としては，男

表8-2 日頃相談したり頼りにできる人の種類と平均人数

N=936

相談したり頼りにできる人	%	平均人数
全体	99.0	12.45
家族	85.3	1.84
同輩（友人・同僚・恋人）	97.0	7.88
先輩（上司・先輩・先生・専門家）	67.2	2.91

性の上司が多いと予想されるので，女性上司の頼られ方は男性上司に比べて低いとはいえないだろう。

相談・頼る相手を「家族員」と友人・同僚・恋人といった社会的距離の近い「同輩」，そして社会的距離が比較的あって人生の先輩になるといえる上司・先輩・学校の先生・専門家などに分類した場合，表8-2のようになった。青年期が家族離れをしたピア（仲間）中心の社会関係を持つ段階であることが示されており，割合のみならず平均人数においてもピアの比重の大きさがうかがえる。

以上は，対象者の全体の傾向についての観察であるが，次に対象者の特性による差異とその傾向について見てみよう。特性変数としては年齢，学歴，共別学，業種（企業分類），職種，年間収入，勤め先満足度，選択コース，希望する昇進の型，理想とするライフコースを用いた。統計検定により有意な出現率を示した特性のみを取り出して，相談・頼る相手が誰であるかを見ると，22歳グループは他の年齢グループに比べて家族依存の傾向が強い（89.6%）。23歳グループでは友人・同僚などが顕著であり（97.6%），24歳グループでは友人の他に上司や先輩の比重が，他の年齢グループに比べて高くなっている。人生の先輩という立場からの助言を必要とするような問題が，わずか1年の加齢によって生じるのだろうか。

学歴差としては，短大・高専グループでは母親依存が顕著である（81.7%）のに対し，大学・大学院グループでは父親（54.2%），男の友人（58.2%），男の上司（29.3%），男の同僚（26.0%），男の先輩（29.3%），先生（19.4%），が他のグループに比べて高い。最終学校が男女共学の場合，男の友人，男の同僚，男の先輩が女子校出身グループとは対象的に比重が大きい。

「卸売・小売業，飲食店」「医療」「教育」グループでは女の上司が他のグループに比べて相談・頼り相手の率が高く，「教育」では男性先輩（37.5%）や

先生（43・8%）の重要性も大きい。また、「専門・技術」では女性上司（23.6%）、「販売サービス職」では男女の上司と女性同僚の比重が大である。

人生に影響を与えた人

青年期の女性の人生に誰が最も影響を与えるのだろうか。女性の生き方に関する規定要因として社会構造や規範、母親の生き方、父親との関係などが一般にあげられているが、女性本人が自分の人生に影響を与えた人をどのように認識しているかについての研究は多くない。ここでは「あなたの人生に最も大きな影響を与えた人は誰でしょうか」という問いに、選択肢の中から一つだけ選んでもらった。そのような人物がいると答えたのは81.8%（766人）で、その人が誰かを示したのが図8-2である。約半数が家族員（48.2%）、特に母親をあげている（28.3%）。日頃相談したり頼りにできる人のNo.1は女友達である（前項）が、人生への影響となると母親や父親の比重が大である。

次に、対象者内での差異を特性別に見てみよう。有意な出現率を示した特性のみを取り上げてまとめたのが表8-3である。○印は項目間の相関があることを示している。単なるクロス相関であるから、この表のみからの結論は導き出せないが、いくつかの「傾向」は認められる。たとえば、「影響を与えた人」と対象者の職種との関連が見られる。専門・技術職と学校の先生の相関は、教

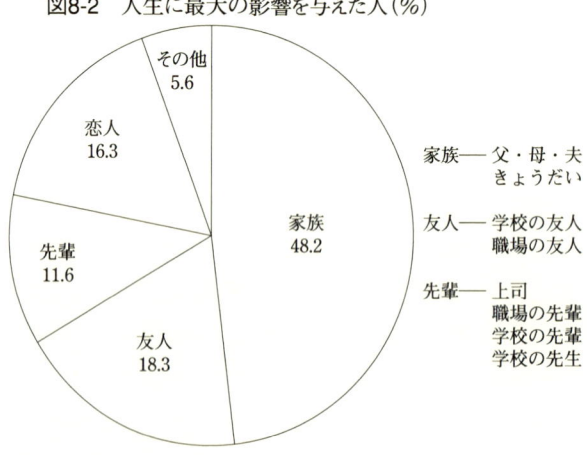

図8-2 人生に最大の影響を与えた人（%）

その他 5.6
恋人 16.3
先輩 11.6
友人 18.3
家族 48.2

家族 —— 父・母・夫　きょうだい
友人 —— 学校の友人　職場の友人
先輩 —— 上司　職場の先輩　学校の先輩　学校の先生

表8-3 特性*別人生に最大の影響を与えた人

*特性は有意な出現率のもののみ取り上げた。

特性カテゴリー	人物カテゴリー	父	母	夫	きょうだい	学校の友人	職場の友人	上司	職場の先輩	学校の先輩	学校の先生	恋人	いない
年齢	20歳以下					○						○	
年齢	23歳		○										
業種	製造業					○							
業種	卸売・小売業, 飲食店									○			
業種	情報サービス・調査・広告業					○							
業種	教育										○		
職業	経営・管理職								○				
職業	専門・技術職			○							○		
職業	事務職					○							
職業	労務・技能職				○								
職業	販売・サービス職										○		
満足度	勤め先に非常に不満						○					○	○
選択コース	総合職コース								○				
昇進志向	管理職としての昇進志向							○	○				
昇進志向	昇進志向なし												○
家族で相談・頼れる人	少ない(0)						○				○		
家族で相談・頼れる人	多い(3-)	○		○	○								
ネットワーク・パターン	孤立(独立)型(0~3)						○						
ネットワーク・パターン	集中型(4~7)		○										
ネットワーク・パターン	拡散型(8~16)										○	○	
ネットワーク・サイズ	中(8~14)	○											
理想のライフコース	仕事継続型										○		
理想のライフコース	再就職型				○	○							
理想のライフコース	就職しない型	○											
計 (%) その他 4.6 N/A 4.6		11.9	23.2	1.6	2.8	12.9	2.0	0.4	1.8	0.9	6.4	13.4	

育職に就いた場合に，在学中の学校の先生からの進路指導などによるものであろう。また，経営・管理職や総合職コース，管理職としての昇進志向を持つなどの場合は，職場の先輩や上司の影響が大きい。影響を受けるような人がまわりにいるかどうかも重要である。家族内に相談したり頼れる人が少ない場合，職場の友人や恋人が「影響者」である傾向が出ている。

　どのような特性の持ち主が誰から影響を受けたのかを，影響を与えた人のカテゴリー別にまとめてみよう。各人物カテゴリーで○印が4以上のものを取り出してみた。「学校の友人」が影響の与え手の場合，製造業，情報サービス・調査・広告業で事務職に就き，再就職型を理想のライフサイクルとしている。「職場の友人」が影響の与え手の場合は，20歳以下で，勤め先に対して非常に不満を感じ，家族内で相談や頼れる人が少なく，日常のネットワーク・パターンは孤立（独立）型である。「学校の先生」が影響の与え手である場合，教育業種，専門技術職，ネットワークは拡散型で，理想のライフコースは仕事継続型である。「恋人が影響の与え手」の場合は，20歳以下，卸売・小売業，飲食店業，販売・サービス職，家族内で相談・頼れる人は少ない，ネットワークは拡散型，となっている。そして，影響の与え手がいない場合は，勤め先に非常に不満，昇進志向なし，である。

　以上は，クロス相関のみから見た傾向であり，ここで浮かびあがったパターンについては，さらに因子分析や多変量解析などの分析をした上で，結論を出す必要がある。

ネットワークの型と大きさ

　成人への移行期における就業2年目の女性たちの社会関係を，彼女たちのソーシャル・ネットワークとしてとらえる試みとして，その型（パターン）と大きさを見てみることにした。ここでは，すでに述べた「日頃相談したり頼りにできる人」を，ネットワークの構成要素とした。

　まず，ネットワークの型については，「日頃相談したり頼りにできる人」の16カテゴリーのうち0～3種類を持つタイプを孤立（独立）型，4～7種類を持つタイプを集中型，8以上の種類を持つタイプを拡散型とした。若い就業女性が持つ種々のニーズに対応する資源としての相談・頼れる人の種類が，2

〜3までということは，社会関係の中で比較的孤立している傾向があることを予想させる。しかし，そのような状況を意図的に選択している独立志向型の可能性もある。われわれの調査では，その内容については不明であるので，孤立または独立型とした。孤立または独立型に対し，特定の人物カテゴリーに比較的集中してニーズの充足を求めるタイプを集中型とした。さらに，多様な人物カテゴリーをニーズ充足の資源として常備しているタイプを拡散型とした。これは，ニーズの種類に応じたタイプの人物カテゴリーを活用するのか，単に誰にでも状況に応じて相談したりする社交家なのか不明である。

図8-3に見るとおり，約6割が適当な種類の人物を相談や頼るための資源として常備していることがわかる。そして，孤立（独立）型と拡散型が各2割程度となっている。

同じく「相談したり頼りにできる人」の人数によるネットワークの大きさは，図8-4に示すとおりである。ネットワーク・サイズが小（0〜7人）と大（15人以上）は各3割程度で，中（8〜14人）が最大の4割を占めている。ネットワーク・パターンと対応させてみると，同じ人物カテゴリーに属する複数の個人をネットワークの中に持っているということが予想される。特に友人などは

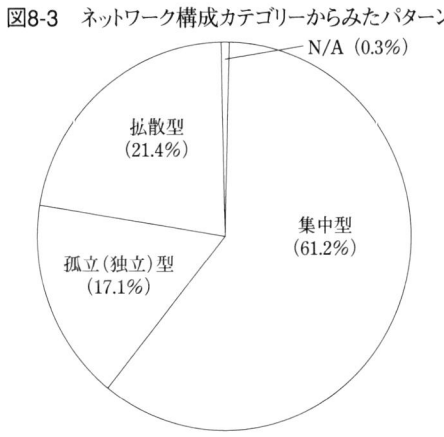

図8-3　ネットワーク構成カテゴリーからみたパターン

- N/A (0.3%)
- 拡散型 (21.4%)
- 集中型 (61.2%)
- 孤立（独立）型 (17.1%)

孤立（独立）型：日頃相談したり頼ったりできる人の
　　　　　　　カテゴリー（16種類）のうち0〜3種類を持つ
集　中　型：上記のうち4〜7種類を持つ
拡　散　型：上記のうち8以上の種類を持つ

図8-4 相談・頼りにできる人の人数によるネットワーク・サイズ

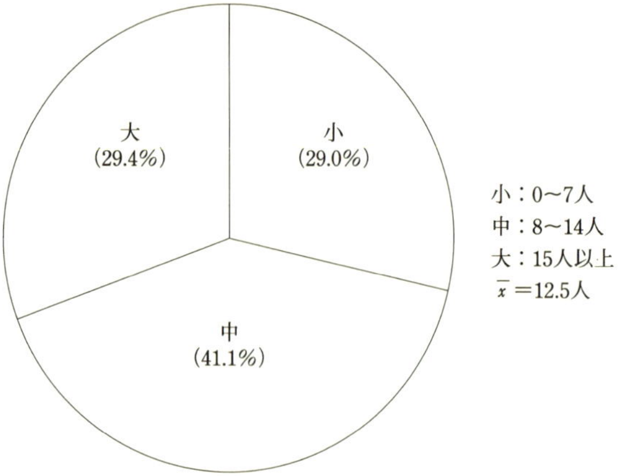

大 (29.4%)
小 (29.0%)
中 (41.1%)

小：0〜7人
中：8〜14人
大：15人以上
$\bar{x}=12.5$人

その例であろう。個人が持つネットワークのサイズに関する資料は少ないが，最近の文部省による「親と子の地域社会におけるネットワークに関する調査報告」の二次分析では，小学校4年生を持つ母親の個人ネットワークのサイズは，種々の特性によって異なるものの平均12〜13人となっており，本調査対象者の12.5人と類似している。もっとも，小学生を持つ母親の場合，若い女性に比べて親族や近隣の人々が大きな比重を占めるが，有職者の平均12.6人に対し無職者が平均11.3人と1人以上少なくなっているところから，就業にともなう友人増加の傾向が見られる。若い就業女性の場合は，すでに見たとおり学校時代や職場での友人（特に同性の）が，最大のネットワーク構成要素である。

4　自由時間に見る生活構造

自由時間の過ごし方

　男女雇用機会均等法が施行されて2年目の1987年4月1日に採用された本調査の対象者たちにとって，均等法はどのようなインパクトを与えることになるのだろうか。均等法施行以前からコース別採用を実施していた企業もあるが，1987年よりコース別採用が増加したといわれ，女性にとっても継続的な職業キャリアの可能性が増大してきた。しかし，制度としての発進はしたものの，実

情はまだまだ発展途上で，総合職への進出は，数の上でも内容の面でも，多くの問題を含んでいるといえる。今や日本人の長時間労働は世界の常識となっているが，長い労働時間は短い自由時間を意味する。サラリーマンの自由時間の過ごし方が第一にゴロ寝であるといわれるが，若い就業女性たちは，どのように自分の時間を過ごしているのか。そして，拡大された雇用機会を活用する女性が少数ではあれ増えているならば，就業女性の中での差異はどのように表われるだろうか。

　仕事が終わった後や休日の自由時間をどのようにして過ごすことが多いかを，家事と育児以外の項目について調べたが，複数回答で最も多いのは「休養・TV・ラジオ・新聞・雑誌」で，対象者の84.2％がこれをあげている（図8-5）。以下「友人とのつきあい」「ショッピング」が続き，これらが若い就業女性の自由時間の過ごし方御三家といえよう。続いて，映画や音楽の鑑賞やスポーツの見物と旅行・ドライブが，過半数の対象者の自由時間の過ごし方となっている。友人とのつきあい（80.7％）を抜いて，一般サラリーマンと同じ「いわゆるゴロ寝」（84.2％）がトップになっているのは興味深い。膨大な数の女性誌

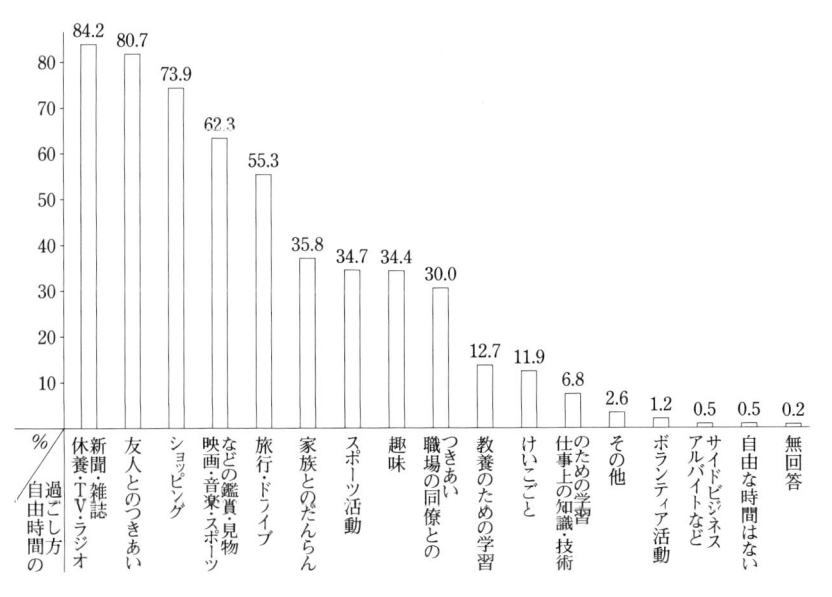

図8-5　自由時間の過ごし方（複数回答）

過ごし方／自由時間の %	値
休養・TV・ラジオ・新聞・雑誌	84.2
友人とのつきあい	80.7
ショッピング	73.9
映画・音楽・スポーツなどの鑑賞・見物	62.3
旅行・ドライブ	55.3
家族とのだんらん	35.8
スポーツ活動	34.7
趣味	34.4
職場の同僚とのつきあい	30.0
教養のための学習	12.7
けいこごと	11.9
仕事上の知識・技術のための学習	6.8
その他	2.6
ボランティア活動	1.2
サイドビジネス・アルバイトなど	0.5
自由な時間はない	0.5
無回答	0.2

や話題週刊誌が彼女たちに支えられているのもうなずける。また，独身貴族といわれる OL の時間の過ごし方として，第3位「ショッピング」，4位「映画等の鑑賞」，5位「旅行・ドライブ」，7位「スポーツ活動」などは納得のいくところだろう。約3分の1がスポーツ活動をしているという数字は，独身貴族の趣味的な側面を表わしているのか，または，生涯設計の一部としての健康への関心を示すものだろうか。せっかくの自由時間に職場の同僚とのつきあいをする人が，3割いるということは興味深い。

自由時間の過ごし方の規定要因

対象者内の差異を特性別にまとめたのが表8-4である。前節で用いた方法と同じく，有意な出現率を示す特性のみを取り出した。表8-4で「単独型」というのは「休養・TV・ラジオ・新聞・雑誌」を指す。「つきあい型」は「家族とのだんらん」「友人とのつきあい」「職場の同僚とのつきあい」を含む。「外出趣味型」は「ショッピング」「映画・音楽・スポーツなどの鑑賞や見物などの娯楽」「趣味」「スポーツ活動」「けいこごと」を含む。「学習塾」は「教養を伸ばすための学習」と「仕事上の知識・技術を伸ばすための学習」を含む。「時間なし」以外の他の項目は除外した。

年齢別の特徴としては，20歳以下のグループで「自由な時間がない」が，他のグループに比べて高率（1.7％）である。23歳グループは，特に友人（88.6％）・職場の同僚（42.3％）とのつきあいが他のグループより多い。24歳グループは，趣味，教養・仕事のための学習が，他のグループより目立つ。23歳は「つきあい」中心の遊び時とでもいえようか。

学歴別では，短大・高専グループが「娯楽」（67.6％），「スポーツ活動」（39.6％）中心であるのに対し，大学・大学院グループは「家族とのだんらん」（41.0％），「娯楽」（71.1％），「趣味」（41.4），「けいこごと」（17.6％），教養（23.4％）・仕事のための「学習」（15.0％）と手広い。

業種別では，卸売・小売，飲食店業で「時間がない」が目立ち，教育グループで「けいこごと」と教養・仕事のための「学習」が目立つ。情報サービス・調査・広告業グループは「家族とのだんらん」「ショッピング」が顕著で，現代の花形産業にいる割には，おとなしいイメージである。

第8章 均等法第一世代のキャリア形成とネットワーク

表8-4 特性*別自由時間の過ごし方（複数回答）

*特性は有意な出現率のもののみを取り上げた。

特性 \ 自由時間の過ごし方	単独型	つきあい型	外出趣味型	学習型	時間なし
20歳以下					○
23歳		○			
24歳			○	○	
短大・高専			○		
大学・大学院		○	○	○	
卸売・小売業，飲食店					○
金融・保険，不動産		○			
情報サービス・調査・広告業		○	○		
教育			○	○	
公務			○		
経営・管理職				○	
専門・技術職				○	
事務職		○	○		
販売・サービス職					○
300万円以上				○	
勤め先に非常に満足			○	○	
残業ない		○	○		
休日出勤ない		○			
休日出勤あった				○	
総合職コース					○
昇進志向あり（管理職として）				○	
〃 （専門職として）			○	○	
昇進志向未決定			○		
相談・頼りにできる人多い（10〜）		○	○	○	
ネットワーク・パターン					
集中型（4〜7）	○				
拡散型（8〜16）			○	○	○
ネットワーク・サイズ 大（15〜）			○	○	○
社会的成功観					
家族＋職業志向			○	○	
家族志向のみ			○	○	
職業志向のみ				○	
結婚適齢期あり			○		
〃 なし				○	
理想ライフコース					
仕事継続型				○	
結婚・出産退職型		○	○		

職種別に見ると，経営・管理と専門・技術では期待どおり「仕事のための学習」が目立つ。事務職では「家族とのだんらん」「ショッピング」「スポーツ活動」が顕著で，いわゆるOLイメージに沿った自由時間の過ごし方のように見受けられる。

収入300万円以上，勤め先に非常に満足のグループで「学習」が目立つのは，高年齢，高学歴，専門・技術職などの項目との関連が強いことから見られる傾向だと考えられる。

残業がないグループは「家族とのだんらん」と「けいこごと」で，残業ありのグループとは正反対であった。

休日出勤なしのグループでは「家族とのだんらん」が顕著であるのに対し，休日出勤ありのグループでは「家族とのだんらん」は少なく，「仕事のための学習」が目立っている。

昇進志向については，「管理職として昇進志向」を持つグループと「専門職として昇進したい」グループは，いずれも教養のための学習は顕著であるものの，前者のみが仕事のための学習において目立っている。逆に後者では「趣味」が顕著となっている。昇進について決心しかねているグループは，主としてショッピングを楽しんでいる。

総合職コース・グループで「時間がない」が，他のグループに比べ顕著であるのはうなずける。

ネットワーク・パターンについては，拡散型グループは「ゴロ寝・単独型」以外の過ごし方を網羅しているが，「集中型」は「単独」で時間を過ごす傾向がある。

ネットワーク・サイズについても，大グループでは「拡散型」と同じ傾向が見られる。

社会的成功についての考え方の違いは，多少ながら，自由時間の過ごし方にも表われている。家族生活との関わりで社会的成功をとらえるグループは「家族とのだんらん」「ショッピング」「娯楽」などで時間を過ごす傾向が見られるのに対し，職業生活との関連で成功をとらえるグループは，前者に比べて「教養を伸ばすための学習」に傾いている。

「結婚適齢期はある」とするグループは，「なし」グループに比べ「ショッピ

ング」に,「なし」グループは「あり」グループに比べ「学習」に,自由時間を費やす傾向が見られる。

　理想とするライフコース別の差異では,「仕事継続型」は他のグループに比べて予想どおり「教養・仕事のための学習」が顕著である。それに対し「結婚・出産退職」は「職場の同僚とのつきあい」「ショッピング」が目立ち,「再就職型」でもどちらかというと,後者と同様の傾向が見られる。

5　母と娘のライフコース

　人の一生は,個人を取り巻く環境としての人間関係や社会経済的な地位によって規定される機会構造などに影響される。しかし,それと同時に忘れてならないのは,時代性の影響である。どんな時代に生まれ育つかという,個人の抵抗を空しくするような歴史の流れの中に,人の生き方は委ねられることも事実である。

　本調査の対象者は,現在仕事に就き,将来の生き方についてのイメージをある程度明らかに持っている。そして,友人関係を中心とする人間関係の中で,母親への信頼と依存が顕著であることも,彼女たちの特徴である。ここでは,娘の生き方に少なからぬ影響を与えている母親自身が,どのようなライフコースを持っているかを明らかにし,さらにそれを娘の理想とするライフコースと比較することによって,未来に向かっての流れを探ってみよう。母と娘の時代性による影響と,娘の特性による差異を中心に検討したい。

母親の現職

　母親の年齢は調査の中で聞いていないが,娘の年齢から推定すると,40歳代後半から50歳代前半が中心であろう。彼女たちの職業キャリアを検討するために,まず,現在の就業状況について見てみよう。図8-6は,母親の現職に関する円グラフである。無職は37.7%で,特に専業主婦としたものは36.8%である。何らかの形で働いているものは58.4%で,最も多いのは雇用されている人(39.9%)である。しかし,その5分の3強はパート・アルバイト・臨時雇いで,母親全体の中に占める常雇の勤務者は14.2%に過ぎない。自営主または家

図8-6 母親の現職(%)

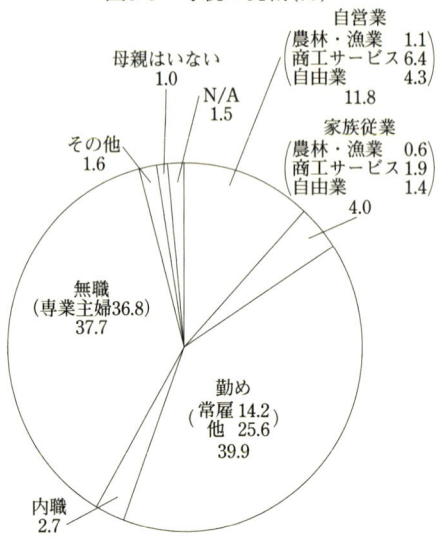

```
自営業
 農林・漁業   1.1
 商工サービス  6.4
 自由業     4.3
         11.8

家族従業
 農林・漁業   0.6
 商工サービス  1.9
 自由業     1.4
         4.0
```

- 母親はいない 1.0
- N/A 1.5
- その他 1.6
- 無職（専業主婦36.8） 37.7
- 勤め（常雇14.2 他25.6） 39.9
- 内職 2.7

族従業者として自営業に就いているのは約16%となっている。全国統計による1987年の45～49歳女性の労働力率は68.4%, 50～54歳のそれは61.8%であるが，東京都の1987年における有業率は40～54歳で60.4%となっており，女子有配偶者の有業率は，1987年現在で全国51.0%，東京44.9%である（昭和63年度版『都民女性の現状』, 55, 57, 65頁，『都民の就業構造』25頁）。われわれの対象者の母親の有業率は，類似の年齢層と比べると，女子全体の全国平均より低い東京都のそれをやや下回るが，有配偶女子に限定すると，東京の平均はもちろん全国の平均よりも高い。対象者の5.6%が父親を失っているので，その分を割り引いてみても，母親たちの有業率はかなり高いといえる。

ライフコース・パターンの2世代比較

図8-7は母親が実際に経験したライフコース・パターンをまとめたものである。母親の成人期における軌跡を少なくとも結婚と就業に関して知っている娘が97.8%もいることは，母娘のコミュニケーションのよいことをうかがわせる。

仕事継続型が21.9%いるが，現職から推測すると，常雇勤務と自営業従事者がその中心ではないかと思われる。再就職型が合計で27.3%いるが，出産より

図8-7　母親のライフコース(%)

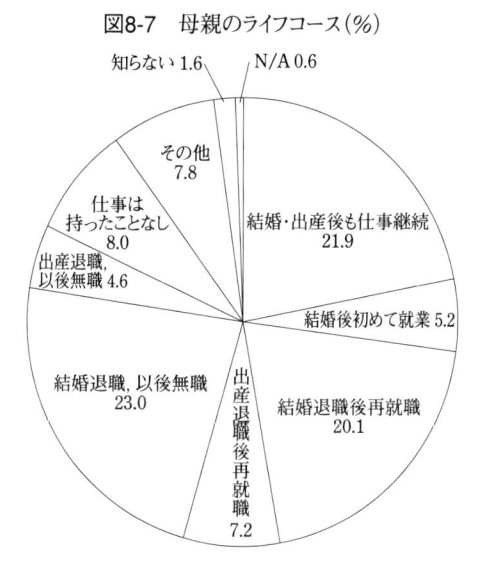

- 知らない 1.6
- N/A 0.6
- その他 7.8
- 仕事は持ったことなし 8.0
- 出産退職,以後無職 4.6
- 結婚退職,以後無職 23.0
- 出産退職後再就職 7.2
- 結婚退職後再就職 20.1
- 結婚後初めて就業 5.2
- 結婚・出産後も仕事継続 21.9

も結婚を機に退職したものが多数派であることは，彼女たちが結婚したと思われる時代の一般的な結婚観や人生観をを反映していると考えられる。退職後仕事に就いていない場合も，退職の契機が出産よりも結婚の方が多数派であることから，それがうかがえる。

　結婚後初めて仕事に就いたものも含めて，既婚の女性という立場で就職をしたものが32.5%を占めている。第二次大戦前には平均5人の子どもを生んでいた日本の女性が，現在では2人以下というように，少産化が進んできたが，この母親たちは，その少産化の「走り」世代である。そして同時に，長寿化の走り世代ともいえる。つまり，日本の女性のライフサイクルが，末子の成長を見ずに死亡するという「子生み子育て役割」を中心とした成人期のパターンから，末子成長後死亡までが長期化した，脱育児期の比重が増大したパターンに移行したことを証明した世代である。この世代によって，「主婦の再就職」が一般化してきたといっても過言ではあるまい。

　娘世代の理想とするライフコースは，図8-8に見るとおりである。実際にどうなるかは別として，若い就業女性の理想の生き方についての選択である。仕事継続型は2割，結婚または出産を機に退職して，後は仕事を持ちたくないと

図8-8 理想のライフコース(％)

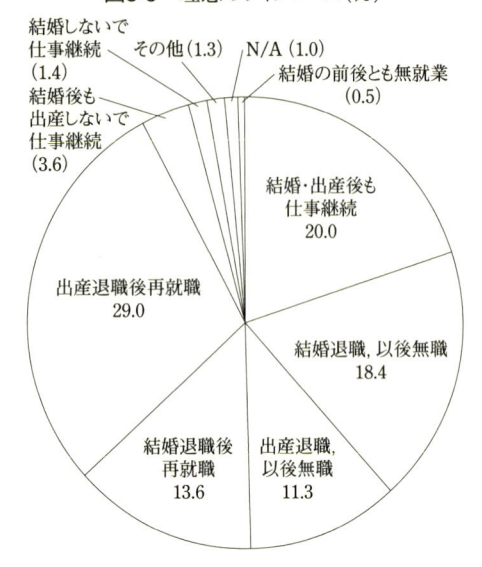

- 結婚しないで仕事継続 (1.4)
- その他 (1.3)
- N/A (1.0)
- 結婚の前後とも無就業 (0.5)
- 結婚後も出産しないで仕事継続 (3.6)
- 結婚・出産後も仕事継続 20.0
- 出産退職後再就職 29.0
- 結婚退職,以後無職 18.4
- 結婚退職後再就職 13.6
- 出産退職,以後無職 11.3

いうタイプが約3割,再就職型が4割強である。結婚や出産をしないで仕事を続けたいのは5.0％で,全体としては96.3％が結婚することを前提として人生を考えているようである。

再就職希望は42.6％であるから,母親世代に比べると10％多い。母親たちが結果的にそうなった面があるのに対し,娘たちの間では,再就職型の生き方が定着してきたといえる。ただ,一度退職する際の契機は,母親世代とは逆に「出産」が多数派である。女は結婚をしたら家に入る,という結婚観は徐々に影を潜め,現代の若い女性にとっては,育児と仕事の間の選択が重要なポイントとなっていると見られる。

仕事継続型が結婚や出産の有無を問わず25.0％であるのに対し,それ以上の回答者が遅くとも出産後は仕事を持ちたくないという。誰が,どのタイプのライフコースを求めているのかについて,次項で見てみよう。

本人の特性とライフコース

本人の特性については,前節と同様に有意差のあるもののみを取り出した。まず,母親のライフコースとの関連を見てみよう(表8-5)。まず,母親の結

表8-5 母親のライフコースと本人の特性*

*有意なもののみ取り上げた。

本人の特性＼母親のライフコース	仕事継続型	人生後半有業	結婚・出産退職	就業経験なし	知らない
20歳以下					○
中・高・各種学校					○
大学・大学院			○	○	
女子校	○				
医療	○				
事務職			○		
勤め先に満足			○		
〃　不満	○				
総合職コース			○		
専門職コース	○				
成功観職業志向のみ	○				
理想のライフコース仕事継続型	○				
再就職		○			
結婚・出産退職			○		

婚・職業歴について1.6％が知らなかったが，それは20歳以下，中・高・各種学校グループが中心であった。母親が「就業経験なし」「結婚・出産退職」といった専業主婦型は，大学・大学院グループとの相関が強い。母親が結婚や出産を機に家庭に入って専業主婦となったタイプでは，本人の特性としては高学歴の他に，事務職，勤め先に満足，総合職コースなどがある。母親が「仕事継続型」の場合，本人の特性としては女子校出身，医療業，勤め先に不満，専門職コース，職業を中心とする成功観などがあげられる。

母親と本人のライフコース・パターンの相関は，見事にマッチしている。母親が仕事継続型であれば娘も継続型，母親が再就職型は娘も再就職型，そして，母親が結婚・出産退職型では娘も同様に結婚・退職型となっているのである。

次に，本人が理想とするライフコース・パターン別に，誰がどのパターンを理想としているか，検討してみよう（表8-6）。

まず，4人に1人が理想としている「仕事継続型」であるが，表に示されるように，24～5歳，高学歴，男女共学校出身，教育・公務業種，専門・技術職，高収入，仕事内容で仕事を選び，勤め先に満足，総合職コース，昇進志向あり，

表8-6 特性*別理想のライフコース

N=936

*有意な出現率のもののみ取り上げた。

特性	理想のライフコース	仕事継続型	再就職型	結婚出産退職型	無就業型	その他	N/A
	全体（％）	25.0	42.5	29.7	0.5	1.3	1.0
	20歳以下			○			
	22歳		○	○			
	24歳	○					
	25歳以上	○					
	中・高・各種			○			
	短大・高専			○			
	大学・大学院	○					
	男女共学	○					
	女子校			○			
	電気・ガス・熱・水道			○			
	卸売・小売，飲食店			○			
	情報サービス・調査・広告		○				
	医療		○				
	教育	○					
	公務	○					
	専門・技術職	○					
	販売・サービス職			○			
	150万円未満			○			
	300万円以上	○					
	仕事内容	○					
	人間関係			○			
	イメージ			○			
	満足	○					
	不満			○			
	総合職コース	○					
	専門職コース		○				
	昇進志向　管理職として	○					
	〃　　　専門職として	○					
	昇進したいと思わず			○			
	差別感少ない	○					
	〃　　多い	○					
	人間としての職業	○					
	社会志向あり	○					
	転職経験なし			○			
	〃　　あり	○					
	平等・自立志向あり	○					
	〃　　　　なし		○				
	相談　先輩・専門家多い	○					
影響	上司・先輩・先生	○					
	いない		○				
成功	家族志向のみあり		○				
	職業志向のみあり	○					
母のライフコース	仕事継続型	○					
	人生後半有職		○				
	結婚・出産退職			○			

第8章 均等法第一世代のキャリア形成とネットワーク

職場での差別感少ない，本人の就職理由は人間として職業を持つことが大切と思う，「女性の職業」観に社会志向や平等，自立志向があり，転職経験あり，相談したり頼ったりする人は先輩や専門家，人生で影響を与えられた人も上司や先輩・先生など家族以外の人生の先輩たち，社会的成功については職業中心にとらえ，そして母親のライフコース・パターンは仕事継続型，である。もちろん，仕事継続型を理想とする女性が，上にまとめた特性をすべて備えているわけではない。しかし，ここから浮かび上がってくるイメージとしては，比較的訓練を要するタイプの仕事を，女性も働くことが当然であるとして選び，その仕事をする上で向上心を持ち，したがって問題があっても不満につながらず，家族外の人々とのつながりを資源として活用する，といった女性である。母親のライフコース・パターンと同型であることはすでに見たとおりである。

2.4人に1人が理想とする「再就職型」は，最近の日本女性の間で最も好まれているタイプである。このライフコース・パターンを好む本調査対象者たちは，22歳，情報サービス・調査・広告業，医療，専門職コース，「女性の職業」観に平等・自立志向なし，そして，母親のライフコース・パターンは人生後半で仕事に就いている再就職型である。これといった特徴が浮かび上がってこないタイプの女性としておこう。

第三の「結婚退職・出産退職型」は3.4人に1人が理想のコースとしている。このタイプを支持する女性たちの特徴は，22歳まで，中高および短大・高専教育，女子校出身，電気・ガス・熱・水道関係および卸売・小売，飲食店業，販売・サービス職，現職の選択理由は人間関係や企業イメージ，勤め先には不満を感じ，昇進したいと思わず，職場での差別を感じる，転職経験なし，人生に影響を与えられた人はいない，社会的成功を家族と関わる生き方を基準としてとらえ，母親のライフコースは本人と同様に結婚・出産退職型である。彼女たちのイメージは，特別の訓練を要しない職業に比較的若くして就き，女子校・短大式の女子教育を受け，特に好む仕事というわけでもない仕事に就いたので不満は不満として感じる，そして，いずれ家庭に入るからと同じ職場にとどまり，女の社会的成功は家族としあわせに暮らすこと，といったタイプの女性である。

6 家族キャリアと職業キャリアの同調に向けて

　性差別の根源は，家族役割と生産役割の間の分業が，性を基準として固定化された構造にある。その構造の具体的な表現の一つが，職業と女性の関係である。女性の就労が古今東西普遍的に見られる現象であるにもかかわらず，職業世界における性差別もまた普遍的な事実である。

　現代日本の女性は，少産・長寿による脱育児期の長期化という変化の中で，家族役割の内容や時間配分の再考を迫られている。同時に，生産役割の欠かせない担い手として，その役割を受動的に受け入れるのではなく，権利として手に入れることを主張する時流にあるといえる。

　男女雇用機会均等法は，雇用機会における男女平等を実現するための法的手段である。その評価についてはここで論及しないが，この法律の施行によって，問題が浮上する形でその影響が出現してきているようである。

　本調査の結果から，ネットワークのタイプが拡散型でサイズ大であることや，家族外の人生の先輩とのつながり，職場での昇進志向，自由時間における学習志向，高学歴，職業継続型のライフコース志向などが相互に関連のある項目である傾向が明らかになった。また，中等学歴，ネットワークの孤立型，ネットワーク・サイズの小さいこと，職場への不満，非専門的職業などの項目が相互に関連していると見られる。

　今回の考察において，職場における構造的な問題が，就業後間もない若い女性たちの意欲を低下させるという図式と，高等教育と職種の選択を長期的な就業に結びつけ，職場の受け入れ体制の中で男性と競合する一方で家族志向の薄弱さをともなうという図式が，同時に存在していることがうかがえた。最も人気のあるライフコース・パターンは，育児に専念する時期を除いて就業するというタイプであるが，中年期の再就職を不利にしない基本的に柔軟な社会構造を早急につくることによって，家族と職業の二つのキャリアの同調が容易になる。同時に，家族役割を中核にすえた女性役割の観念が，社会規範のレベルではもちろん，女性個人の中で変革しなければならない。

　この考察から明らかになった点で最も興味深いのは，対象者本人の理想とす

るライフコース・パターンと母親の実際に経験したライフコース・パターンの間に，直線的な正の相関が見られたことであり，母娘の関係と世代差について，さらに検討をする必要を示していると思われる。

III

第 9 章

ライフコース
——社会学の視点——

1 家族研究におけるライフサイクル視点

　人の一生は，出生から死に至るまでに経験する種々の出来事が相互につながりあって描かれる軌道のようなものである。それは「生命」の「生涯」の展開であり，「生きる」というダイナミックな過程である。そこには，特定の時点で現われる生活のスタイルや構造は過去の生活の上に成り立ち，さらに未来の生活を方向づけるという，時間の展開にともなう事象の経過と発達という発想が含まれている。
　ライフサイクルの視点は，人の生涯に焦点を置いたもので，人の生涯にみられる繰り返しの規則性に着目するものである。たとえば，労働者の一生にみる経済的浮沈や農家の家族構成と農場面積および暮らし向きの変化の相互関連を明らかにした研究は，ライフサイクルの古典的研究である。そして，この繰り返し現象の規則性を前提として，人の生涯をいくつかのライフステージのワンセットとみる傾向が強まってきた。生涯の主体は必ずしも個人とは限らず，集団研究を第一の目標とする社会学者たちは，家族などの集団を分析単位とすることで，家族ライフサイクルという用語を一般化させた。生活主体を家族とすることで，結婚，第一子の出生・入学・離家，末子の出生・入学・離家，夫の退職・死亡などを中心とする家族生活上の出来事を基準にして家族のライフステージを刻み，各段階の移行にともなう家族員の役割移行や，家族としての課題達成に注目してきたのである。ライフサイクル研究においては，家族生活上の出来事が経験される時点は，すべての家族が斉一的に段階移行を行なうかの

ように中央値で代表させ，また，出来事が経験される順序も一定という前提のもとに，モーダル（典型的）な家族の生涯を対象としていたわけである。つまりは，特定の家族ライフサイクルが通常性が高いということで，それが一種の期待されるパターンとされ，それ以外のパターンは逸脱視されることにつながる立場である。社会規範への整合性と統計的な斉一性に注目することが，ライフサイクルという発想の基盤となっているのである。

2 ライフサイクル視点の限界

日本の家族社会学において，家族ライフサイクル論が定着しはじめた頃，三木内閣の「ライフサイクル計画」によって，ライフサイクルという言葉が短期間で日本社会に普及した。むしろ，概念としてのこの言葉の内容が吟味される暇もなく，一種の流行語として独り歩きしはじめたといってもよい。しかし，その頃には，ライフサイクルの視点がもつ限界はすでに指摘されており，社会情勢も，その限界を超える視点を必要としていたのである。では，ライフサイクル研究の限界とは何だったのか。

まず第一は，ライフサイクル視点は「正規」のコースから外れた家族を除外したものであるため，行動様式の多様化がみられる社会の現実の動きを把握するための有効な枠組みを提供しない，という点である。家族の発達段階を平均値で刻んだり，標準的な家族構成や発達段階を前提としていることから，子どものない夫婦や晩婚夫婦，第一子や末子の出生が遅い夫婦，離婚した夫婦や再婚夫婦やその子どもたちなどの考察が除外されている。これは，統計的に非標準的な形態の家族を除外視するということだけでなく，最初に標準的なタイミングでスタートしないと，ボタンを掛け違ったように，その他の出来事経験のタイミングがずれて，コースとしての通常性に欠けることから，非標準的なコースの除外視でもある。性別や年齢別の役割や出来事に対する社会規範の拘束性が強い社会や時代においては，モーダルな家族のモーダルな発達コースに照準を定めたライフサイクル視点は有効であるが，その場合でも，個人差や階層差などの内的差異の把握には大きな問題がある。離婚や再婚，同棲などが急増した1970年代のアメリカの状況は，このようなライフサイクル視点の前提に挑

戦するものであった。モーダルな形やコースを外れた家族や規範から外れた家族をも照準の対象とし，多様性を把握できるような視点が要請されることになったのである。

限界の第二は，家族ライフサイクルの研究は，家族を分析単位としてその一生に関心を持つのであるから，家族の集団性を前提としているところにある。前述のアメリカにおける離婚や再婚の増加は，夫婦関係の永続性という神話を崩し，同時に，家族には両親が不可欠だという前提を崩した。そして，家族の成員が離婚や再婚によって交替するところから，家族の一生という場合，どの成員にとってのどの家族かというように特定化することが必要となった。つまり，家族の範囲が，夫・妻・子によって異なる可能性が大きく，夫婦・親子で成り立つ集団の統一性を前提とすることは困難である。

家族集団の中での経済的な相互依存が生活の保証となる状況では，家族のニーズが成員個人のニーズに優先する。20世紀になって豊かな社会を実現させたアメリカでは，個人の価値の追求を家族の要請に優先させることが可能となり，家族の集団性は薄れてきた。そして，1970年代以降の動向は，家族的生活を観察の対象とするに際しても，個人を単位とすることの意味を再確認させたわけである。

第三の限界は，ライフサイクル視点には，歴史的時間の要素が欠けていたことである。個人の一生であれ家族の一生であれ，時間の経過にともなう加齢の様式は，社会的歴史的脈絡によって規定される。つまり，個人の生き方も家族のライフステージの移行も，時代性を背景としているにもかかわらず，ライフサイクル視点は，歴史的特徴に着色されない恒常性の強いパターンに注目したものである。

3 ライフサイクルからライフコースへ

このようなライフサイクル視点の限界を超えるものとして注目されるライフコース視点は，1970年代のアメリカで，明確な研究アプローチとしての形をとることになる。エルダーのまとめによれば，ライフコースの発想は，最初に1900年頃から1940年頃までのアメリカにおいて，人口移動や社会経済発展によ

る都市化にともなう諸問題の研究の中心であったシカゴ学派の一人であったトーマスの生活研究にみられた（Elder [1985]）。アメリカに移住したポーランド農民に関するズナニエッキとの共著において，生活記録をもとに，社会変動と生活史への縦断的なアプローチの重要性を実証した。彼らは，個人や家族の生涯にわたる移行（transition）およびその移行のパターンに注目し，生活の組織化や生活設計といった概念を示している。

　トーマスに萌芽したライフコースの視点は，1960年代後半になってようやく開花しはじめる。この時代においてライフコース研究が独自の研究領域として浮上した条件として，エルダーは次の3点をあげている（Elder [1985]）。第一は，公民権運動や学生運動，女性解放運動などの経験から，社会変動と個人のライフコースとのつながりに対する関心が改めて生じたことである。第二は，加齢に関する理論上の発達が，社会変動と個人の変化との関係の理解を深めたことであり，第三は，実証研究と理論研究が相互に補強し合うような状況が生まれたことである。この間に，歴史的事件が特定コーホートに及ぼす影響は，その事件を経験したライフステージによって異なることを示したライダーや，年齢の概念を明確にしたライリーらの研究成果により，ライフコース視点の理論的基礎がつくられたといえるのである。そして，大恐慌期に子ども時代を過ごしたコーホートのライフコースに及ぼした大恐慌という歴史的事件のインパクトを分析したエルダーの研究（Elder [1974]）は，ライフコース研究のその後の発展を決定づけたといってよい。

4　ライフコース視点とは

　かつて脚光をあびたライフサイクル研究のもつ限界を超えた，ダイナミックな変動分析を可能にするライフコース視点とは，具体的にどのような特徴をもつものか。まず，ライフコース研究が社会学や心理学，社会史学，人類学，社会人口学などの学際的な背景をもって発達してきたために，定義や方法などに関する統一性が必ずしもない状態にある。ライフコース研究の先駆者であり，指導的役割を果たしつづけているエルダーによれば，ライフコースとは「個人が年齢別に分化した役割と出来事を経つつたどる道」（Elder [1977]）である。

第9章　ライフコース

このライフコースは，歴史的・社会的文脈を反映した個人の発達や加齢パターンである。つまり，加齢の様式は社会的・歴史的変化の影響を受けるものであるとする立場に立って，個人レベルと社会的・歴史的レベルの時間軸の同時生起（synchronization）を重視するのである。出生時の異なる出生コーホート（同時出生集団）を比較することによって，時代や歴史的事件のインパクトがそれを経験する個人の年齢によって異なり，その後の人生に及ぼす影響にも差異が生じる様態を分析する道が開かれた。このようなコーホート間比較は，たとえば成人期への移行過程が近代と現代で異なるということを明らかにするだけでなく，わずか5歳や10歳の年齢差がライフコースの軌跡に差異を生む可能性があることの証明にも有効であることから，社会変動研究の前進に大きく貢献するものである。

　人生行路の斉一性の側面を重視することがライフサイクル視点の限界の一つであることはすでに指摘した。ライフコース視点は，斉一性よりも多様性に注目することで，その限界を超えようとするが，その方法として，同一コーホート内の差異（variation）の検出をするコーホート内比較がある。差異を生み出す要因として，学歴や職業，教育程度などの社会的属性や，歴史的事件の経験，個人にとって転機となるような現象やそれに対する評価などが考えられる。このような要因は，コーホート間比較においても重要であることに変わりはないが，コーホート内比較では，同一コーホートが展開する人生行路の多様性の発生メカニズムの分析要因ということになる。

　ライフコース研究においても，ライフサイクル研究と同様に，結婚や子どもの出生，退職といった出来事や，それらが起きる時点（timing）を中央値や平均値で代表させる取り扱いをする。しかしそれは，人生行路の斉一性を前提にするのではなく，その時点が社会的に期待される年齢で生じたのか，あるいはその期待よりも早すぎたり遅すぎたりしたのかという，差異に着目するからである。

　ライフサイクル視点のもう一つの限界とされる歴史的時間の欠落に関して，ライフコース視点がコーホート間比較の方法によって道を開いたことはすでに述べたが，そこに歴史的出来事（historical events）を取り入れることによって，かつてない変動分析を可能にしたといえる。

人の一生は，人生上の出来事が相互につながりあって描かれる軌道のようなものである。出来事には，個人が生まれた時代の特性を背景として，個人の成長過程における年齢や家族関係に規定される標準的なものもあれば，特定の時代や事件に規定される非標準的なものもある。先述のエルダーの研究（Elder [1974]）は，大恐慌という歴史的出来事を経験した時の年齢が異なる二つのコーホートを比較しながら，彼らの子ども時代から中年期までのライフコースを，家族関係や教育，職業，健康，パーソナリティ等にわたって段階的に追跡し，大恐慌の体験とその後のライフコースの展開の様態との結びつきを分析したものである。この研究は，二つのコーホート間の比較とともに，各コーホート内の差異を検出するデザインをもっている。その結果，コーホート間比較からは，大恐慌を経験した時の年齢が比較的若い少年少女たちにとって，恐慌は長期的な影響を残す傾向がみられることが明らかにされた。また，同一コーホート内の差異を生み出す最大の要因は親の経済的剥奪であり，その差異がその後のライフコースの展開にも影響を与えつづけたことが発見された。大恐慌の影響の差異は，各コーホートが青年期において経験することになった第二次大戦とそれに続く朝鮮動乱という別の歴史的出来事とのかかわり方にも影響し，さらに成人期のライフコースの展開をも規定することが，その後の研究で明らかにされている。

戦争という出来事は，歴史的時間軸において生じる非標準的なものである。たまたま戦争を経験する人もいれば，平和な時代に成長し成人期を迎える人々もいる。成人過程に戦争を経験した者とそうでない者とでは，その後の人生にどのような違いがあるか，戦争を生き残った兵士やその家族，銃後の守りを余儀なくされた女や子どもたちにとっての長く尾を引く戦争の影響はどのようなものか，といったテーマは，ライフコース視点ならではの研究設定である。

5　日本社会の変化

現代日本人の生涯を考察する際にもっとも重要な社会的変化は，人口学的要因に求められるといえる。急速な長寿化と出生児数減少にともなって，人生の後期段階が延長したことは，様々な領域の変化に結びつき，日本人の人生観の

再構築を迫っているといっても過言ではない。長寿化という現象を単純に考えてみても、人生の長期化は、単なる期間の延長ではなく、人生の組み立てそのものの変化を意味していることがわかる。つまり、人生についての何らかの長期的展望を必要とする状態になったわけで、「生涯設計」の発想の普及をみることとなったのである。その設計の内容には、それまでにはなかった新しい要素が組み込まれなければならない。たとえば、老年期の夫婦関係や家族内の世代間関係、コーホート間関係などは、人生の長期化によって生み出された新しい人間関係である。夫婦間、親子間、世代間、いずれも従来とは異なる相互支援のあり方が問われる事態となったわけである。また、同じメンバーで構成される家族の中で暮らすことが理念でありつづけるにしても、人生の長期化はその確率を低下させるし、個人の単身生活期間を長くさせることは、証明されている。

このような日本社会の変化は、ライフコース視点が発達したアメリカ社会と同様に、分析の単位を家族集団から個人とすることの妥当性が強まってきたことを示しているといえよう。

6　現代日本人のライフコース

ライフコース視点が日本に紹介されたのは1980年前後であり、その視点をとり入れた研究は、まだ緒についたばかりである。したがって、現代日本人のライフコースを明らかにする作業も始まったばかりである。ただし、ライフサイクル研究によって、近年の寿命の延長と、種々の通常的出来事のタイミングの変化にともなうライフステージの変化はすでに明らかにされてきた。特に女性の出生コーホート別ライフステージの変化については、社会の高齢化問題や、生きがい、自己証明など女性の生き方論との関連で、ある程度把握されている。そのような平均的ライフサイクル・モデルに加え、最近では、女性のライフコース・パターンの検出を試みた作業もみられるようになった。表9-1と図9-1は、横断分析ではあるが、女性のライフコース調査の結果の一部である。表9-1は、成人期への移行に関連する出来事間の期間を年齢別に比較したものであるが、各期間が若年ほど短縮していることや、その短縮の傾向が出来事によ

表 9-1 出来事間の期間（平均値）

区 分	最終学校終了 ↓ 初職就業 （年）	最終学校終了 ↓ 結婚（初婚） （年）	結婚（初婚） ↓ 長子出産 （年）	長子出産 ↓ 末子出産 （年）
全　体	1.7	5.5	1.8	4.8
20歳代	0.1	3.9	1.7	2.6
30歳代	0.1	5.5	1.4	3.6
40歳代	1.8	5.6	1.6	4.5
50歳代	3.0	5.8	2.1	5.1
60歳代	3.7	5.7	2.1	6.7

図9-1　年齢別ライフコース・パターンの構成比

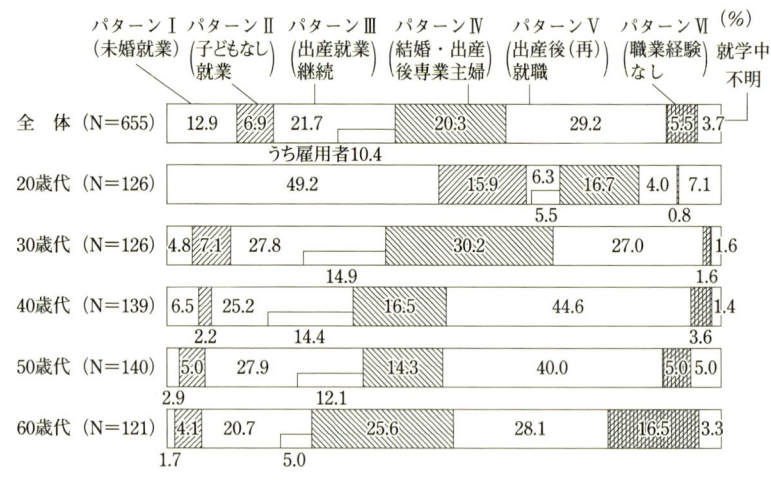

	パターンⅠ （未婚就業）	パターンⅡ 子どもなし 就業	パターンⅢ 出産就業 継続	パターンⅣ 結婚・出産 後専業主婦	パターンⅤ 出産後(再) 就職	パターンⅥ 職業経験 なし	(%) 就学中 不明
全体 (N=655)	12.9	6.9	21.7 うち雇用者10.4	20.3	29.2	5.5	3.7
20歳代 (N=126)	49.2		15.9 / 5.5	6.3	16.7 / 0.8	4.0	7.1
30歳代 (N=126)	4.8 / 7.1	27.8	14.9	30.2	27.0	1.6	1.6
40歳代 (N=139)	6.5 / 2.2	25.2	14.4	16.5	44.6	3.6	1.4
50歳代 (N=140)	5.0 / 2.9	27.9	12.1	14.3	40.0	5.0	5.0
60歳代 (N=121)	4.1 / 1.7	20.7 / 5.0	25.6	28.1	16.5	3.3	

出典：経済企画庁国民生活局編［1987］

って異なることが示されている。若いコーホートほど，学卒直後に初就職をし，また学卒から結婚までの期間も短縮し，出産期間も短くなっていることがわかる。つまり，成人期への移行過程が全体に短縮したということである。また，ライフコース・パターンについては，60歳代で「職業経験なし」が比較的多く，「再就職」型は50歳代以下が多いところから，女性の生涯にわたる就業パターンの変化が，60歳代と50歳代のところで生じたことをうかがわせる。（図9-1）。

　上の調査に先立って行なわれた初めてのライフコース調査（目黒［1987a］）

から導かれた結論は次の通りである。日本の女性は，第二次大戦後，男性に付随する存在としての制度的位置づけから解放されたにもかかわらず，父親の地位によってその人生上の機会を規定され，結婚の時期や相手の選択も規定された。また，結婚後の生き方は夫の生き方に規定されている。そして，人生上の出来事を経験するタイミングは，若年コーホートほど学卒年齢は高く初婚・長子出生・末子出生の年齢は低い。また，ライフコース・パターンを専業主婦型と共働き型に二分した場合，本人の年齢差や親の社会・経済的地位よりも夫の職業によってより強く影響される。この調査は，静岡市在住の46歳～64歳の男性とその配偶者を対象に，1982年～84年に実施されたが，男性の成人期への移行のパターンとその期間については，表9-2と9-3の通りである（森岡・青井［1987］）。コーホート間の差異がある程度みられるが，日米比較にみる差異は著しいものである。

さらに，歴史的出来事としての第二次大戦がライフコースに与えた影響に関する知見も，多少ながら蓄積されつつある。図9-2と9-3は，上と同じ静岡データを用いて日米比較をしたものである。日本の場合，年齢によって戦争中の体験の内容が兵役や動員というふうに異なるが，成人期への移行期間がアメリカに比べて著しく長いこと，そして，若いコーホートの方がその期間が短いこと，などがわかる。移行期間の短縮という傾向が，男女ともにみられるのである。

戦争体験は兵役や動員に限られるわけではない。家族の兵役や死亡，空襲や疎開などは，子どもたちにとっては危機的体験として重要である。前述の静岡研究やエルダーの「大恐慌の子どもたち」の研究から得られた知見は，人生の比較的初期における経験の方が，成熟度が増してからの経験よりも，長期的影響として残るのではないか，というものであった。その「経験」を「戦争関連体験」に限定して第二次大戦の影響の検証を1931～37年出生コーホートを対象に行なった結果，戦争関連体験の度合いによって，その後の人生に与える影響が異なる，という傾向が浮かび上がってきた。このような成果をもとに，戦時中に学童期を過ごしたコーホートのライフコース・パターンが，いかに戦争関連体験の度合いによって影響されるかを明らかにする試みが続けられている。この研究（目黒［1988c］）の対象者は，東京近郊在住の1933～34年生まれの男

表9-2 成人期への移行における出来事の順序

出生コーホート	日本			アメリカ		
	A	B	C	A	B	C
1908～12年	—	—	—	72.6	19.2	8.2
1913～17	—	—	—	71.6	18.3	10.1
1918～22	91.2	7.0	1.8	65.7	18.1	16.2
1923～27	97.5	2.5	0	61.8	17.5	20.7
1928～32	91.0	9.0	0	59.5	18.0	22.6
1933～37	90.8	9.2	0	58.0	19.0	23.0
1938～42	—	—	—	58.3	18.9	22.7

注：A……学校教育修了→初就職→結婚
　　B……初就職→学校教育修了→結婚 または 学校教育修了→結婚→初就職
　　C……初就職→結婚→学校教育修了、または、結婚→学校教育修了→初就職または、結婚→初就職→学校教育修了

表9-3 成人期への移行期間（年）

	出生コーホート	日本	アメリカ
	1908～12年	—	16.1
	1913～17	—	14.4
C_1	1918～22	15.2	12.5
C_2	1923～27	15.0	11.0
C_3	1928～32	14.2	10.6
C_4	1933～37	13.9	9.7
	1938～42	—	8.9

出典：森岡・青井編［1987：321, 323］

女123人である。彼らは，学童にとってもっとも酷い疎開や空襲といった戦争関連体験をもち，15年戦争の中で生まれ育ち，一般的には非通常的出来事である戦争を日常的環境として育ったコーホートである。また，尋常小学校から国民学校へ，そして大戦後の新制中学へ，という学制の変化をすべて体験している希少なコーホートである。

彼らのライフコースにおける戦争関連体験の影響は，その出現形態に男女差がみられたことである。親の社会経済的地位が子どものライフ・チャンスを規定する際に，戦争体験の度合いが媒介要因となり，特に女子についてその傾向が強い。また，男性は，子ども期の戦争体験という苦しみを相対化させることによって現在を肯定的に評価する傾向があり，戦時中の意味づけについても肯定的なものが女性に比べ多い。女性の場合，戦争体験の度合いが大であるほど，

図9-2 年長コーホート日米兵役別青年期における人生軌道
（静岡1918〜24年, オークランド1920〜21年）

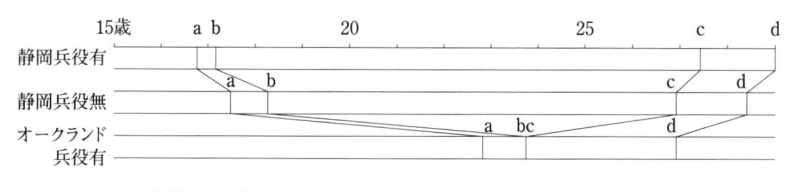

a 学校終了　b 初就職　c 初婚　d 第1子出産

図9-3 若年コーホート日米兵役・動員別青年期における人生軌道
（静岡1927〜32年, バークレー1928〜29年）

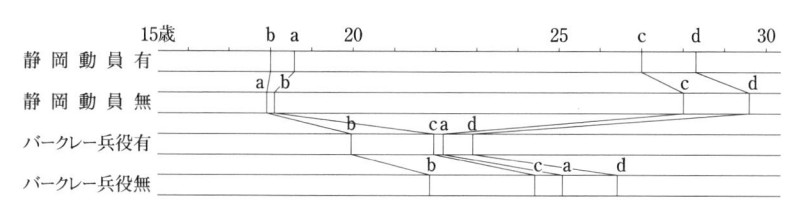

出典：目黒〔1987c：334, 335〕

戦時中という人生上の時期に対する評価が低いという傾向がはっきり出ている。

また，学童期の戦争体験だけでなく，第二次大戦を通して経済的剝奪を経験したものは，成人期への移行のタイミングや人生観などに関しても，経済的剝奪が少なかったものとの差異を示している。より詳細な分析が待たれるところである。

アメリカのライフコース研究は，19世紀から20世紀にかけてのアメリカ人の生き方が，家族・親族の個人に対する拘束が弱まり，教育や職業などの領域における制度的拘束の規定性が強まってきた，という社会的文脈の中で変化したことを示している。そして，学校終了や結婚，就業といった人生上の出来事を経験するタイミングや出来事の経験順序に，多様性がみられることを明らかにしている。これまでに描くことのできた日本人のライフコースは，その変化の方向においてはアメリカのそれと似た傾向を示しているが，出来事経験のタイミングや順序においては，かなりの違いが認められる。しかし，個人を単位として人々の生涯をとらえることが妥当である方向に日本社会は変化しており，

代表的・典型的人生コースを最優先するのではなく，多様なコースを選択肢として組み入れた社会システムの構築をする時期に来ているといえよう。

第10章

男性のライフコースと戦争

1 課題・考察の視点と方法

　人の一生は，子ども時代から成人後を通して経験する種々の出来事が相互につながり合って描かれる軌道（trajectory）のようなものである。出来事には，個人が生まれた時代の特性を背景として，個人の成長過程における年齢や家族関係に規定される標準的な性格のものもあれば，非標準的なものもある。戦争という出来事は，歴史的時間軸において生じる非標準的なものである。たまたま戦争を体験する人々もいれば，平和な時代に成人期を迎える人々もいる。成人過程に戦争を体験した者と，そうでない者とでは，その後の人生にどのような違いがあるだろうか。戦争の代償として最も目につくものは死や破壊である。しかし，生き残った戦争体験者やその家族における長く尾を引く影響については，まだ十分な分析が行なわれてはいない。第二次大戦後の40年間のライフコースは，戦争体験によってどのような影響を受けたのだろうか。本章では，日米両国の比較を通して，戦争体験と男子のライフコースとの関連を考察する。

　1960年代のアメリカにおいてライフコース研究が独自の研究領域として浮上した条件として，エルダーは次の三つをあげている。第一は，社会変動と個人のライフコースとの結びつきについての再認識と関心が高まったこと，第二は，社会および歴史における年齢についての理解に基づく理論上の発達が，社会変動と個人の変化の関係の解明に役立ったこと，そして第三は，実証研究と理論研究の相互作用が増大したこと，である（Elder [1985：26]）。このようなエルダーの把握は，彼の代表的研究である世界大恐慌を体験した子どもたちのライ

フコース分析に具体化されている (Elder [1974])。大恐慌を体験した時の年齢が異なる二つのコーホートを比較しながら，対象者の子ども時代から中年期までのライフコースを，家族関係や教育，職業，健康，パーソナリティ等にわたって段階的に追跡し，大恐慌の体験とその後のライフコースの展開の様態との結びつきを分析したものである。

この大恐慌の子どもたちは，景気の回復を経て，やがて第二次大戦を経験することになる。年長コーホートはすでに成人し，大多数が従軍し，若年コーホートも大戦終盤には兵役に従事する年齢に達し，実際に従軍した者も3分の1程度いる。大恐慌時代を「子ども」として過ごした彼らは，第二次大戦を成人への移行期に過ごし，続いて朝鮮動乱およびヴェトナム戦争の時代をも生きてきたのである。エルダーの研究対象となったコーホートは，経済恐慌や戦争を，その一生の大部分において次々に体験してきたわけで，とくに子ども期や青年期を平和な時代に過ごした人々とは異なるライフコースを，その人生の後半において展開していよう。人生上の初期の出来事と後期の出来事をつなげることによって個人のライフコースの再構築を試みるアプローチは，このように激しい社会変動の脈絡の中の個人のライフコースを理解する有力な道具であるといえる。

本章における考察のためのアメリカの資料は，上記のエルダーのものである。年長コーホートは1920年～1921年生まれの男子で，若年コーホートは1928年～1929年生まれの男子である。居住地域がそれぞれカリフォルニア州のオークランドとバークレーであるので，その名称を用いて区別する。いずれもバークレーの人間発達研究所の時系列調査からのものである。今回の比較分析に用いたケース数は，オークランド・コーホートが69，バークレー・コーホートが87である。

日本のサンプルは，静岡調査[1]対象者男子のうち，オークランド・コーホートに対応するものとして1918年～1924年生まれの81ケースと，バークレー・コーホートに対応する1927年～1932年生まれの110ケースである。対象とする出生年の幅をひろくとったのは，分析のためのサンプル・サイズを考慮したためである。出生年対応を試みることにより，同時代に生きる両国の男子のライフコースの類似性や相違を見いだすことが容易となる。残念なことに，静岡調査

の目的は戦争体験とライフコースにのみ絞られていたわけではないので，アメリカ側との全面的比較に耐えるだけの情報を入手していない。したがって，本考察では，両国サンプルに共通の情報を中心としたものにとどまる。諸研究の成果を踏まえ（たとえば，Hogan [1981]，Elder [1984]），二つの命題を検証の目標とする。第一は「戦争による動員は成人期への移行を遅らせ，また再構成させた」，第二は「動員は，家族環境や個人の技能において比較的恵まれない者にとって人生上の機会を拡大する契機となった」というものである。ここでいう戦争による動員とは，兵役および戦争に関連した徴用や学徒動員を含む。

2 戦争体験

まず，戦争体験の内容を，日米四つのコーホートについて見てみよう。アメリカ年長コーホートはサンフランシスコ湾地域の東部オークランドで育ち，5分の3が中間層出身である。それに対し，静岡年長コーホートは，その4割が農家出身である。また，アメリカ若年コーホートはサンフランシスコ湾東部のバークレー出身で，3分の2が中間層の背景をもつ。静岡若年コーホートの3分の1は農家出身で，全体として，アメリカ・サンプルは都市の中間層出身者である。

動員の状況は，静岡年長コーホートの4分の3が兵役を経験しているが，外地体験は4分の1強である。ほとんどが1943年の終わりころまでに入隊している。アメリカ年長コーホートでは約90%が第二次大戦に従軍し，しかも4分の

表10-1　静岡男子の戦争による動員の内容

(%)

動員内容	出生コーホート	
	1918〜24年	1927〜32年
兵役（外地）	26	3
兵役（内地）	51	8
徴用	2	6
学徒動員	4	28
無	17	55
計	100	100

1が戦闘を経験している。そして，その大半は，真珠湾攻撃後の2年間にそれを経験している。日本の徴兵年齢は，1927年の徴兵令全文改正による兵役法が制定され，満20歳とされたが，1943年末に1年切り下げが行なわれ，19歳となった。しかも，在学者の徴集延期期間が1941年に短縮されて3か月入営が早くなり，1943年には，その延期制も廃止されて，学徒出陣が行なわれた（大江 [1981：142]）。アメリカの徴兵年齢は，1940年に18歳と制定されている。

このような年齢制限により，両国の若年コーホートは，ともに入隊するには若すぎた。日本の調査対象者の1割のみが兵役を経験し，学徒動員も約3割である。アメリカの対象者も，第二次大戦中の従軍はしなかったが，彼らの約7割は，後の朝鮮動乱中（1950年～1953年）に従軍した経験をもつ。

アメリカの二つのコーホートは，非標準的歴史的出来事としての大恐慌を体験し，その後，第二次大戦へと巻き込まれていった。日本の二つのコーホートは，大恐慌とほぼ時を同じくする軍国体制の中で，日中戦争に巻き込まれていった。1938年にすでに兵力130万を超えていた（大江 [1981：143]）ことからも，第二次大戦以前の約10年を含めた非標準的歴史的脈絡の中での子ども時代を経験したものとみるべきであろう。しかし日本のサンプルのほとんどは，太平洋戦争中という限られた期間に，徴兵制によって一挙に動員されたという点で，アメリカの経験とは異なる。この点が，先述の第二の命題に関連するところであろう。

さらに日米の戦争体験の相違としては，アメリカ人にとっての戦地は外国であったのに対し，日本の本土は爆撃を受け，食糧，衣料，日用品，住居等の不足に悩んだことは，戦争による日常生活の破壊を経験する度合いに大きく影響する点として重視されなければならない。

年長コーホートが従軍した際の日米両国における戦争と平和に関する思想は対照的ですらあった。オークランド・コーホートはアメリカにおける平和主義の時代に属していた。中学・高校時代の彼らの大半は，「いかなる状況においても我が国は戦争をすべきでないと主張すべきだ」という主張に賛成していた。一方，日本の年長コーホートは，皇国思想に基づく軍国主義を教え込まれ，学校教育における軍国思想の普及という環境の中にどっぷりと浸ることを余儀なくされていた。

このような思想状況であったにもかかわらず，オークランド・コーホートの兵役経験者は静岡コーホートより多いことはすでにみた通りである。入隊は個人の独立を意味すると考えられているが，それは，たとえば結婚や子どもを持つことを遅らせるといった，一種の依存期間の延長を示唆する面も含まれるようである（Hogan［1981］）。

　若年コーホートの場合，両国間の相違は年長コーホートに比べると少ないようである。バークレーと静岡の少年たちは，戦時下の圧迫と不安の中で育ったのである。日本の都市部における状況は，バークレーよりは厳しいものであったにしても，後者においてもやはり米軍西部司令部の下での戦時体制下にあった。戦争のための自己犠牲を尊ぶアメリカ少年の理想像は，当時のサンフランシスコ市国防委員会発行のニュースレターからうかがうことができる（Elder［1984：8-9］）。

　戦争のために青少年が果たす積極的な役割として，紙屑・金屑，脂肪，衣類，本などの回収があった。バークレー調査の記録によれば，少年たちの仲間うちの会話で人気のあった話題は，女の子や学校のことよりも戦争のことであったという。戦争に魅せられた少年たちにとっての最大の関心事は，いかにして「規定以下の年齢」で入隊するかであった。そして，日系米人の強制収容や反日プロパガンダ，軍需産業における黒人の大量雇用などはバークレー・コーホートの青少年時代を大きく塗り変えたのである（ibid.：10）。

　静岡の若年コーホートの少年時代に関する具体的なデータは欠けているが，一般論としては，当時の少年たちにとって，学校は教育に専念するところではなく，校庭を耕して食糧不足を補い，また，農家や工場の手伝いに動員される日々であった（Lebra［1984］）。学徒動員は，学校時代の学習内容を空白にした経験であったといえよう。

　日中戦争以後の10年にわたる戦時状況の下で，食糧不足は，発育盛りの子どもたちの栄養失調という，長期的な被害を結果した。このような被害を免れた同年代の子どもたちに比べ，彼らは身長・体重ともに劣るといわれる（Havens［1978：145］）。第二次大戦中を小学生・中学生として過ごした静岡若年コーホートは，近年，その自殺率の高さで話題とされる50歳代である。自我形成における戦争の恐怖や窮乏の体験の影響は，その体験が小・中学校時である方が大

きく,「この世代のほとんどは皇国少年・少女として,国のために生命を捨てることを辞さない次の兵士および銃後の戦闘員として教育され」,ガンバリズムと背のび主義という戦争の後遺症を引きずっている(寺井 [1985b：21-22])という見方もある。人生なかばの50代の死は,遅れた戦死というべき(ibid.：23)といえるかもしれない。

戦争中のさまざまの体験は,年齢を問わず静岡の男子たちが共有するもので,とくに空襲,戦災,家族の疎開などの経験率の高さは,戦時下の都市家族の非常状況を示すものである。

アメリカが日本に対する勝利を収めて終戦を迎えたことは,兵役経験者の人生および人生観の日米差を大きくかけ離れたものにしたといえる。アメリカの兵士たちは,国民に支持された戦争に勝って帰国し,名誉ある英雄として迎えられ,戦勝景気に沸く社会への復帰であった。とくに,比較的若くして入隊したグループで「(市民に)感謝されていると感じた」割合が高い(入隊時21歳以下のグループで67％)。また,自分自身の入隊を肯定的に受けとめている者の割合は,若年入隊者で77％,22歳以上で入隊したグループで63％となっている。社会全体が兵士たちの働きに感謝していると受けとめる復員軍人たちの割合は,朝鮮動乱の経験者のそれに比べ第二次大戦時の兵士たちの方が格段に高いことから,第二次大戦の意味の日米差が浮き彫りにされるのである。

敗戦国日本の経済は破滅状態で,軍国主義という思想的柱も崩壊し,戦後混乱期の生活窮乏は,すべての日本人が体験し,静岡の男子も例外ではない。しかし,それにもまして戦争直後の日本を特徴づけたのは民主主義の導入であった。静岡の男子の中で民主主義の導入によって最も影響を受けたのは学徒動員を体験したグループであった。その意味は多様で,民主主義の導入によって困惑した者と奮起した者が若年コーホートにおいては同率(3割)であった。

3 戦争による動員とライフコース

日米間およびコーホート間の比較のために,表10-2と10-3にみるような成人期への移行に関する出来事の発生時機および順序,教育程度,職業経歴における特徴に限定して検討してみよう。学校修了,初就職,初婚,第1子出生の

表10-2 兵役経験別日米年長コーホートにおけるライフコースの諸側面

ライフコースの諸側面	静岡サンプル：1918〜24年		オークランド・サンプル：1920〜21年	
	有	無	有	無
出来事時の年齢：x̄				
学校修了	16.8	17.4	22.8	――
初就職	17.1	18.1	23.7	――
初婚	27.4	26.9	23.7	――
第1子出生	29.0	28.5	26.9	――
子ども数：x̄（含養継子）	2.3	2.8	3.0	――
教育*：％				
高	16	28	60	――
中	36	11	20	――
低	48	61	20	――
	100	100	100	
職業生活：％				
ホワイトカラー（現職）	59	50	93	――
1回以上の昇進	41	50	――	――
1回以上の転職	66	56	28	――
N	63	18	65	4

＊オークランド・サンプルの教育程度は「高」は大学卒以上，「中」は大学中退，「低」はそれ以下，静岡サンプルでは「中」は新制高校卒相当，「高」はそれ以上，「低」はそれ以下。

　四つの出来事を経験した時の年齢とその順序をコーホート別に図示したのが図10-1と10-2である。兵役を経験する年齢によって，その他の青年期の出来事を経験する時機が影響されるのは，日米ともにいえることであるが，両国ともに兵役経験者の大半は20歳代初期にそれを経験している（静岡コーホートのうち，兵役経験の年齢を確認したのは，1983年補充調査の対象に含まれた33ケースのみであるが，18歳が1人で残りは20歳以上24歳まで，20歳は9人，21歳が13人で，中央値は20.5歳であった）。日本の兵役は徴兵制によるものであったので，出身家族の背景を動機づけとする入隊の「機会拡大」命題は該当しないと考えてよい。しかし，入隊の時機が日米で類似しているにもかかわらず，その他の出来事の発生時機には大きな差がみられるのである。

　過去1世紀にみられるアメリカ人男子のライフコース・パターンは，重要な出来事を経験する時間の幅が大であったものが一時期に圧縮される形となっている（Modell, *et al.* [1976]）。成人初期の主要な出来事である学校修了，就職，

表10-3 兵役・動員経験別日米若年コーホートにおけるライフコースの諸側面

ライフコースの諸側面	静岡サンプル：1927〜32年（1928〜29年）		バークレー・サンプル：1928〜29年	
	動 員 有	無	兵 役 有	無
出来事時の年齢：$\bar{x}$				
学 校 修 了	18.5(18.8)**	17.9(16.2)	25.0　p<.05	22.0
初　就　職	18.0(18.3)	18.0(17.0)	21.7　p<.05	19.9
初　　　婚	26.9(28.1)	27.9(27.5)	24.2　p<.01	21.8
第 1 子 出 生	28.1(29.6)	29.5(29.7)	26.2　p<.01	22.7
子供数：$\bar{x}$	2.0(2.0)	2.1(2.1)	2.6	2.4
教育*：%				
高	26(37)	24(12)	38	54
中	48(41)	33(25)	19	30
低	26(22)	43(63)	42	17
	100(100)	100(100)	100	100
職業生活：%				
ホワイトカラー（現職）	71(74)	65(63)	75	92
1 回以上の昇進	49(48)	33(33)	—	—
1 回以上の転職	51(51)	46(46)	48	45
N	38(27)	72(16)	21—26	52—67

*　表10-2の脚注*参照
**　1928〜29年コーホートでは p<.05

図10-1 年長コーホート日米兵役別青年期における人生軌道
（静岡 1918〜24年, オークランド 1920〜21年）

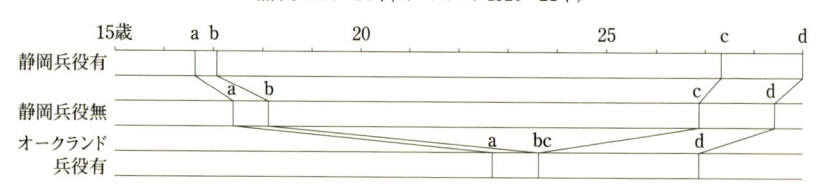

```
          15歳      a b        20              25      c   d
静岡兵役有 ─────────┬─┬────────────────────────┬───┬──
                   a  b                          c   d
静岡兵役無 ─────────────a───b──────────────────────c──d──
オークランド
兵役有    ─────────────────────a──bc──────────d────────
```

a 学校修了　b 初就職　c 初婚　d 第1子出生

　結婚, 親になる, などの経験は, ほとんど20歳代の数年間に集中していることが図10-1と10-2でもみられる。それに対し日本のコーホートのパターンは, 四つの出来事を順次経験して移行を終えるまでの期間が長く, それは19世紀のアメリカ人男子のパターンと似ている（Morgan & Parnell [1984]）。学校修了と初就職は10代後半で経験し, 結婚して親になるのは20代の後半となる。結婚の前に経済的独立を優先させる規範の影響があろうが, ライフコースにおける

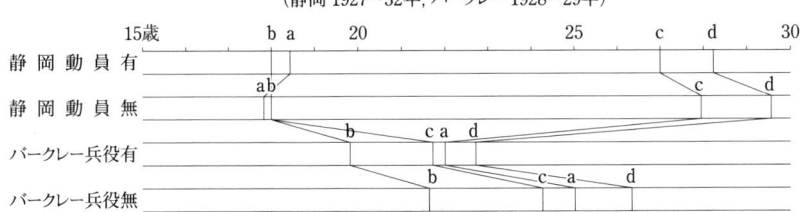

図10-2　若年コーホート日米兵役・動員別青年期における人生軌道
（静岡 1927〜32年, バークレー 1928〜29年）

```
            15歳       b a    20           25    c   d    30
静岡動員有 ─────────────┬──────────────────────┬───┬──────
                      ab                      c   d
静岡動員無 ─────────────┬──────────────────────┬───┬──────
                         b      c a  d
バークレー兵役有 ────────┬──────┬───┬──────────────────────
                         b        c─a       d
バークレー兵役無 ────────┬────────┬─┬──────────────────────
```

a b c d は図10-1に同じ

　兵役，動員の影響は，それがこの比較的長い単身期に経験されるので，アメリカ人男子に比べて少ないといえよう。静岡男子にみられるパターンも，10代後半で学校を修了して就職し，約10年を経た20代後半で結婚し親となる，というものである。彼らが経験した兵役・動員の時期は，学校修了および就職の後で家族形成に関連した出来事の前ということであり，したがって戦争関連の特殊経験は，彼らの家族形成の時期を遅らせることにはならなかったといえる。つまり，戦争経験は彼らの標準的な人生上の出来事経験の流れを変えはしなかったということである。全体の傾向としては，兵役等を経験した時の年齢が成人期への移行期におけるこれらの出来事の順序や発生時機に影響を及ぼしてはいない。

　よほどの長期にわたる兵役でない限り，その経験が家族形成を遅らせることはなかったが，その一例として，外地で兵役に就き，戦後の復員を経験した男性たちの場合がある。外地従軍グループは，兵役・動員を体験しなかったグループに比べると，学校修了と初就職の年齢では差は認められないが，家族形成に遅れがみられるのである。彼らの初婚平均年齢は29歳で，第1子誕生時には平均30.5歳であったのに対し，その他のグループでは，それぞれ27.4歳と28.3歳であった（Meguro [1985b]）。

　人生上の主要な出来事を経験する時機が圧縮されてきたアメリカ人男子にとって，兵役の時機は，その他の出来事の経験時機に少なからぬ影響を及ぼすものと考えられる。われわれのオークランド・コーホートについては，彼らの徴兵時機が1942年と1943年の2年間に限られていたために，成人期への移行パターンやその後の人生コースへの影響に明確な差異を見いだすことはできなかっ

た。

　静岡サンプルは，その父親に比べると教育程度も高くなり，ホワイトカラーの割合も増加している。しかし，兵役経験それ自体が，生き方の選択において機会を拡大する役割を果たしたとはいえない。兵役経験を通して，人生観が変化したり視野が広がった，職業技能を身につけた，といった効果は認められるものの，人生上の段階移行としての出来事の順序や発生時機については，何ら影響をもたらしてはいないのである。それに対しオークランド・コーホートの学歴の高さは著しい。彼らの高学歴の背景に，1944年の軍人再適応法案（通称GI法案）による就学上の特典があったわけで，彼らの半数以上が，退役後に大学あるいは大学院に進んでいる。アメリカの戦後経済ブームが，このような特典を可能にした，という意味で，戦争によってもたらされた社会経済的状況の相違が，日米男子の戦争体験「その後」のライフコースに大きく影を落としていることがわかる。

4　若年コーホートと動員

　徴兵対象の年齢に達していない静岡若年コーホートにとって，戦争体験の中心は学徒動員という形をとった。バークレー・コーホートの場合は，工場や農場での生産活動に動員されることは全くなく，彼らの戦争体験は，専ら兵役という形をとった。1950年代半ばまでに彼らの3分の2が兵役経験をしているが，その大半は朝鮮動乱に参加している。いずれの動員形態も，彼らの出身階層とは直接関連はない。しかし，兵役という形の参加をしたバークレー・コーホートは，少年時代に経験した第二次大戦に対する肯定的，積極的評価に裏づけられた行動をとったことがうかがえる。

　学徒動員はその言葉どおり在学者の動員であるから，若年コーホートにおける動員という形の戦争体験をした年齢は，兵役経験の場合よりも低い。静岡若年コーホートが動員を経験したのは10代の前半から半ばであったことになる。しかも，在学中の動員であるということは，年長コーホートの兵役経験が学校修了後であったことに比べ，成人期への移行パターンに少なからぬ影響を及ぼすことが考えられる。年長コーホートおよび若年コーホートの「動員無」グル

ープでは，学校修了後に就職するというコース展開であるのに対し，学徒動員グループでは学校修了の方が後になっている。動員グループの学歴が比較的高いのは，動員の前提条件から当然得られる結果であるが，バークレー・コーホートと直接対応する1928年～1929年出生コーホートに関しては，動員経験グループの学歴の高さがとくに顕著であることがわかる（表10-3）。この特定コーホートは，学徒動員の対象として「適齢期」にあったと思われるため，特に動員グループの特徴を示していると考えられる。

1928年～1929年コーホートに限定してみると，学徒動員の経験をしていないグループが比較的低学歴で，早く社会人になった割に結婚や親になるといった家族形成が遅い，年長コーホートと類似のコースを歩んでいるのに対し，動員グループは，学卒，就職も遅く，家族形成も遅い。若年コーホート全体（1927年～1932年出生）では，動員グループの家族形成が他のグループよりも早くなっており，時代効果の一つとみることができよう。彼らの教育程度が父親たちに比べて高く，また，ホワイトカラーの割合が多いのも，時代効果とみるのが妥当であろう。

バークレー・コーホートの出身は，入隊組と非入隊組の間に差は認められないが，徴兵制の下で入隊した——つまり入隊が遅かった——者の出身は，比較的高学歴・高収入層であった。しかし，出身をコントロールすると，兵役経験者の教育程度はかなり低下する。入隊が早い者たちは，兵役経験の無い者に比べ，教育程度も高く，社会的な達成度が高い（Elder [1984]）。

全般的にいえることは，静岡の男子のライフコースにはコーホート間および戦争体験による顕著な差が浮かび上がってこない，ということである。しかし，学徒動員経験者に特徴的な点をあげるとすれば，それは，戦後の民主主義の導入に対する反応の鮮明さであろう。若年コーホートの動員経験グループの32%が，民主主義の導入によって思想的困惑を，同じく32%が思想的奮起を感じたとしているが，これは，同コーホートの非動員グループとの間に十分な有意差がある。思想体系の変化に対する反応は，戦争体験よりも教育程度によって影響されたといえよう。

5 転機としての軍隊生活

経済恐慌や戦争などの歴史的出来事は,個人にとって自己の判断や選択による制御を超えている。しかし,特定の歴史的時間を共有する人々が共通の人生を歩むものではなく,ライフコースは多様な展開をみせている。戦争は,それに関わる社会の成員すべてに影響を及ぼすはずであるが,その影響は年齢や性別によって異なる。また,同じコーホートに属していても,人生における戦争の意味づけは異なるものである。ここでは,人生における転機としての軍隊生活について,われわれの調査の中で最も豊富な資料を提供しているバークレー・コーホートを中心に検討してみる。

バークレー・コーホート(1928年～1929年出生)は,出生後間もなく始まった世界大恐慌の中で幼年時代を過ごし,恐慌に終止符を打つような形で始まった第二次大戦の中で少年時代を過ごした世代である。彼ら自身の兵役経験は,朝鮮動乱時が中心であった。彼らの幼少青年時代は,連続的な歴史的出来事によって方向づけられていたといえる。エルダーが明らかにしたように,彼らの大半が,恐慌の影響を受けて経済的に剥奪された家庭環境の下で,その幼年時代を過ごし(Elder [1974 ; 1984]),いわば不利な状況が人生の初期の方向づけをしたわけである。アメリカの軍隊は,人生の機会に恵まれない者にとって,その機会を拡大する契機となることがすでに明らかにされている(Browning, Lopreato & Poston [1973])が,バークレー・コーホートに関しても同様のことがいえる。年長のオークランド・コーホートと比較したとき,バークレー・コーホートの特徴が,鮮明となる。恐慌による経済的剥奪を幼年期に経験した彼らは,その出身が中間層であれ,労働者層であれ,自己形成に大きな影響を受け,特に男子は,受動的,依存的な,発達における未熟さが顕著となっている(Elder [1984：5])。バークレー・コーホートの中で,入隊しなかった者と,入隊者の中でもその時機が早かった者と遅かった者で,その後のライフコースの展開に違いがみられる。

比較的若い年齢で入隊を志願した者は,恐慌時代の暗い貧しい家庭から逃げるように,安定した雇用機会としての軍隊を選択した傾向が強い。しかし,志

願の動機としては，家庭からの逃避だけでは不十分で，中・高校時代の学業成績との関連が強い。しかも，将来の方向性を見いだせない状態の時に，軍隊は，年齢階梯的経歴に照らしてみると，一種のモラトリウムとして機能したといえる（ibid.：7-8）。実際，若くして入隊した（21歳以下）者たちの多くは，出身や考え方の異なる仲間との出会いを通して，視野を広げ，新しい人生目標を立て，除隊後の人生設計に有益であったとしている。そして，とくに人間形成における最大の変化は，経済恐慌下で失業した父親と強い母親が作る家庭の中で自信のない不安な男の子に育った彼らが，軍隊の訓練を通して得た自信と勇気と集団における自己抑制の感覚であったことが指摘されている（ibid.：8）。入隊の時機を規定する3要因は，それぞれが個別の規定性を示しており，貧困家庭出身者の方が非貧困家庭出身者よりも，学校の成績の低い者が高い者よりも，自立性の低い者が高い者よりも，入隊年齢が若い（ibid.：17）。

　コーホートとして軍隊経験の有無による比較をすると，軍隊経験がライフコース上の重要な転機となっているといえる。ホーガンの全米サンプル調査によれば，第二次大戦および朝鮮動乱時の兵役経験者は，学校修了，就職，結婚の時機が，一般男子より大幅に遅れ，また，そのような出来事を経験する順序が一般のパターンと異なっていることがわかる（Hogan［1981］）。われわれのバークレー・コーホートにおいても，兵役経験者の方が，それぞれの出来事を経験する時機が遅い。学校修了が結婚の後になっていることは，兵役を経験しなかった者についてもいえるが，兵役経験者の場合は，先述のGI法案による教育援助の積極的利用の効果であるといえる。バークレー・コーホートは，20世紀アメリカにおいて初婚年齢が最も低下した時代に属する。このコーホートの兵役経験のない者は，同世代の傾向と同じく早い結婚をしたわけで，入隊しなかったのは，むしろその結果でもある。バークレー・コーホートの兵役経験者は，入隊によって，家族形成をはじめ成人期の移行が同世代の男子に比べ遅れているのである。

　結婚の遅れがもたらす典型的な効果は，結婚の安定性ということである（Cherlin［1981］）。バークレー・コーホートの中の入隊が遅い者（22歳以後）は，比較的恵まれた家庭環境と高学歴，自立性などから予想される通り，結婚の安定性が高い（76％）が，入隊の早い者も同程度の安定性を示している（74％）。

199

それに対し，非入隊者は46％である（Elder [1984：30]）。このような結婚の安定は，ある程度成熟してから結婚したことや，軍隊において他人との協力や集団のための自己抑制を強調する訓練を受けたことによるものといえよう。さらに，結婚時の妻の年齢も結婚の安定に影響しており，妻の年齢が22歳以上であった場合，40歳時における兵役経験者の85％が初婚相手と結婚生活を続けているのに対し，22歳未満の妻と結婚した場合の67％のみが，40歳時で同じ相手と結婚している。兵役なしの場合も同様に，妻の年齢の高い方が低い方よりも安定性が高い（60％と47％）（ibid.：30-31）。

兵役経験は，成人期への移行過程を画する出来事の順序よりもその発生時機を変えたといえる。そして，結婚の安定性からもうかがえるように，軍隊生活を通して得られた最大の効果は，比較的若く入隊した者に人間発達の面において典型的にみられるのである（ibid.：36）。したがって，軍隊生活が転機となる可能性は，貧困と不安の家庭環境をもたらした経済恐慌の影響を強く受けた結果軍隊を志願した者にとって，もっとも大きかったということができよう。

静岡コーホートにとって，入隊や動員は選択ではなかった。人生上の出来事の発生時機や順序に大した差が認められないのは，そのためであろう。彼らの中にも，バークレー・コーホートと同じく，軍隊の訓練が視野を広げ，規律への同調を強化されたと認める者は多い。また，満州で敗戦を迎え，シベリヤに3年間抑留された者のように，「洗脳」されて思想転換をした場合もある。

男子の人生における転機としての「戦争」を考察するとき，日米の大きな違いは，アメリカの戦後は，戦前との連続性をもち，さらに経済的興隆の中への復帰において個人の選択があったのに対し，日本の戦後は戦前との断絶であり，経済的・思想的混乱の中での選択であったことだろう。日本の場合は，社会全体の転機であったといえる。

6　結　論

いかなる戦争も，直接戦闘に参加する者のみならず，それに関わる社会の成員すべての生き方に影響を及ぼす。人生のどの時機に，どのような形で戦争を経験するかによって，その影響は異なるだろう。本章では，日米比較を年齢的

に対応するコーホート別に試みた。日本のデータは，静岡調査の対象となった336ケース中，アメリカのオークランドおよびバークレーの各コーホートに対応するケースから得たものである。静岡の男子の戦争体験を，「兵役」(外地および内地)，「徴用」「学徒動員」および「以上の経験無し」の5種に分類すると，比較的年齢と対応することがわかる。つまり，兵役は徴兵制により20歳(19歳)に達した者を中心としたし，学徒動員は在学者に限られたわけである。したがって，二つのコーホートのうち年長コーホートは兵役，若年コーホートは学徒動員の経験者に限定することが妥当である。このことからも，戦争の体験効果というよりも年齢効果が出現したと考えるべきであろう。

　成人期への移行に関する出来事を経験する時機は，コーホート間で大差はない。職種や教育の差は，一般的な世代効果であり，職業経歴における差は教育による影響であると考えられる。兵役は学校修了後結婚までの約10年の間に経験され，外地からの復員に要する期間の影響による遅れがみられるものの，その後の結婚に始まる家族形成の時機を変えるものではない。若年コーホートの動員経験組で結婚がやや早くなっているものの，ライフコースの流れを変えてはいない。

　アメリカの男子，とくに若年のバークレー・コーホートについては，前述の二つの命題はいずれも妥当であることがわかる。同世代の動向と比べ，家族形成の遅れや結婚の安定性などが際立っており，また，年長・若年両コーホートともに，軍隊生活の経験を比較的積極的に評価している。戦争自体に対する評価が，戦争「その後」の男子の生き方に影響することが，日米の比較において顕著といえる。

　日本人にとっての第二次大戦は，戦後否定されるべきものとされ，戦争体験を意識化しない努力があった。戦後40年の時間の経過の中で，戦争の影響よりも，産業構造の変化の影響が表面化してきたようにみることができる。しかし，直接動員される年齢に達していなかったコーホートに目を移すならば，軍国少年として海軍兵学校に入ることを夢みていた静岡の一人の男性にとって，戦争は，人生設計を描かせ，そして敗戦によってその夢を打ち砕かれ，中学生として人生設計の再編を余儀なくされたという，重要な転機となっている。また，国のために己を捨てる精神構造が，自己判断の能力の形成期にあった当時の

小学生たちに内面化されていると考えるならば，高度経済成長期の戦士となり，壮年期を迎えつつ，変化する価値観への対応を模索する彼らにとって，戦争は長く尾を引く影響を与えたことになる。

注
1) 静岡調査とは，米国のライフコース研究者グループの働きかけで，1980年に始まった「家族とライフコースに関する比較研究」の日本チーム「FLC研究会」（代表：森岡清美）による日本で最初のライフコースに関する実査で，1982～84年に，静岡市在住の1918年から1937年生まれの男性とその妻を対象とする，留め置き記入部分を含む訪問面接法による調査。詳細は，森岡・青井編『現代日本人のライフコース』日本学術振興会，1987年を参照。

第11章

戦争と日本人のライフコース
―― 終戦のとき国民学校6年生だった ――

1 目 的

　本章の目的は，ライフコース・アプローチを用いて，第二次世界大戦が日本人男女の人生に及ぼした影響を考察することにある。

ライフコース・アプローチ
　ライフコース・アプローチとは，1990年代初期の段階では理論というよりは研究の視点であり，社会学や心理学，社会史学，人類学，歴史人口学などの学際的な背景をもって発達してきたために，ライフコース研究の定義や方法に関しての統一性をもたない状況にある。しかし，ライフコース研究の基本的な発想には，かつて脚光をあびたライフサイクル研究のもつ限界を超えたダイナミックな変動分析を可能にする性格が含まれている。
　いずれも人間の生涯という時間の展開に焦点を置いているが，ライフサイクル研究が社会規範に沿ったモーダルな人生行路の斉一性を前提としていたのに対し，ライフコース研究は現実に存在する事実上の多様性に注目し，人生行路のダイナミックスを分析する意図をもつ。
　ライフコース研究の代表的な社会学者の一人であるエルダーによれば，ライフコースとは「個人が年齢別に分化した役割と出来事を経つつたどる道」(Elder [1977]) である。このライフコースは，歴史的・社会的脈絡を反映するものであり，時代の影響を受けない個人の発達や加齢パターンに関心をもつ心理学的ライフスパン (life span) 研究とも異なるのである。つまり，加齢様式

は社会的・歴史的変化の影響を受けるものであるとする立場に立って，個人レベルと社会的・歴史的レベルの時間軸の同時生起（synchronization）を重視するのである。出生時の異なる出生コーホート（同時出生集団）を比較することによって，時代や歴史的事件のインパクトがそれを経験する個人の年齢によって異なり，その後の人生に及ぼす影響に差異が生じる様態を分析する道が開かれた。このようなコーホート間比較は，たとえば近代と現代の成人期への移行過程の違いを明らかにするだけでなく，わずか5年や10年の年齢差がライフコースの軌跡に差異を生む可能性についても考察できるので，社会変動研究の前進に大きく貢献するものである。

このようなコーホート間比較に対し，人生行路の斉一性よりも多様性に注目する方法として，同一コーホート内の差異（variation）の検出をするコーホート内比較がある。差異を生み出す要因として，学歴，職業，教育などの社会的属性や歴史的事件・出来事の経験，個人にとって転機となるような現象やその評価などが考えられる。このような要因は，コーホート間比較においても重要であることに変わりはないが，コーホート内比較では，同一コーホートが展開する人生行路の多様性の発生メカニズムの分析要因となる。

1960年代のアメリカにおいてライフコース研究が独自の研究領域として浮上した条件として，エルダーは次の3点をあげている。第一点は，社会変動と個人のライフコースとの結びつきについての再認識と関心の高まり，第二点は，社会および歴史における年齢についての理解に基づく理論上の発達が，社会変動と個人の変化の関係の解明に役立ったこと，そして第三点は，実証研究と理論研究の相互作用が増大したこと，である（Elder [1985：26]）。このようなエルダーの把握は，彼の代表的研究である世界大恐慌を体験した子どもたちのライフコース分析にすでに具体化されている（Elder [1974]）。

歴史的出来事とライフコース

人の一生は，子ども時代から成人後を通して経験する種々の出来事が相互につながりあって描かれる軌道（life trajectory）のようなものである。出来事には，個人が生まれた時代の特性を背景として，個人の成長過程における年齢や家族関係に規定される標準的性格のものもあれば，特定の時代や事件に規定される非標準的なものもある。

第11章　戦争と日本人のライフコース

　大恐慌の子どもたちに関するエルダーの研究は，大恐慌という歴史的出来事を経験した時の年齢が異なる二つのコーホートを比較しながら，彼らの子ども時代から中年期までのライフコースを，家族関係や教育，職業，健康，パーソナリティ等にわたって段階的に追跡し，大恐慌の体験とその後のライフコースの展開の様態との結びつきを分析したものである。この研究は，2コーホート間の比較とともに，同一コーホート内の差異を検出するデザインをもっている。その結果，コーホート間比較からは，大恐慌を経験した時の年齢が比較的若い少年少女たちにとって，大恐慌はより長期的影響を残す傾向がみられることが明らかにされ，同一コーホート内差異を生み出す最大の要因は親の経済的剥奪であり，その差異が本人たちのその後のライフコースの展開にも影響を与えつづけたことが明らかにされた。大恐慌の影響の差異は，彼らが青年期において経験することになる第二次世界大戦とそれに続く朝鮮動乱という別の歴史的出来事との関わり方にも影響し，さらに成人後のライフコースの展開をも規定することが，その後の研究で明らかにされつつある（Elder & Meguro [1987]）。

　戦争という出来事は，歴史的時間軸において生じる非標準的なものである。たまたま戦争を経験する人々もいれば，平和な時代に成長し成人期を迎える人々もいる。成人過程に戦争を経験した者とそうでない者とでは，その後の人生にどのような違いがあるだろうか。戦争の後遺症に関しては，中国残留孤児や戦争直後に結婚適齢期を迎えた女子の結婚難などから派生した諸現象を取り上げ，社会問題として論じることはあっても，社会学的分析といえる研究はほとんどないといえる。戦争の代償として誰の目にも明らかなものは死や破壊であるが，生き残った兵士やその家族，銃後の守りを余儀なくされた女性や子どもたちにとっての長く尾を引く戦争の影響については，十分な分析が行なわれていない。

　ライフコース研究が日本に紹介され，初めての調査研究として実施された「静岡研究」（森岡・青井編 [1984]）において，第二次世界大戦が男性のライフコースに及ぼした影響について考察された（Meguro [1985b]，目黒 [1987b]）。そこでは，1920年から1937年までの出生コーホートを対象としており，年齢差による戦争体験の内容の多様性と戦争体験時の年齢による「その後」の人生への影響の差異の考察や，エルダーによるアメリカでの分析と対応する形で日米

205

比較を試みている。このような研究から，人生の比較的初期における経験の方が，成熟度が増してからの経験よりも，長期的影響として残るのではないかという知見が得られた。続いて「人生の比較的初期に生じた戦争関連経験は，一般に，戦争をライフコースにおける転機であるといえるような人生上の変化をもたらす」という仮説を立てて，第二次世界大戦の影響の検証が，1931〜37年出生コーホートを対象に行なわれた（Meguro & Elder [1987]）。その結果，戦争関連経験の度合いによって，その後の人生に与える影響が異なるという傾向が浮かび上がってきた。

本章での検証テーマ

以上のような先行研究の成果をもとに，第二次世界大戦が日本人のライフコースに及ぼした影響を考察する上で，より具体的な方向づけのための緩やかな仮説として「戦時中に学童期を過ごしたコーホートにおけるライフコース・パターンの差異は，戦争関連の体験の度合いに影響される」を立てた。これは時代効果とコーホート効果の検出作業であると同時に，対象者の社会的属性の効果によるコーホート内差異の分析をめざすことになる。日本人のライフコースにおける性差は留意すべきものである（目黒 [1987a]）ので，男女別ライフコース・パターンの分析にも注目する。

2　研究方法・調査の概要

調査の概要

調査対象を誰にするかという問題は，第二次大戦の物理的・心理的および長期的影響をどのようにとらえるかという理論・方法論上の問題である。戦争が日本人のライフコースに与えるインパクトの様態を，戦争体験の内容や体験の時機（timing），他の出来事との関連（sequence and order of events）などを軸にして考察するに際して，本研究が日米比較ということをもその目的に内包していることでもあり，先行したアメリカでの研究と同一特性をもつサンプルを選ぶことの妥当性が，まず検討される必要があった。アメリカ・サンプルと全く同一の出生コーホートを本調査のサンプルとすべきか否かについては，第二次大戦にいたる日米の状況や戦後の両国の状況があまりにも異なる。さらに，

先行研究からの知見を詳細に検討した結果，少年期の後半よりも前半に戦争を体験したコーホートに長期的な影響が強いという仮説が日米に共通すると思われることから，本調査のサンプルとしては，時代の支配的思想を初等教育を通して吸収し，少年期に「小さな軍隊」ともいえる疎開（小林［1998：222］）という非通常的な経験をした後，義務教育の延長によって学校教育を通して新しく導入された思想に接した世代である1933（昭和8）年4月から1934（昭和9）年3月生まれの男女を選んだ。彼らは終戦の時，国民学校6年生だった。

　日本での先行研究がほとんどない本研究のような場合，サンプリングにおける無作為性よりも，むしろ丹念な情報を収集することが重要である。そのため，調査への協力度の高い対象者を選ぶこととした。その結果，本調査のサンプルは，異なる契機で協力を依頼することになった5グループより成る。彼らは，学童疎開をともにした同級生とその学年の生徒であった男女や，彼らの高等学校の同級生たちである。いずれも国民学校時代と戦後混乱期を東京で過ごし，現在，東京および東京近郊に在住している。子どもにとっての戦争体験として家族から分離され，転居先の異文化の中で暮らす疎開の意味は大きく，少年期の疎開経験をもつ東京の子どもたちは，本調査のような探索的性格の研究に適した対象といえよう。

3　サンプルの基本属性

1933〜34年出生コーホートの時代背景

　少年期の前半に第二次世界大戦を経験した1933〜34年出生コーホートは，生まれる2年前の満州事変に始まる15年戦争の中で育ったことになる。戦争は一般に非通常的出来事であるが，このコーホートにとっては生まれた時からその状況に置かれていたわけで，戦時状況の通常性が幼少年期の特徴といえる。

　1937年（4歳時）に日中戦争が始まり，翌1938年（5歳時）には国家総動員法が公布・施行された。国民精神総動員運動を通し，軍国主義は家庭でも学校でも子どもたちの社会環境となった。このコーホートが尋常小学校に入学した1940年（昭和15年，7歳時）は「紀元2600年」にあたり，皇国史観を象徴する奉祝行事が行なわれた。翌1941（昭和16）年2月には「国民学校令」が公布さ

れ，尋常小学校で1年過ごしたのみで，彼らは小学生から少国民と変わった。すでに皇国史観に基づく教育内容であったが，それはさらに軍国主義の色彩を強め，体育が「体練科」となって軍隊式教育が実践され，教育勅語の徹底がみられた。同年12月には真珠湾攻撃とともに日本は太平洋戦争に突入し，彼ら子どもたちにとっても空襲や疎開といった戦争体験をする事態に向かっていった。1942年4月の東京初空襲以来，学校での避難訓練も頻繁となり，防空頭巾携帯の義務づけや男性のゲートル，女性のモンペ着用が徹底されるようになった。「欲しがりません勝つまでは」に象徴される時代であり，英米文化の否定，英語追放運動の中で，軍隊の慣習が学校に浸透してきた。少年たちの愛読書は少年軍事愛国小説であり，大きくなったら軍人になるのが当たり前で，学校の作文も戦争関連のテーマで生徒たちが書いたものに教師が添削を加えて発表し，銃後の精神的団結心を鼓舞するというものであった。

　1944年（昭和19年，11歳時），「学童疎開促進要綱」が閣議決定（6月30日）され，学童の縁故疎開に続いて，縁故疎開できない子どもたちの勧奨による集団疎開の実施が決定された。国民学校初等科3年以上6年までの児童を対象としたものであった。すでに食糧不足の状態ではあったが，親と一緒に暮らしている間は，家庭の中では親に甘えたり，きょうだいと遊んだり，自分だけの時間を持つこともできた。しかし集団疎開は，行き先によっては必ずしも悪くない状況であったにしろ，常に集団生活を強いられるわけで，そのうえ，食糧事情の悪いところでは，子どもたちにとってはまさに非通常的な経験となった（浜館［1971］，室谷［1985］，寺井［1985］，山中［1986］）。また，縁故疎開で田舎の親戚を頼って単独で疎開した子どもたちは，親の愛情と食糧の不足のみならず，体格や服装，言葉などによる疎開先の子どもたちからの差別を受けるなど，もっとも孤独で苦渋に満ちた経験をしたともいえる（和田［1974］）。

　1945年3月に国民学校初等科を卒業する生徒たちのうち上級学校の入学考査のため帰京した者の中には，3月10日の東京大空襲にあって死亡したり戦災孤児となった者もいる（逸見［1998：194］，浜館［1971：136-138］）。また，3月10日に帰京予定の子どもたちは，家は焼失，一家全滅の東京に着き，そのまま戦災孤児になった者もいる（小林［1998：155-156］）。このような学童集団疎開期間を1946年3月まで1年延期することは，すでに45年1月の閣議で決定されて

いた。

　1944年以降の学校教育は内容的には崩壊しており，初等教育の一時期を完全に教育上の剥奪状態におかれていたのが，われわれのコーホートである。また，食糧事情を考えれば，一般的にいって栄養上の剥奪状態にも置かれていたわけであり，いずれの条件も長期的影響として現われやすいものである。

　1945年8月の終戦は，生まれた時から続いていた戦争状態の終焉であり，皇国思想・軍国主義を軸とした学校教育の終結であった。その翌春に国民学校初等科を卒業し，高等科（二年制）や中学校・高等女学校に進学した者は，1947（昭和22）年の六三制実施により新制中学2年生となり，新制中学3年までが義務教育となった。国民学校高等科に進んだ者にとっては，本来2年で卒業となるはずが1年延長となり，2年修了しても卒業とは認められなくなった。学制の変化は子どもにとっては大きな人生の分かれ道となる。

　さらに，占領軍の指導による民主主義の導入は，教科書の墨塗りや新しいカリキュラムを通して行なわれ，同じ教師が全く異なる内容の教育を行なうことになった。教科書を開く前にお辞儀をすることを教えた教師が，その教科書に墨を塗るよう命じる状況に，空白感・虚脱感，戸惑い，そして慣れが子どもたちの心境だったといえる（たとえば和田［1974］）。学制の変革と民主主義というイデオロギーは，子どもたちの社会経済的背景によらず教育を長期化させ，教育の長期化による新しい機会が，かつては想像もできなかったようなライフコースの展開につながる可能性を生み出したケースも存在するのである。

　われわれのサンプル・コーホートの特性は，上記のような一般的背景の中で，特に教育制度とのかかわりにみられる。彼らは，尋常小学校に入学後1年で国民学校初等科の2年生となり，国民学校卒業後1年で新制学制に組み込まれ，入学時には義務教育でなかった中学や高等科が，卒業時には義務教育の一部となっていた。このような学制の変化は，単に形式上の変化以上に，教育の基盤となる思想の変化をともなっており，わけても，皇国思想・軍国主義思想の内面化を制度的に実現すべく設定された国民学校の誕生から終末までフルに体験したのが，このコーホートなのである。

　以上のような歴史的状況下で初等教育を受けた彼らは，戦後40年（調査時点）の日本社会の経験を，彼ら自身の経験の積み重ねによって形成した主観に

よって受けとめ，対応してきたはずである。制度史の断絶性と精神史の持続性とでもいうべき昭和史を作ってきた日本人の解明の鍵を，彼らは握っているのかもしれない。

サンプルの基本属性

まず学歴については，男性のほうが女性よりも全体に高いが，女性対象者本人と男性対象者の妻とでは前者の方が高く，男性本人と女性の夫とでは後者が高い。父親の学歴も女性のほうが高い（表11-1）。現在の婚姻状況は男女とも93％以上が既婚であるが，わずかながら男性に再婚者がいる（4.7％）のに対し，女性には離婚者（5.1％）および未婚者（1.7％）がいる。職業歴については，女性の半数が現在無職であるものの，9割が一度は就業しており，その形態は常雇で，職種は事務（39.0％）と専門・技術（22.0％）が多数である。男性の最長職は管理（32.8％）と専門・技術（23.4％），事務（18.8％）が多く，現職の40.6％が管理職，専門・技術が18.8％となっている。興味深いのは転職回数で，男女とも5割近くが転職経験ゼロであるものの，1回経験者は男女ともに3割いる。しかし，3回以上経験した者は，女性で15％に対し男性は10％弱である。家族形成時の年齢は表11-2の通りである。

4　子どもたちの戦争関連体験

すでに述べたような時代背景を持つサンプル・コーホートのライフコース・パターンに差異があるとするならば，それは戦争関連の体験の度合いに影響される，という仮説を検証するために，まずは戦争関連体験を把握する必要がある。そのために，第二次大戦中の本人と家族の経験をそれぞれ変数化した。本人の経験としては学童疎開，縁故疎開，空襲，その他の戦災，怪我，その他とし，各変数の独立した効果と，各経験の有無による数量で経験の度合いを測る方法をとった。家族の経験としては，父の兵役，父の徴用，家族員の学徒動員，家族員の戦死，家族員の戦争による死などを含めた。結果に男女差がみられるところ，以下，男女別に考察する。

男性コーホート

戦争関連出来事の本人による経験状況は，学童疎開75%，縁故疎開45.3%，空襲58.7%，その他の戦災1.6%，怪我1.6%，その他23.8%となっている。出来事の項目別に，本人のその後の人生を特徴づける諸側面との関連をカイ二乗検定によりみてみると，統計的に有意な項目がいくつかある。たとえば，「空襲経験の有無」が「これまで離婚を考えたこと」と有意（$p=0.033$）に関連している。また，有意度は低いが子どもの世代との比較において自己の人生の順調さとも関連がみられる（$p=0.061$）ところから，夫婦関係の安定性と人生の評価とのつながりがうかがえる。それを空襲経験のみで説明するのは難しいが，学童疎開経験者の方が一般論としての離婚に対して否定的態度が非経験者よりも強い傾向がみられるところから，学童疎開や空襲などの経験は，一種の家族志向を強めることにつながると考えることもできよう。アメリカの大恐慌や兵役経験者に夫婦関係の安定性や家族志向の強さがみられる傾向（Elder［1974］［1984］）と同類のものと考えてよいだろう。

また，戦後の混乱期に家族や学校に関する困ったことを経験した者が全体の4分の3であったが，「その他の戦争体験」をもたないグループは，困ったことの内容が家族に集中している（$p=0.038$）。成人期の形成につながる本人の教育や初職に関しては，学童疎開や空襲，その他の戦争体験などの経験の有無が，「経験なし」―「高学歴」―「ホワイトカラー」という形で関連している様子がみられるが，これは，戦争関連体験それ自体の影響というよりは，彼らの子ども期における社会経済的地位との関連であると考えられる。

次に，近親者の戦争体験状況とその影響についてみてみよう。父親が兵役についた者は4人に1人であるが，終戦で大きく変わったと感じたことは，父の兵役がなかったグループより顕著である。家族の状況が大きく変わったと思ったのは父との再会，ということからも想像できる。父の兵役の有無による差異は$p=0.095$でみられた。しかし，「社会」領域で大きく変わったと感じた者は「父の兵役有り」グループに多く，$p=0.025$で差異がみられた。また，戦後混乱期で最も嬉しかったことが家族に関することであったとする者は「父の兵役有り」グループであり，父の兵役が子どもにとっての家族生活に及ぼした影響を考えさせる。それに対し，「父の兵役無し」グループにとって嬉しかったこ

表11-1 サンプルの基本的属性 (1)

		男性 (N=64)	女性 (N=59)	全体 (N=123)
本人の学歴	中学卒以下	7.8(5)	3.4(2)	5.7(7)
	高校卒	17.2(11)	50.8(30)	33.3(41)
	高専・短大卒	7.8(5)	18.6(11)	13.0(16)
	大学卒以上	65.6(42)	27.1(16)	47.2(58)
	未回答	1.6(1)	0.0(0)	0.8(1)
配偶者の学歴	中学卒以下	6.3(4)	3.4(2)	4.9(6)
	高校卒	51.6(33)	8.5(5)	30.9(38)
	高専・短大卒	20.3(13)	10.2(6)	15.4(19)
	大学卒以上	20.3(13)	74.6(44)	46.3(57)
	未回答	1.6(1)	3.4(2)	2.4(3)
本人の父の学歴	中学卒以下	34.4(22)	22.1(13)	28.4(35)
	高校卒	9.4(6)	13.6(8)	11.4(14)
	高専・短大卒	15.6(10)	18.6(11)	17.1(21)
	大学卒以上	25.0(16)	39.0(23)	31.7(39)
	その他	3.1(2)	0.0(0)	1.6(2)
	未回答	12.5(8)	6.8(4)	9.8(12)

表中の数は％，カッコ内の数は実数を示す。

とは学校関連であった（p=0.002）。本人のライフコースの中で父の兵役が決定的影響を残したとは必ずしもいえない。人生上の転機は，「父の兵役」経験者のほうがむしろ少なく，父の兵役が本人の転機となったケースは多くはない。

近親者に戦死者がいた者は5人に1人だが，戦争に対する長期的な評価として，「戦争体験を忘れたいとは思わない」のが戦死者無しグループに多いのに対し，戦死者有りグループでは「忘れたい」や「以前は忘れたかった」が比較的多い（p=0.037）。「戦争で得たものの方が大きいと思う」者が戦死者無しグループで多数であるが，戦死者有りグループでは「失ったものの方が大きいと思う」者が確実に存在するのである（p=0.095）。

また，学徒動員された近親者を持つ者は5人に1人弱だが，自分の人生の順調さを同世代人と比較して「動員無し」グループが「まあ順調」という中庸に

第11章 戦争と日本人のライフコース

表11-2 サンプルの基本的属性（2）

		男性 (N=64)	女性 (N=59)	全体 (N=123)
初婚年齢	20〜25歳	17.2(11)	52.5(31)	34.2(42)
	26〜30歳	64.1(41)	35.7(21)	50.4(62)
	31歳以上	17.3(11)	10.2(6)	13.8(17)
	未回答	1.6(1)	1.7(1)	1.6(2)
第一子出生年齢	20〜25歳	4.7(3)	15.3(9)	9.7(12)
	26〜30歳	53.2(34)	61.1(36)	56.9(70)
	31〜35歳	28.2(18)	11.9(7)	20.4(25)
	36〜40歳	6.3(4)	1.7(1)	4.0(5)
	未回答	7.9(5)	10.2(6)	9.0(11)
末子出生年齢	20〜25歳	1.6(1)	0.0(0)	0.8(1)
	26〜30歳	12.5(8)	25.5(15)	18.6(23)
	31〜35歳	40.7(26)	45.9(27)	43.1(53)
	36〜40歳	32.8(21)	13.6(8)	23.5(29)
	41歳以上	4.7(3)	1.7(1)	3.2(4)
	未回答	7.9(5)	13.6(8)	10.6(13)

表中の数は％，カッコ内の数は実数を示す。

集中しているのに対し，「動員有り」グループは「大変順調」が最多であるものの「まあ順調」「順調でない」に分散している（$p=0.011$）。

　生活満足度，結婚満足度，人生の順調さ（親世代，同世代，子世代との比較）といった現在の生活の質に対する認知と戦争関連体験との相関をまとめると，本人の戦争関連体験の度合いの高さと，親世代と比較すれば自分の人生は順調であるという認知には相関がみられる（戦争関連体験度を高・中・低の3区分にした場合$p<0.05$；高・低の2区分にした場合$p<0.01$）。家族のみの戦争体験では有意さは認められなかった。

女性コーホート

　戦争関連出来事の本人による経験状況は，「学童疎開有り」66.1%，「縁故疎開有り」47.5%，「空襲有り」25.4%，「その他の戦災有り」0%，「怪我有り」

0％,「その他有り」25.4％となっている。男性の場合と同様に,出来事の項目別に,本人のその後の人生を特徴づける諸側面との関連をみてみよう。

女性コーホートの戦争関連体験の中で最も顕著にみられるのが縁故疎開の効果である。特に本人のライフコースの事後評価に,それがみられる。縁故疎開の有無(有り n=28;無し n=31)による有意な差が認められるものに,まず同世代との比較における本人の人生の順調さがある。「順調」とする者はいずれのグループでもほぼ同率(約2割)であるが,「無し」グループでは「普通」が73％,「順調でない」が7％であるのに対し,「有り」グループでは「普通」が44％,「順調でない」が37％である($p=0.016$)。「戦争で得たものの方が大きい」とする者は,男性の場合と同様に多数派であるが,「縁故疎開無し」グループに比べると「有り」グループは少数で,やや消極的な評価となっている($p=0.02$)。また,人生の転機の回数は,「有り」グループの方が少なく0～1回が71％であるのに対し,「無し」グループでは2～5回が61％となっている($p=0.02$)。この点については,次にみる傾向と関連があるようである。縁故疎開体験の有無と本人の教育程度との間には強い相関がみられ,「有り」グループでは大学卒が71％であるのに対し「無し」グループでは短大以下が77％と「有り」グループが高学歴である傾向が強い($p=0.0005$)。

しかし,縁故疎開をした女性たちの父親は全体として高学歴であるものの,中・低学歴の父を持つ割合が多い「無し」グループに比べ「有り」グループは高学歴の父親を持っているのである($p=0.029$)。本人と父親の教育程度には0.075で正の相関がみられるが,父親の教育をコントロールして本人の縁故疎開体験と教育の関係をみると,有意な相関はみられなかった。つまり,本人の縁故疎開と教育との関係は疑似相関であり,それは実際には父親の教育によって作り出された効果であるといえよう。

近親者の戦争体験の中では,父の兵役経験が有るグループで人生の転機の回数が多く($p=0.042$),男性コーホートと逆の傾向がみられる。女性コーホートにおいては,男性コーホートにみられたような本人および家族の戦争体験と現在の生活の質に対する認知との関連はみられなかった。しかし,本人の戦争体験の度合いと本人の教育および現職職種との相関はそれぞれ$p<0.05$および$p<0.01$で,戦争体験度の高い女性たちは正規雇用職につき,昇進して管理・

専門職についており,その背景には高学歴という条件を備えていたのである。

5　戦後混乱期

男性コーホート

戦争終結について,国民学校6年生はどのように受けとめたか。学童疎開の子どもたちは,学校の教師や疎開宿舎となっていた寺の住職から,玉音放送の話を聞かされ,縁故疎開者や疎開をしていなかった者は,親や親戚から聞かされた。戦争が終わったと聞かされた時の反応について,「やっと親元に帰れる」「東京に帰れる」といった,現状からの解放という肯定的なものと,「士官学校に行くはずだったのに」といった計画の挫折に代表される否定的なもの,「どちらともいえない」や「何とも思わなかった」といったものに分かれている。そのような態度の違いは,その後の生活態度や意見に,一部反映している。たとえば,「自分にとって家族はすべてだ」と家族の存在を自己の存在感の中心に置く者は,戦争終結に肯定的な反応をしたグループに多い($p=0.027$)。また,種々の事柄についての意見が分かれる場合「他人よりは家族の意見を重視する」意見に賛成する傾向がみられる「肯定」グループに多く($p=0.077$),家族志向が比較的強いといえる。

戦後,社会的状況について大きく変わったと感じた者が半数近くいるが,人生の転機の回数は,そのように感じなかった者に比べて少ない($p=0.023$)。

いま一つ,成人後の人生観との相関を示しているのは,終戦直後に接することとなった進駐軍に対する態度である。「肯定的」「否定的」「どちらでもない」の3種類の反応に区別すると,他人よりも家族の意見を重視するべきと考える傾向は「肯定」「どちらでもない」グループに強い($p=0.010$)。終戦に対する反応が肯定的であったグループの家族志向と同様に,楽天的で前向きの態度と家族志向の間の相関かとも思われる。逆に「否定派」は心配性で孤独タイプといえるのかもしれない。「どちらでもない」派は,「わからない」や優柔不断という内容を含むので,あまり自己を客体化することをしない小市民的家族志向とでもいえようか。

女性コーホート

　戦後混乱期に，最も嬉しかったことが家族に関することか，学校に関することかによって，自己の人生の順調さについての認識が異なっている傾向が女性コーホートにはみられる。親世代・同世代いずれとの比較においても，嬉しかったことが家族関連のグループでは「普通」の順調さに集中しているが，学校関連グループでは親世代に比べれば順調であるとみなしながらも同世代との比較では3段階の評価に分散する傾向を示している。いずれも$p=0.107$，$p=0.067$と有意レベルではないが，一つの傾向を示している。

　初めて民主主義の思想に接した彼女たちの反応は，回答者の4割が肯定的で，残りは「どちらでもない」「わからない」であった。その反応と「戦争体験を忘れたいか」という戦争体験の総合的自己評価との相関には有意差がみられる（$p=0.015$）。民主主義の導入に対して曖昧な評価をするグループが戦争体験を良かれ悪しかれ子ども時代の現実として記憶したいものととらえているのに対し，民主主義の導入を肯定的に受けとめたグループでは，戦後の人生経験の影響を意識的に評価する「以前は忘れたかった」と「忘れたいとは思わない」に区別した評価をしているとみることができよう。

6　成人期への移行

　人が一生のうちに通常体験する出来事には一定の順序がある。特に子ども期から成人期に移行する過程には，いくつかの通過儀礼があり，それが制度化されている。個人の力でコントロールできない戦争のような出来事を経験した子どもたちは，その後の移行においてその経験に著しく影響を受けることになる。本調査のコーホートは，平均的にどのような移行をしてきたかをまずみてみよう。

　表11-3は成人期への移行を示す典型的出来事を経験した年齢をパーセンタイル別にまとめたものである。最初に経験した者25％の平均年齢，50％が経験した時の平均年齢，75％が経験した時の平均年齢で，ここでは学校教育修了，初就職，初婚を典型的出来事として取り上げた。男女ともに教育程度が高いことや学校修了後直ぐに就職するというパターンがみられること，そして就職後

表11-3 成人期への移行出来事のタイミング

出来事のタイミング＝全体（四分位数）			
	25%	50%	75%
学校教育修了年齢	19.0	21.0	24.0
初就職年齢	19.0	22.0	24.0
結婚年齢	25.0	27.0	29.0

出来事のタイミング＝男子（四分位数）			
	25%	50%	75%
学校教育修了年齢	19.0	23.0	24.0
初就職年齢	19.0	23.0	24.0
結婚年齢	26.0	28.0	30.0

出来事のタイミング＝女子（四分位数）			
	25%	50%	75%
学校教育修了年齢	19.0	20.0	22.3
初就職年齢	19.0	20.0	23.0
結婚年齢	24.0	25.0	27.3

数年を経て結婚していること，などがわかる。

表11-3にみるように，三つの出来事の順序は一定しており，われわれのコーホートは終戦時に義務教育期間中であったため，制度的通常コースを歩んだわけである。このような順序のモーダル・コースを歩んだのは，男性の92％，女性の96％で，就職や結婚の後で学校を修了したり，結婚後に就職した者もいる（表11-4）。

成人期への移行が始まってから終わるまでの移行期を表11-3の平均年齢でみると平均10年（男性11.0年，女性8.3年）である。すでに述べたアメリカの研究にみる動向に比べ，この移行期間は非常に長い。結婚年齢の高いことが主要原因である。

男性コーホートの中で結婚が比較的早い・平均的・遅いグループに分けてみて，自己の結婚に対する評価をみると，離婚を考えたことの有無について有意差がみられた（p=0.021）。「考えたことがある」のは3割であるが，初婚年齢が平均的グループ（27〜28歳）の9割が「考えたことがない」のに対し，早婚グループ（21〜26歳）では5割，晩婚グループ（29〜36歳）では3割が「考えた

ことがある」となっている。前述のアメリカの場合，晩婚者の離婚率は他のグループに比べ低いが，離婚することと考えることの違いといえるかどうかわからない。早婚グループの離婚率が高いのはアメリカでは一般的傾向であるから，われわれの男性コーホートの傾向は興味深い。

女性コーホートの結婚年齢については，初職の企業規模に規定される傾向がみられた。最初の就職先の規模が100人以下の場合，初婚のタイミングが平均的（25~26歳）または早い（24歳以下）のに対し，100人以上の場合には早婚（43%）と晩婚（39%）に偏っている（$p=0.041$）。重回帰モデルを用いて女性コーホートの結婚タイミングを規定する要因を分析すると，比較的説明力をもつ傾向を示す（$p<0.10$）要因は父親の教育と本人の戦争関連体験であることがわかり，いずれの要因とも負の相関であり，父親の教育程度の高いこと，戦争体験量の多いことが，初婚タイミングの早いことと関連している。

7　成人後のライフコース

現在の生活の質に対する認識を満足度（大いに満足5~大いに不満1）でみた。生活満足度の平均値は男性3.8，女性4.1，結婚満足度は男性4.3，女性4.1で，男女ともに比較的肯定的である。また，人生の順調さについては（大いに順調5~全く順調でない1），親世代との比較については男性4.0，女性4.3，同世代との比較については男性3.9，女性3.8，子世代との比較については男性3.3，女性3.1と，男女とも若い世代ほど人生の浮き沈みが少ない平坦なパターンであるとみていることがうかがえる。しかしここには，女性のほうが世代間の格差が大きいとの認識をもっているという性差がみられる。

男性コーホート

親世代との比較による人生の順調さの評価については，本人の戦争体験の度合いが大きい，終戦直後の社会領域についての変化の認知が小さい，転機の回数が少ないほど，親世代と比べた自己の人生を順調と思っている傾向であることが重回帰分析により示された（$p<0.05$）。いわば波風の少ない人生であったことと自己の人生の順調さの認識が結びついていることになる。同世代との比較

表11-4　成人期における出来事の順序（%）

	パターンA	パターンB	パターンC
全体	93.6	5.5	0.9
男性	91.9	6.5	1.6
女性	95.7	4.2	0.0

注：パターンA　学校教育修了―初就職―結婚
　　パターンB　初就職―学校教育修了―結婚
　　　　　　　または学校教育修了―結婚―初就職
　　パターンC　初就職―結婚―学校教育修了
　　　　　　　または結婚―学校教育修了―初就職
　　　　　　　または結婚―初就職―学校教育修了

においても，本人の戦争体験の度合い，転機の回数が親世代との比較の場合と同様のパターンで関連しており，さらに，終戦後の家庭環境の変化が少ないことが人生の順調認知と関連している。しかし，子世代との比較では，本人の戦争体験は規定力をもたず，終戦直後の家庭・学校・社会の大きな変化が少ないほど自己の人生を順調と思っているのである。

　日本男性のライフコースの主軸を成す職業キャリアは，少なくとも中年サラリーマンにとっては，安定性をもってその順調さの指標とする傾向があったといえる。われわれの男性コーホートについては，本人の初職・最長職・現職が専門・技術・管理や事務であり，特に初職の企業規模が大きいこと，本人および父親の教育程度が高いこと，などが安定性の高い職業キャリアにつながっている（表11-5）。

　自己の歩んだ人生行路についての総合評価ともいえる「同じコースをもう一度歩みたいか」に対する反応は，父親の教育程度による有意差が認められた（p＝0.027）。全体としては違ったコースを歩みたいとする傾向が強い（73.1％）が，父親が高学歴のグループでは「同じコース」が44.0％で，他のグループに比べ著しく多い。

女性コーホート

　男性コーホートと異なる傾向がいくつかみられた。まず世代間比較による人生の順調さに関しては，有意差はみられなかった。しかし，男性については有意差がみられなかった「戦争中についての点数評価」の規定要因については，

10点満点の評価に対し本人の戦争関連体験は負の関連を示す結果が重回帰モデル分析から得られた（表11-6）。戦争体験が大であるほど戦争中は人生上の悪い時期であったということで，当然ともいえる傾向でありながら，男性コーホートに同様の傾向がみられないところが興味深い。

また，戦争のバランス・シートといえる「得たものと失ったものの比較」について規定する要因としては，家族が体験した戦争が浮上している。男女コーホートを含む全体としては，戦争を体験事実として受けとめた上で合理化しようとする傾向がみられる中で，家族員の兵役や死による分離・喪失は，支払いきれない大きな代償であったということになろう。この傾向が女性コーホートのみにみられることが，一つの特徴である。

8　戦争のインパクト

戦争関連体験度とライフコース・パターン

1933～34年出生コーホートのライフコースの展開に，第二次世界大戦はいつ，どのように影響を残してきたか。われわれの仮説に沿って戦争関連体験の度合いの違いによるライフコース・パターンの差異をみてみよう。

ライフコース・パターンの設定基準としては，人々が一般的に経験するであろうとされる出来事のタイミングと順序をとりあげ，教育程度や職業の内容などの人生の諸側面についても，戦争関連体験の度合い別にまとめた。表11-7は本人の体験に関する経験度を基準にまとめたものである。男性コーホートの場合，本人の体験度が高いグループは他のグループに比べ学校修了年齢が低く（$p<0.01$），初就職もその分早くなっている（$p<0.05$）。しかし，初婚年齢は他のグループと同じか遅いくらいで，末子出生という家族生活の確立のタイミングは，3グループに差異はない。学校修了年齢の差異は，教育程度の差異にも現われている。職業に関する3グループ間の差異は，初職，最長職，現職を通して企業規模にみられ，戦争体験度の高いグループでは大規模企業の割合の低さが目立っている。また，転職経験者の割合も他グループに比べ高く，平均転職数も多い。自己の人生を親世代や同世代と比べて順調だと評価していることは前節でみたとおりである。しかし，このグループのライフコース・パターン

表11-5 本人の職種，企業規模，教育，本人の父親の教育別男性正規雇用者の平均転職回数（N＝33-39）

職種，企業規模	平均転職回数	有意水準
①初職：		
職種：		p＝0.019
専門・技術・管理職	0.63	
事務職	0.40	
その他	1.63	
企業規模：		p＝0.013
小（100人未満）	1.45	
大（100人以上）	0.48	
②最長職		
職種：		p＝0.007
専門・技術・管理職	0.52	
事務職	0.63	
その他	2.33	
企業規模：		p＝0.139
小（100人未満）	1.22	
大（100人以上）	0.60	
③現職：		
職種：		p＝0.001
専門・技術・管理職	0.52	
事務職	0.40	
その他	3.00	
企業規模：		p＝0.107
小（100人未満）	1.22	
大（100人以上）	0.56	
本人の教育：		p＝0.054
小・中・高校・短大	1.38	
大学	0.58	
本人の父親の教育：		p＝0.043
小・中学校	1.83	
高校	0.50	
短大・大学	0.66	

は，学校を出る前に最初の転機を経験し，学校を人より早く出て就職し，人より3～4年長く独身で働き，仕事の上でやや落ち着きのないものであった。家族の戦争体験度による差異はあまり出ておらず，なんといっても本人の体験度が，成人期への移行およびその後に影を落としているのである。

　女性コーホートでは，本人の戦争体験度の差によるインパクトは教育程度と

表11-6 戦争中の点数の規定因についての重回帰モデル（女性：N＝49）

変数	等式 (1)	(2)	(3)	(4)
本人の戦争体験	−.272*	−.230	−.306**	−.303*
家族の戦争体験		−.205	−.257*	−.247
終戦時の変化（本人）			−.012	−.020
終戦時の変化（家庭）			.245	.258
終戦時の変化（学校）			−.067	−.058
終戦時の変化（社会）			−.096	−.063
転機の回数				.076
解決困難な出来事の回数				−.062
R^2（調整済み）	.055	.076	.070	.031
F 比	3.77*	2.98*	1.60	1.19

注：表中の数字は標準化偏回帰係数（BETA）である。
有意水準 *$p<.10$；**$p<.05$；***$p<.01$

現職職種に現われている。本人の戦争体験と教育程度の間にみられるのは疑似相関で，実は父親の教育と娘の教育との相関であることはすでに論じたとおりである。人生上の出来事を経験するタイミングをみると，男性コーホートの場合とは逆に，戦争体験度の低いグループが早く学校を修了し，就職前に最初の転機を迎え，体験度の高いグループよりも3年長く独身で働き，1.4歳遅く結婚し，末子出生で追いついている。職業生活についても，男性の高経験グループと似たパターンである。家族の戦争体験度の違いによる差異はあまりみられず，子ども数の差による末子出生時年齢の差が出ている程度である。

女性コーホートにおける戦争関連体験の影響は，体験度によって戦時下の少女時代に対する評価に差異が出るという形で残っている。ライフコース・パターンは，父親を通しての社会的位置づけに規定されている点で男性コーホートと共通している。しかし，戦争関連体験と学歴の相関のパターンは男女で異なり，男性の学歴は職歴に直結しているのに対し，女性のライフコースの中核が職業キャリアではないので，そのつながりが顕在化しない。女性の場合，配偶者の職業キャリアとの関連で，そのライフコースの安定性や浮動性をみるのが，一つの方法であろう（目黒 [1987a]）。

表11-7 本人の戦争体験別男女におけるライフコースの諸側面

ライフコースの諸側面	男性 本人の戦争体験度			女性 本人の戦争体験度	
	低	中	高	低	高
出来事時の平均年齢:					
学校修了	22.8***	23.1	19.9	20.0	21.0
初就職	22.6**	22.8	19.9	20.8	22.2
初婚	28.3	27.6	28.5	27.1	25.7
第1子出生	30.2	29.9	30.4	28.6	27.6
末子出生	34.7	34.4	34.6	32.3	32.3
1回目の転機	23.7	26.0	17.8	20.2	23.7
2回目の転機	26.3	28.4	25.7	28.7	28.9
平均子ども数: (含養継子)	3.3	3.0	2.5	2.5	2.5
教育:%					
低	26.1*	25.0	56.3	71.4**	38.7
高	73.9*	75.0	43.8	28.6**	61.3
	100.0	100.0	100.0	100.0	100.0
N	12-23	8-24	7-16	16-28	11-30

有意水準:*p<.10;**p<.05;***p<.01

「剥奪体験」と出身階層

　戦争関連体験が人生上の出来事経験および人生の評価に及ぼす影響において,性差があることを確認した。そこで,戦争中についての点数評価が著しく低く,また,戦争のバランス・シートに家族員の分離や喪失が大きな代償として位置づけられる傾向がみられた女性コーホートを対象に,エルダーの概念(Elder[1974])を用いてさらに分析してみよう。エルダーは,大恐慌を経験した子どもたちを出身階層と剥奪体験により分類し,子どもたちのその後のライフコースの比較を通して彼らの人生における大恐慌の意味を考察した。

　子どもたちにとって,疎開は非通常的で精神的・身体的な剥奪であることはすでに述べた。しかし,それ以外の剥奪を経験した子どもたちにとって,その後の人生はどのように影響されたかを考察するために,ここでは疎開を除くストレス・イベントを剥奪変数とする。

　本章での分析対象は単身者を除く女性コーホート56ケースである。出身階層は父親の教育と職種により中流階層と労働階層に分類し,剥奪体験は戦中・戦

表11-7 本人の戦争体験別男女におけるライフコースの諸側面(続き)

ライフコースの諸側面	男性 本人の戦争体験度[a]			女性 本人の戦争体験度[b]	
	低	中	高	低	高
職業生活：%					
①初職：					
企業の正規雇用者	82.6	90.9	85.7	70.4	83.3
ホワイトカラー	73.9	69.6	40.0	68.2	89.3
企業規模大	60.0*	63.6	26.7	63.6	53.8
②最長職：					
企業の正規雇用者	78.3	73.9	62.5	60.0	76.2
ホワイトカラー	81.8	90.9	71.4	68.2	88.5
企業規模大	60.0*	63.6	25.0	52.4	50.0
③現職：					
企業の正規雇用者	72.7	69.9	53.3	27.3	9.5
ホワイトカラー	80.0	90.0	81.8	75.0***	100.0
企業規模大	60.0**	60.0	16.7	16.7	20.0
平均転職回数	0.56	0.73	1.13		
転職経験有り：%	40.9	45.8	68.8	55.6	50.0
N	20-23	22-23	12-16	20-27	21-30

有意水準：*p＜.10；**p＜.05；***p＜0.1

a 本人の戦争体験度は、学童疎開、縁故疎開、その他の戦災、戦災による怪我、その他の出来事、空襲体験の六つの戦争体験を合計したものである。体験が有る場合には1点、無い場合には0点を得点として与えた。合計点が1点の場合は戦争体験度が低い、2点は体験度が中程度、3-5点は体験度が高いとみなして三つのグループに分類した。

b 本人の戦争体験度は、学童疎開、縁故疎開、その他の戦災、戦災による怪我、その他の出来事、空襲体験の六つの戦争体験を合計したものである。体験が有る場合には1点、無い場合には0点を得点として与えた。合計点が1点の場合は戦争体験度が低い、2-4点は体験度が高いとみなして二つのグループに分類した。

後混乱期の家族のストレス・イベントを加算して剥奪型と非剥奪型に分類した。これら2分類をクロスさせ、中流・剥奪型（N=11, 19.5%）、中流・非剥奪型（N=22, 39.3%）、労働・剥奪型（N=13, 23.2%）、労働・非剥奪型（N=10, 17.9%）を抽出した。ストレス・イベント経験を階層別にまとめたのが（表11-8）である。経験の分布は必ずしも労働階層に集中しているわけではないが、「父親の死亡」と「その他の経済的困窮」に有意差がみられる。

次に、人生の通常的出来事の経験タイミングを4タイプについてみると（表11-9）のようになる。学校修了および初職就業年齢は、いずれも労働階層出身者の方が中流階層出身者より低いが、剥奪経験者の方がいずれの階層におい

表11-8　家族の戦争に関する剥奪経験の分布

単位：％

	中流階層 N=33	労働階層 N=23	Total N=56	有意水準
父親の死亡	3.0	30.4	14.3	P<.01
戦災などによる家屋消失	18.2	43.5	28.6	N.S.
父親の失業	24.2	13.0	19.6	N.S.
その他の経済的困窮	27.3	60.9	41.1	P<.05
他の家族員の死	6.1	0.0	3.6	N.S.
その他の出来事	18.2	26.1	21.4	N.S.

有意水準は平均差のt検定による。

表11-9　戦争体験タイプ別ライフコースの諸側面(1)

	中流階層出身		労働階層出身		有意水準
	剥奪	非剥奪	剥奪	非剥奪	
出来事の年齢($\bar{x}$)					
学校修了	20.3	22.0	18.3	20.3	P<.01
初職就業	20.2	24.0	18.9	20.9	P<.05
初婚	24.8	25.3	28.4	25.4	P<.05
第一子出生	27.8	28.0	29.0	27.2	N.S.
末子出生	30.3	33.2	32.7	32.1	N.S.
学校修了から初婚までの期間($\bar{x}$)	4.5	3.3	10.1	5.1	P<.01
初婚から末子出生までの期間($\bar{x}$)	5.5	8.0	6.6	6.7	N.S.
Total N	N=8-11	N=17-22	N=10-13	N=5-10	

有意水準は分散分析のF検定による。

ても年齢が低いことが歴然としている。しかし初婚年齢は，中流階層では非剥奪グループに比べ剥奪グループの方が低く，労働階層では逆に剥奪グループの方がかなり高い。学校修了から初婚までの年数も，労働階層出身者が長く，特に剥奪グループで10年とかけ離れている。このような傾向の背景には，剥奪経験が彼女たちの教育の機会を減少させ，家計を支えるために通常よりも早く就労したこと，また，弟妹たちの養い手となり結婚が遅くなったことなどがある。学校修了から初婚までを成人期への移行期間とするならば，剥奪経験は出身階層の違いを反映しながら成人期への移行に際立った影響を与えているのである。

表11-10 戦争体験タイプ別ライフコースの諸側面(2)

	中流階層出身		労働階層出身		有意水準[1]
	剥奪	非剥奪	剥奪	非剥奪	
結婚のタイミング(%)[2]					
早婚 (—22)	27.3	0.0	15.4	0.0	P<.05
平均 (23—26)	54.5	72.7	30.8	80.0	
晩婚 (27—)	18.2	27.3	53.8	20.0	
子供数 ($\bar{x}$)	1.6	2.1	1.8	2.3	N.S.
子供なしの割合 (%)	9.1	4.5	15.4	0.0	N.S.
結婚満足度 ($\bar{x}$)	3.6	4.3	4.1	4.2	P<.05
生活満足度 ($\bar{x}$)	3.9	4.2	4.0	4.1	N.S.
配偶者選択 (%)					
見合結婚	50.0	68.4	25.0	0.0	P<.01
恋愛結婚	50.0	31.6	75.0	100.0	
教育程度 (%)					
高卒以下	72.7	18.2	92.3	70.0	P<.01
短大卒以上	27.3	81.8	7.7	30.0	
Total N	N=8-11	N=17-22	N=10-13	N=5-10	

注1 有意水準は分散分析のF検定による。その他はカイ二乗検定による。
注2 厚生省人口動態統計によれば1960年の女子の初婚平均年齢が24.4, 1955年が23.8, 1965年が24.9であった。これに対して本研究のサンプルの平均初婚年齢が25.9歳とやや高い値を示したように、コーホート内の差に着目するうえで妥当と考えられる分類を表中のように設定した。

さらに、4タイプ別に結婚のタイミングや満足度、教育程度などの属性についてまとめたのが表11-10である。われわれのコーホートが当時の結婚適齢期に達する1955年から60年の全国平均初婚年齢を基準として、早婚(~22歳)、平均(23~26歳)、晩婚(27歳~)グループに分類したところ、二つの階層とも非剥奪タイプでは平均グループに集中しているのに対し、剥奪タイプでは早婚または晩婚傾向がみられることがわかる。家族の剥奪経験が本人の結婚タイミングを規定していることは明らかである。どちらかというと早婚傾向が強い中流・剥奪型の結婚満足度が他のタイプに比べて低いということは、父親の死亡その他の理由による経済的剥奪のともなう家族状況がもたらした「本人の積極的意思とは別の決定」による結婚の質を示すものといえよう。それに対し労働・剥奪型は晩婚傾向が強く、結婚満足度も非剥奪タイプと差はない。本人の就労によって家族を支えてきた後の結婚で、しかも恋愛結婚であるなどの状況が、満足感につながるといえるかもしれない。

日本、特にわれわれの対象コーホートが成長し、生きてきた時代背景は、女

性の人生は成人期までは父親，結婚後は夫に付随するライフコースが通常とされるものであった。本項では，戦争による剥奪の影響が，女性の場合には，教育機会とともに結婚という人生上の中核キャリア形成のタイミングを攪乱させることを確認し，結婚満足度との関連性にも注目すべきことを発見した。（本項の原資料は前田・目黒［1989］）

9　結論と今後の課題

　以上，選択的サンプルではあるが数量的手法によってデータをまとめ，最初の分析とした。われわれのサンプルを通して1933～1934年生まれの男女のライフコースの諸側面を記述し，重回帰モデルを用いて，戦争関連体験が規定する要因の検出を試みた。今後分析を進める上で指針となるべき結果を以下のようにまとめることができよう。

(1) ライフコース・パターンに男女差があることは予想通りであるが，戦争関連体験度による影響の出現形態に男女差がみられる。

(2) 子ども期における戦争体験は，親の社会経済的地位が子どものライフ・チャンスを規定する際の媒介要因となり，特に女性についてその傾向が強い。

(3) 男性コーホートにおいては，戦争体験度と家族志向には正の相関がみられる。また，子ども期の戦争体験という苦しみを相対化することによって，現在を好意的に評価し，親世代の時代と自己の大人時代を対応させることによって肯定的人生観を形成している傾向がみられる。

(4) 女性コーホートにおいては，上記(3)の傾向はみられないが，戦争体験度と自己のライフコースにおける戦争中の意味づけには負の相関がみられる。疎開体験への負の評価が反映しているとみられる。自己だけのライフコースとの関連で物事を評価することに明快な反応を示す傾向があるのかもしれない。

(5) 男女ともに，コーホート内差異が，人生上の出来事のタイミングや移行期間，コースの安定性などに関してみられ，親の社会経済的地位が子どもの成人期への移行パターンを規定し，成人初期の選択がその後のコー

スを規定する傾向がみられる。
(6) 戦争体験度によって家族主義と個人主義の差異が発生するか否かについては，明確な結論はえられなかった。日米比較のために用いた尺度のCrombackの信頼性係数が0.4と低すぎ，尺度に一貫性がないことも一因である。

今後の分析は，以上の結果についての説明を詳細にすべく，ケースを縦断的に追跡して，コーホート内差異が発生するメカニズムを明らかにしなければならない。また，対象者個人の口から語られた言葉から，数量化しえない内容を復元することも重要である。その結果を命題化し，次の研究の実証課題として，本章のテーマに関する新たな一石とすることが望ましい。

IV

第12章
家族理論におけるジェンダーとパワー

1　はじめに

　本章は，現代家族を分析する視点および方法に，女性への視点がどのように導入されているかについて，女性の地位あるいはパワーの観点から検討し，今後の家族研究の課題を方向づける試みである。

　現代家族への視点は，少なくとも二つの流れに挑戦されている。一つは，現実の世界における家族および女性をめぐる状況の変化とそれに対する家族理論の対応に関するものである。女性の世界は家族であるという規範を前提に成立する家族理論への挑戦は，家族の集団性や両親性といった前提が崩れるほどの社会的変化から突きつけられ，特に既婚女性の就労と離婚の増大が，その変化の根幹となっている。もう一つはフェミニスト理論からの挑戦である。家父長制と資本主義の相互作用が男性による女性の支配を構造化する，という論点は，夫婦結合の原理に基づく現代の核家族を過去の家父長支配から解放された平等家族とみなす家族への視点を否定することになる。

　家族「理論」の中でも特に国際比較を踏まえた変動論や，夫婦間のパワーを資源や正当性によって説明しようとする資源論・交換論には，家族の個人化や夫婦という支配関係への接近を可能にするものがある。さらに，現代を理解するために必要な縦断的アプローチの成果に期待できると思われる。また社会的平等の観点からの家族への視点も，問題設定の方向づけに貢献するであろう。

　現代家族へのアプローチは女性への視点を抜きにしては不毛である，といえるほどに女性をめぐる変化は著しい。女性が体験する生活世界の状況や，女性

観・結婚観・家族観などの社会規範，そして，それらを公式化する法律などにみられる変化は，現代における世界的な共通項であり，女性は社会変動の重要な促進要因であるといえる。果たして，女性への視点は，家族研究におけるパラダイム変革の可能性を持つのだろうか。

女性をめぐる現実の変化は，近代の産物である社会構造に対しても，また社会変動の分析視点に対しても，際立ったインパクトを与えたとはいいがたい。女性が家族という領域に社会的に隔離されてきたことが，女性をめぐる諸条件を「別扱い」するイデオロギーや行動を形成した重要な理由であることは，フェミニストならずとも指摘できよう。

女性が家族という「私的」領域でのみ「公的」な存在を認められる近代社会の構造やイデオロギーの下では，女性＝家族であり，家族の分野で「女性と現代」を考察することは，女性の全存在を現代という脈絡でとらえることになり得る。しかし本章では，現代という時点における家族研究に，女性への視点がどの程度どのように導入されているかを，女性の地位あるいはパワーの視点から検討し，今後の課題を具体化する方向を探ることに限定したい。研究成果の豊富なアメリカの例を検討することを通して，日本をはじめ非西欧型社会を含む現代における女性＝家族を再考する。

2 現代家族への視点

家族研究においてみられる基本的な視点や，そこから派生する分析枠組みや方法は，今日，避けて通ることのできない大きな挑戦を受けている。ここでは，次の2種類の挑戦を指摘しておこう。第一の挑戦は，家族社会学の足元から突きつけられたともいえる，現代の世界における変化とそれに対する家族研究（あるいは理論）の対応に関するものである。第二の挑戦は，フェミニズムの視点から導かれた，女性の抑圧に貢献する制度としての家族に関する論点である。この二つの挑戦は，共通の糸で結ばれており，それは女性をめぐる現実と視点なのである。

まず，第一の挑戦が顕在化してきたのは1970年以降であるとみられるが，すでに1960年代に，従来の家族の前提が崩れつつあることを認める動きはあった。

第12章　家族理論におけるジェンダーとパワー

たとえばファーバーは，制度としての家族の存続を前提としつつ，現実の家族において家族成員の結合原理が変化していることを認めて「異性は，いつでも，どこでも，配偶者となりうる」と，家族の変化の方向を示している（Farber [1964：ch.4,5]）。核家族が典型とされたアメリカ社会で，他の形態をとる家族が増加してきたことが注目されるようになり，両親がそろっていない家族（離婚・死別や未婚の親とその子）や親子ペアと1人の成人，あるいは複数の親子ペアの組み合わせ，夫・妻がキャリアとしての職業を持つといった家族が，容認されるようになった（目黒［1987b：3］）。これは，性関係の統制，所与としての一夫一婦制や双親制（two-parenthood），永続性などの従来の家族の前提が挑戦されることを意味したといえる。

ベラードは1970年代の家族研究にみられる特徴を，男女の役割変化に対する関心の強いことであったとしている（Berardo［1981：251-254］）が，そのような動向についてスキャンゾニは，それは研究者の知的関心がもたらした結果ではなく，「現実の世界」の現象，特にフェミニズムの復活とインフレによる女性の雇用増加が促進した動向であった（Scanzoni［1983：237-238］）としている。

女性をめぐる変化は，どの局面をとっても家族に影響を与えることになるが，特に顕著な変化として大方の合意が得られるのは，既婚女性の労働市場参加の進行と離婚の増加である。都市型産業社会が要請するところの性別分業型核家族の割合が減少し，夫婦ともに就業する核家族が増加したことは，女性の市場役割を正当化することにつながった。しかし，市場の二重構造は女性の就業における性差別を保持しつづけ，家族関係については，妻・母の就労がもたらす問題という設定で，働く母親とその家族が注目された。社会システムの要請に機能的な家族システム，という視点に立つ分析モデルを用いる限り，市場の生産労働力の再生産にフルにコミットしない就労妻・母は，問題源でしかない。ホフマンとナイによる働く母親の研究は，未成年子をもつ母親の就労が増加しつつある現実を否定できない事実としてとらえ，夫や子どもへの影響とともに妻本人への影響をも考察する重要な試みであった（Hoffman & Nye［1987］）。

もう一つの大きな変化である離婚は，特に1960年代半ばから1970年代半ばまでの10年間で2倍となったが，「永続性」という前提に何が起きたかを示すも

のである (Bernard [1983a : 15])。

既婚女性の労働市場参加と離婚率の急上昇とが同時性をもっていることは，国際比較研究によって明らかであるが，両者の因果性については不明である。しかし，離婚率が一定に上昇しつづけていることは，結婚生活それ自体の中に緊張が存在することで，男性に比べて女性の方に，結婚についての不満や問題が認められているところから，その緊張性は女性の方がより多く感じているという見方もある (Lupri [1983 : 23])。

ルプリは，結婚において最も重要な局面は分業と分権 (division of labour and division of power) で，経済力が権力に結びついている傾向には普遍性があるという (ibid.: 24)。市場生産に専ら従事する男性の経済力は，その男性に経済的に依存する立場の女性に対する権力となって，夫婦の権力関係となるわけである。17ヵ国比較を通してルプリは，現代の女性と家族と社会の関係に三つのテーマがあると結論する。

第一は，産業化が進んだ社会では，女性の経済活動が量的にも内容においても急変しており，特に過去10年間にみられた傾向は，既婚女性の市場参加あるいは再参加である。第二のテーマは，第一テーマとの関連で，女性がフルに経済的・社会的平等を実現する際に，構造的・人間関係的な障害に直面する状況が続いているということである。障害のあり方は社会によって異なるものの，女性の役割変化の内容や方向は，どの程度「女性問題」の解決がその社会の経済発展の前提条件となるか，またその社会の政治イデオロギーにどの程度含まれているかによる，という。第三のテーマは，大多数の男女が組み込まれている核家族の構造それ自体が，女性の完全な平等に対して効果的な圧迫となっている，というものである [ibid.: 13-14]。女性の地位・役割の変化についてまとめられた17ヵ国から浮かび上がった三つのテーマは，文化的・経済的・政治的条件を考慮した上で，多くの社会に適用できる仮説となり得ると思われる。特に，第三のテーマは，フェミニズム理論における家父長制の原理と女性抑圧の相関というテーマと共通するものである。

現代の家族が性的平等を圧迫する構造をもつからといって，単身女性が平等達成に有利なわけではない。「私的」領域とされる家族においてのみ女性が社会的に位置づけられるシステムの中では，単身女性は社会的位置づけの足場を

第12章　家族理論におけるジェンダーとパワー

もたない。結婚の時期の遅れや離婚の増加によって，女性の単身生活者は，青年期と老年期だけでなく中年期にも広がっている。世帯主といえば男性を意味する用語であったが，アメリカ政府統計局は1980年にそのような使用法を止め，Head of Household は公式の場から姿を消した（Bernard［1983：15］）ほどである。

家族を通してのみ女性の存在を位置づけるシステムが，女性のシングル化にもたらした影響の典型として「貧困の女性化」（the feminization of poverty）がある（Pearce［1978］）。この現象は，現代アメリカの貧困者は女性と子どもであり，夫に所属しない女性が男性中心の経済システムの中で差別されることに起因するとされる。そして，福祉システムは，福祉援助の受け手を貧困線以下のレベルに留める方針をとっており，長年にわたって培われた「女は男に頼るもの」という感覚が身についた女性たちにとって，貧困からの脱出が困難であるという（Sidel［1987：15］）。アメリカ社会にみられる貧困の女性化は，社会構造と性差別イデオロギーの産物であり，条件が整えば他の社会においても出現する，あるいは出現している現象である。

現代を見るためには，歴史的な連続と断絶を整理することが有効である。女性と家族に関して，メイは，1900年以前と以後の離婚にみられる変化を個人主義の変化に求めている（May［1980］）。彼女の結論は，1900年以前の離婚は，各々の役割を果たさない配偶者との同居にともなうコストを回避するために行なわれ，ここに個人主義の表現がみられるという（ibid.：46-47）。1900年以後の離婚記録によれば，人々は単にコストの回避だけでなく，自己の価値づけに沿った報酬を求めるという個人主義の表現を離婚という形で示しているという。アメリカの1920年代の夫婦は，個人の幸福を達成するための自己を中心とする私化された家庭を求め，個人生活が人生の中心となったという。女性は，夫に対して良い稼ぎ手で楽しい仲間であることを望み，男性は妻に対して楽しくて慎み深いことを望み，夫婦は結婚により少ない犠牲とより大きい満足を求めた（ibid.：76,90-91,163）というのである。

このような「離婚の選択」という個人主義の表現と，今世紀になってからの変化をみると，1970年代の離婚は，結婚における特定パートナーによるコストの回避と人生を楽しむための仲間を配偶者に求めるという後者の延長線上にあ

235

ることがわかる。ただ，コストとなる要素の内容や楽しむという欲求の内容に変化があったということを確認する必要があるだろう。また，今日の離婚の頻度の著しさと，年齢や階層の広がりは，離婚の通常化（人生の通常出来事の一つとなること）という意味をもつわけで，それは現代の特徴だといえよう。

現代家族への視点として看過できないインパクトを与えるフェミニズムは極めて多様な内容をもっている。現代と家族を女性抑圧あるいは支配という観点からみる時，大方の合意を得ている論点は，家父長制と資本主義の相互作用が公私の世界において男性による女性支配を形成し維持する働きをもっているということである。ソコロフは，前期マルクス主義フェミニストの研究によって女性の家事労働が無償・無価値で労働市場における女性の低賃金・低地位はそこに原因があることが結論づけられ，後期マルクス主義フェミニストによって，女性の家事労働は家父長制によって形づくられ，労働市場における家父長制と資本主義の関係が女性の賃労働の性格を決定した，という2点が付け加えられたとしている (Sokoloff [1980＝1987：233])。

家族内における家父長原理と市場におけるそれとが相互補完的に性別分業を強化し固定化した例として，ソコロフは家族賃金の制度化を挙げているが，夫が家族をどうにか養える程度の報酬を与えることによって，女性を家庭に留まらせ，妻の家事労働を通しての自己の再生産をするという，市場と家庭の分離を定着させる重要な役割を果たしたことを重視している (ibid.：219,230)。

現段階におけるフェミニスト理論の家族理論に対する問いの典型は，女性の家事労働と市場における低賃金が資本主義を支え，男性による女性支配の家父長制を維持させているという論点をどのように取り込むか（あるいは否定するか）ということだろう。さらに，そこから派生するいくつかの論点は，現実の世界にみられる諸変化によって支持されていることからも，家族理論が対応しなければならない課題である。その一つは，家庭は男性にとっては休息の場であっても，女性にとっては私的労働の場である，という点。第二は，家族の社会化機能の研究が性別分業を前提としてきたことへの理論的再考。そして第三に，女性の就労による経済力と夫婦のパワー関係を，家父長制の維持・崩壊という観点から把握すること。

現代家族への視点は，性別分業や性役割の前提から自由になるところから形

成されることになる。

3　家族理論における女性

　アメリカの初期社会学者たちが活躍した19世紀後半から世紀の変わり目にかけては，ヴィクトリア時代の価値観と福音派の宗教活動の影響が濃厚で，女性のセクシュアリティの否定や個人主義の後退がみられた時代であった（Scanzoni［1983：30-32］，Howard［1981＝1987：44-48］）。スペンサーやウォードは家族の進化を測る尺度として，女性の身分や地位を具体的に挙げており，特にウォードは伝統的な性別役割のうち不変のものはないと考えていた（ハワード［1987：45-48］）。革新主義時代といわれる1890～1920年の30年間は，アメリカ社会学が学問として成立した時期であると同時に，産業化および都市化による社会秩序のひずみとして家族問題への関心が強まった時代である（ibid.：89-90）。

　当時増加していた離婚への学問的関心は高く，離婚の頻発は家族の再構築過程であり，この過程を通して女性は新しい権利と義務を手に入れ，それを基準に他の家族関係が調整されるだろう，といった見解もあった（ibid.：97-98）。権威主義から愛情に家族結合の原則が移行する時代にあって，結婚に対する女性の選択的な態度が，経済的重圧とともに離婚率を上昇させているとして，離婚を家族の健全さの証しである，つまり社会適応の症状だとみるのが，社会学者の立場であった（ibid.：99-100）。社会解体論の中での離婚の位置づけである。

　科学としての家族社会学における女性への関心は，このようなスタートを切った。しかし，西欧の主婦はすでに誕生し，女性＝家族という位置づけは定着していた。19世紀に発達した中産階級は，上流階級のもつ特定の慣習を真似し，富裕の証明として妻を家庭に専従させる傾向が強まり，中産階級の妻はフルタイムの母性を理想とした。そして，妻を働かせない余裕のない労働者階級やヨーロッパからの移民たちは，そのような都市中産階級のライフスタイルを彼らの家族規範として真似るようになった（Scanzoni［1983：32-33］）。したがって，女性は家族の中で正当な位置づけをされ，市場労働はもちろん他の生活領域には見えない存在として，学問的にアプローチされる傾向が続いたといえる。

家族近代化論の中で，初めて女性の地位や役割を家族変動の尺度として取り上げたのはグードであろう。彼は，配偶者選択の方法や基準，家族内役割構造，生産力，社会化，離婚の様態などを，世界中のほとんどの地域において家族の動向と密接に結びついている要素と考え，家族変動の変数とした。産業化と夫婦家族との相関に家族イデオロギーを媒介変数として導入したことにより，それまでの単線的変動論から脱却したといってよい（Goode［1963］）。

　夫と妻の教育程度が夫婦間の平等に影響を与える傾向があることはすでに明らかにされていたが，ロドマンの貢献は国際比較を通して，夫婦のパワー関係を規定する文化的要因に注目させた（Rodman［1967：320-324］）ことである。社会規範として家父長制イデオロギーの強い社会では，高等教育が民主的平等観を形成するために，高学歴夫の妻に対するパワーは相対的に低下する，あるいは夫婦間の平等に近づくという。

　産業革命は資本主義の発達や職住分離，家庭に閉じ込められた女性＝主婦の誕生など，女性抑圧の重要な契機とみられている。しかしスキャンゾニは，産業革命によって生産の単位が集団・組織から個人となって，女性を含めて個人の経済的自立の可能性が生まれたことを評価した（Scanzoni, L. & Scanzoni, J.［1976：201-253］）。彼は，中世ヨーロッパや植民地時代のアメリカの妻が夫の財産であったのが，現代の夫と平等のパートナーの地位に上がるための最大の資源であったとみるのである。

　スモックは8ヵ国の比較をもとに，男女の役割関係に「相補的」「上位・下位」「修正上位・下位」の三つのタイプがあると指摘し，これらのタイプは文化的要因に規定されているという[1]（Smock［1977：383-421］）。とはいうものの，最初の二つのタイプは産業化の進展が遅れている社会にみられ，第三のタイプが発展の進んだ社会にみられる傾向がうかがえる。

　現実の世界における様々な変化が，家族研究の視点に影響を与え始め，性役割に焦点をおく研究が増加したのは1975年以降だった。主なテーマとしては，職業キャリアをもつ女性と結婚生活，性役割概念の整理，性役割態度，女性の経済的役割，性役割の測定などを含み，女性の役割を中心に考察するのが一般的だった[2]（目黒［1982→1987］）。家族内の権力・勢力構造や夫婦のパワー関係についての研究は第二次大戦後盛んとなったが，単なる役割分業パターンを記

述するとか，意志決定パターンの解明をめざすものが多かったといえよう。その中で，ブラッドとウルフのデトロイト調査は，勢力構造の先行研究を踏襲して都市中産階級の夫婦の勢力関係を夫優位・妻優位・平等の3タイプにまとめ，アメリカの夫婦の勢力関係が，家族生活に関する意志決定において協議・一致型の平等タイプをその典型とすることを示した（Blood & Wolfe［1960］）。ここで彼らは，夫婦間平等に分業平等と一致平等があることを踏まえて，アメリカ夫婦の実態は後者であるとしたわけである。男女の異質平等と同質平等の議論につながる点であるが，アメリカ社会の規範が反映されていることは明らかである。さらに，夫婦の勢力関係は，学歴・収入・職業上の地位などの個人属性や親の属性といった個人のもつ社会的ネットワークを含む資源に規定される，つまり，資源の大きい方がより大きい勢力をもつ，という説明をした。このような資源論（resource theory）は，妻と夫という家族内の個人を女と男という社会的・文化的に規定された個人に結びつける作用をもつ点で，従来の家族内勢力関係論の枠を超えている。その意味で，資本主義や家父長制の脈絡で妻と夫の関係を分析するためのミクロ理論やメゾ理論の構築の道具となるはずである。

　ブラッドらの資源論の応用が文化的要因に規制されることは，先述のロドマンによる研究に示されている通りである。そして，夫婦間勢力に関する資源論は，特定の個人との結婚や離婚，再婚，あるいは他の生活スタイルの選択における費用と報酬に基づく交換論の一つのタイプであるとみることができる。この点からも，家族と社会の相互浸透を分析の射程に入れる可能性をもつと思われる。この可能性をもたない分析枠組みに，歴史的時間の産物として女性をとらえる作業は望めないのである。しかしながら，ブラッドらの資源論のもつ可能性がその後展開されたとはいえない。その理由は，彼らの理論は夫婦ダイアド（conjugal dyad）を基準単位とする前提で妻と夫の勢力関係をみていたからではないかと思われる。

　それに対して，アメリカの結婚をパワー・ポリティックスという視点でとらえたのがスキャンゾニである。彼は，社会関係を報酬を求める過程であるとして，結婚もその延長線上にある交換関係とみる（Scanzoni［1972：ch. III, IV］）。彼によれば，結婚というシステムは，夫と妻がそれぞれの権利と義務を

含むような結婚役割の構造化を行なうという互酬性によって維持される (ibid.：62)。しかし夫婦関係は過程であるから常に動いており，そこに夫婦間の折衝 (negotiation) や交渉や取引 (bargaining) が存在する (ibid.：66)。したがって，結婚や家族の社会学において高い関心がもたれている結婚の安定性は，単なる「折衝の結果としての秩序」とみようとしているわけである。「ある個人の他者に対する譲歩が，何らかの形で酬われることが期待され，長期的に各人の払った犠牲の釣り合いがとれるような相互作用」というターナーの一般的なバーゲニングの定義 (ibid.：66) にしたがって，スキャンゾニは夫と妻の関係を性のバーゲニング (sexual bargaining) と呼ぶ。

交渉には資源が必要である。妻と夫のもつ資源に大きなギャップがあることは，フェミニスト研究や社会史研究によって明らかである。資源論では，資源の大きい側がパワーをもつことになる。しかし，交渉過程における資源は，その効果が相手の認知によるところが大きいと考えてよい。スキャンゾニは，夫と妻のパワー関係を資源の認知という視点から，パワーの正当性の尺度でとらえようとする (図12-1)。つまり，資源に対する価値づけが資源としての意味をもたせることに注目したのである。図12-1のパワーの正当性について，彼は公正 (fairness) の概念で説明する。たとえば，妻のもつ資源を前提として，夫の妻に対する要求が，その時点での規範に照らして過剰であるとき，妻は搾取されると感じるのであり，その上で，夫がその要求を強制する状況を「支配」という (Scanzoni [1979：303])。また，妻が夫から得る利益や報酬が，その時点での規範による公正さに照らして大であれば，妻はその立場の有利さを認め，夫からの要求に正当性を認める (ibid.：303)，と説明する。パワーの正当度の評価は，利益や報酬の度合いによるというとらえ方である。夫婦関係における利益や報酬もまた認知によるわけであるから，操作上の関係は残る。夫と妻を，利害集団としての男性と女性の一種であるとみるスキャンゾニの交換理論は，現実世界の変化やフェミニスト理論からの挑戦に対応する力を備えていると思われる。

1970年代までの研究をベースにした理論化の作業は，アメリカの結婚の質や安定性に関する研究の豊富さを物語っている (Lewis & Spanier [1979：268-294])。この試みは，調査研究の成果を命題群や部分理論構築のために整理し

第12章　家族理論におけるジェンダーとパワー

図12-1　パワーの連続尺度
Continuum of Power

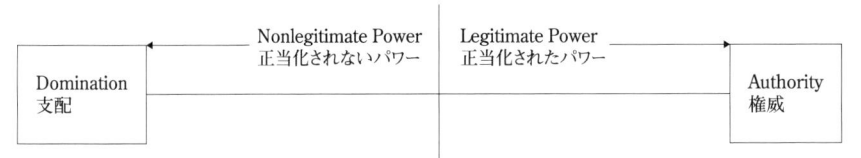

```
                 Nonlegitimate Power │ Legitimate Power
                 正当化されないパワー │ 正当化されたパワー
┌──────────┐←─────────────────────┼─────────────────────→┌──────────┐
│ Domination│                      │                      │ Authority│
│   支配    │                      │                      │   権威   │
└──────────┘                      │                      └──────────┘
```

出所：Scanzoni & Scanzoni〔1976: 317〕 *Men, Women, and Change*, McGrow-Hill.

図12-2　結婚の安定に影響する諸要因
Factors Influencing Marital Stability

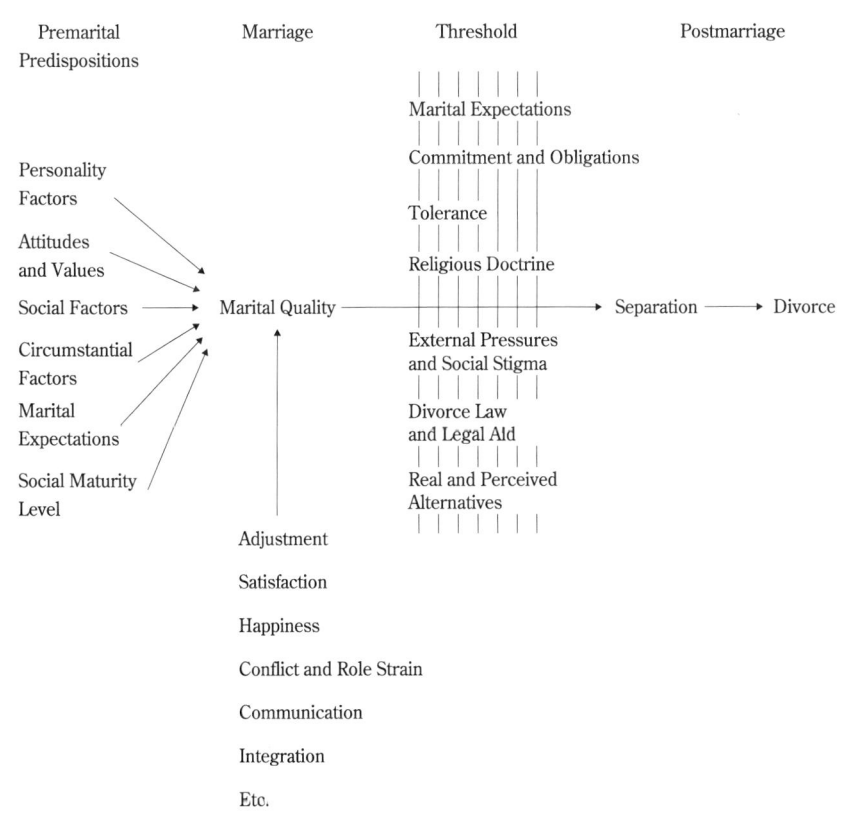

Premarital Predispositions	Marriage	Threshold	Postmarriage
Personality Factors		Marital Expectations	
Attitudes and Values		Commitment and Obligations	
Social Factors →	Marital Quality	Tolerance	→ Separation → Divorce
Circumstantial Factors		Religious Doctrine	
Marital Expectations		External Pressures and Social Stigma	
Social Maturity Level		Divorce Law and Legal Aid	
		Real and Perceived Alternatives	
	Adjustment		
	Satisfaction		
	Happiness		
	Conflict and Role Strain		
	Communication		
	Integration		
	Etc.		

出所：Lewis & Spanier〔1979: 272〕 *Contemporary Theories About the Family.*

ようとする方針で行なわれたもので，いわば現実世界の現象を抽出した整理箱のようなものである。ルイスとスパニヤーによる結婚の質と別居や離婚との関連図式には，二つの変数を介する諸要因のリストが含まれ，結婚の質の良し悪しが離婚や別居を結果するのではないことを示している（図12-2）。いわば離婚や別居の分かれ目となる諸要因には，家族理論への挑戦として先述した現実世界の変化の側面が含まれており，この挑戦に対応するためのガイドとなり得る。ただし，命題の整理表作りの対象となった研究には，今日的現実を反映しないものも多いので，そのような制約に注意しなければならない。

4　現代へのアプローチ

　「現代」「女性」「家族」の接点として，家族システムにおける男女関係である夫婦関係に焦点を当てた家族理論を，女性の地位あるいはパワーという視点から検討してきた。現代家族理論に求められている作業は，一つには帰納的理論化としての命題群抽出や部分理論の構築であり，いま一つは変動理論の構築であると思われる。両者は表裏一体であるが，特に最近では変動論への関心が強いようである。それは，現代への理解を的確なものにするための不可欠の作業であることはいうまでもない。

　ヒルは四つの代表的な家族変動論の効用を，アメリカ社会の歴史的変動経験の分析を通して論じた際に，現実の変化に十分適合する理論はないとしながらも，「家族変動の社会・歴史的ストレス論（A Socio-historical stress of family change）」に最大の期待をかけられるとしている（Hill [1984 : 96-99]）。この理論は，歴史的な意味での緊急事態に家族は適応性が強く，「転換世代」が結果的に生み出され，その後，世代的に継承される価値観や行動パターンがみられる，というものである。歴史的出来事という時代のインパクトが，その時点での発達段階あるいは人生上の段階を異にする個人に異なる影を落とすわけで，出来事による時代の転換が特定世代によって背負われるという認識が鮮明である。

　ヒルが社会・歴史的ストレスと呼ぶ出来事は，戦争や経済恐慌などの非通常的で社会成員全体にインパクトを与えるようなタイプのものである。近代にお

いて構造化された性別分業や性役割イデオロギーに規定される女性の人生は，非通常的歴史的出来事によって，男性とは異なるインパクトを受ける。1960年代のアメリカにみられた社会的断絶は新しい研究枠組みを要請し，ライフコース研究の視点は，その要請に適合し，過去の人生の掘り起こし作業を触発することとなった。女性のライフコース研究にくり返し現われる要素は，戦争や恐慌といった歴史的出来事の中での経済的損失と女性個人の雇用という経済との関連項目である[3]。数量的なコーホート分析や個人の生活史研究など様々な方法を駆使したこのような縦断分析は，歴史の時間と個人の時間の同調や葛藤を描き出すことを通して，女性にとっての現実世界の変化の意味の解明に貢献しているといえよう。

現実世界にみられる最近の変化は，家父長制の本質を引き継いでいた核家族の「集団性」の崩壊である。特定の個人を成員として固定化することが現実に困難となってきたことによって，夫婦関係の永続性や両親性が単一の基準とされなくなったのである。家族成員の組み合わせの流動化は，家族的生活を個人がその単位となって経験することを意味する。家族の典型は複数となり，単身生活もライフ・スタイルの一つとして，個人の一生の中に選択的に組み入れられることが可能となった。このような家族の個人化と呼べる状況は，女性＝家族の前提を崩すことにつながるといえる。

これまで家族の変化にもっとも直接的なインパクトを与えてきたのは経済システムである。近代社会が市場・国家・家族の三極構造をもち，市場に適合する形で他の二極が再編された[4]とするならば，国家・政策から受けるインパクトもあるはずである。確かに1970年代以降のアメリカでは平等や離婚などに関する法律の設置・改正が続き，家族の個人化を促進させるのに貢献したといえる。

女性の市場参加や平等志向が増大したことによって，家族政策への関心が世界的に高まっているといわれる（Kamerman & Kahn［1978：13-14］）が，社会的平等への関心とともに福祉国家における圧迫された女性の状況が家族システムへの関心を強めるようになったということが，現代の特徴の一つであろう。

最後に，日本の状況に触れるならば，家族的生活スタイルの多様化を意識の上で認める傾向は強くなっているものの，女性＝家族というイデオロギーは社

会規範として強固でありつづけている。そして，国際的な性差別撤廃運動の圧力によって男性中心主義の国籍法の改正や雇用均等法の施行が実現したものの，家族を私的領域として女性をそこに同一視する方針は，基本的に変わっていない。このような状況で女性が市場にフルに参加することは，公的領域としての市場と私的領域としての家族との境界を取り外す方向には変化しない。つまりは，吉田民人のいう三極構造の分立型から浸透型への移行（吉田［1988：15］）は実現しないだろう。このような構造は，家族の個人化が一般化するとき，女性個人の負担をむしろ増大させる働きをするものと思われる。現在，われわれがもっている家族理論でこのような状況を把握することは困難であり，まず必要な作業は，現代へのアプローチについての適切な問題設定再考に始まるのだといえよう。

注
1) 文化的要因には性別分業や女性の教育機会，統制における公私の割合，女性の就業機会と家庭内役割との同調性などが含まれている。
2) 性役割という用語が研究上かなり使用されるようになった1960年代後半以降の欧米を中心とした研究動向については次の論文を参照。目黒依子「家族と性役割の研究動向」湯沢雍彦・阪井敏郎編『現代の性差と性役割』培風館，1982年（『個人化する家族』勁草書房，1987年に転載）。
3) 例えば Elder, G.H., Jr., "Perspectives on the Life Course", Elder, G.H., ed., *Life Course Dynamics : Trajectories and Transitions, 1968-1980*, Cornell University Press, 1985, 27. および Elder, G.H., Jr., and Liker, J.K., "Hard Times in Women's Lives : Historical Influences across Forty Years", *American Journal of Sociology* vol. 88 No. 2, 1982 などを参照。
4) 吉田民人「性別＝脱性別文化形成の基礎理論をめざして——性差別の〈開かれた循環構造〉」日本社会学会第61回ジェンダー・テーマ部会報告要旨。吉田氏はポランニーの系譜に乗って，三極が資源移転形式の交換，再配分，贈与の領域であり，この構造が特殊近代的な性差別の説明項であるとしている。この場合，資源の意味は家族社会学理論でのそれとは異なっている。

第13章

家族の個人化
――家族変動のパラダイム探求――

1　はじめに

　1980年代は，家族のあり方が国家レヴェルで問われた10年であったといえる。産業システムの変化や高齢化に関する争点が家族への注目につながるとともに，女性の地位や性役割への関心の国際的な盛り上がりの中で，「家族の担い手」とされる女性がもつ社会的インパクトが，政策的に無視できなくなってきた。
　1970年代のアメリカでも，家族崩壊の危機感が強まった。マス・メディアなどにみられたセンセーショナルな家族崩壊論はさておき，歴史的文脈の中で家族変動を見ようとする諸研究からは，1970～80年代の変化が大きな節目であることがうかがえる。この時期に見られた変化は，近代家族の諸特徴が後退し，近代家族の諸前提が存立基盤を失っていった過程であったといえよう。たとえばそれは次のような研究領域に反映されている。まず，1960年代後半から盛んになりはじめた性役割研究では，家族や職業，社会構造の分析に性役割の概念を取り入れ，家族変動の理解に有用な道具を提供することとなった。「一家の稼ぎ手」「家族の養い手」という役割と「家政の担い手」「主婦」という役割が，それぞれ夫と妻の役割で，このような分業は，社会における男女間の性別分業と重なりあっている，というモデルの成立条件が，70年代以降のアメリカ社会で崩れてきたことを示す諸研究は，性役割概念によって近代家族の終焉を告げることになった。
　バーナードは，1980年のセンサスで男性が自動的に世帯主とならなくなったことから，夫―父は養い手，妻―母は主婦というアメリカ家族の「伝統的」構

造は，1830年代から1980年までの約150年の寿命であったと主張する（Bernard [1983b：157-158]）。またデイヴィスは，産業革命による職住分離システムが夫婦の分業のあり方を変え，夫が稼ぎ手となるシステムが成立したが，そのシステム自体がその成立基盤を崩す段階に至り，1970年代以降の状況が平等システムへの移行を促した，という（Davis [1984]）。いずれも，社会および家族における性役割の変化が家族システムの変動をもたらしたと見る立場である。

1970年代以降着実な成果をあげているライフコース研究が，家族へのアプローチとして注目された背景に，モーダル・コースから外れた家族の増加や家族の集団性の前提の揺らぎなどがあった。それは，一つのまとまりとしての家族という単位のみならず，その成員である個人を分析の単位とすることの正当性が認められることにつながったといえる。歴史的文脈の中で個人が歩む道に家族がリンケージとしてあるいは結果としてどのように関わるか，が問題となる。広い意味でのコーホート分析は，個人の生きかたに及ぼす家族の拘束という影響の変化を明らかにしてきた（Hogan [1981], Modell, et al. [1976]）。また，戦争や経済恐慌といった非通常的な歴史的出来事が及ぼす個人への影響が家族を通して規定されるという傾向も実証されつつある（Elder [1974], Elder & Caspi [1988], 前田・目黒 [1989]）。個人に対する家族の拘束の弱化のプロセスとともに個人に対する家族の規定性の傾向を明らかにすることで，家族変動への有効な接近が可能になったといえよう。

個人を分析単位として家族に接近する最も典型的な試みは，ボットに始まる家族のソーシャル・ネットワーク研究であった（Bott [1957]）。アメリカの1960～70年代に盛んになった都市親族ネットワーク研究では，分析の視点は家族または夫婦単位に向けられていた。一方，1970年代以降，社会構造分析の新しいアプローチとして興隆をみせてきたソーシャル・ネットワーク研究に，これまでのモデル中心の関心の持ち方への反省として，具体的な領域での実態分析への関心が生まれている。ウェルマンは個人の生活世界をパーソナル・コミュニティ・ネットワークとし，その中に親族を位置づけるという視点から親族関係の重要性を実証している（Wellman [1990]）。それ以前にも，個人の世界をソーシャル・ネットワークという概念で捉えることの有用性の主張はあり，親族と他の要素から成るパーソナル・ネットワークのパターンを明らかにする

試みはあった（野尻［1974a, b］）。この15年ほどの家族状況の変化の分析に，個人を単位とするアプローチが欠かせなくなったことは，ウェルマンなどのネットワーク研究に反映されている。

性役割の変化は，夫と妻の役割分業が妻の経済力獲得によって崩れ，性に固定的に付随していた二つの役割の結合で成り立つ家族という単位を，固有性の不明瞭な夫と妻という個人の単位に移行させた。また，ライフコースやソーシャル・ネットワークの視点の有効性は，家族の集団性や安定・調和という前提が崩れ，人間の家族行動が個人を基準に展開している現実を示しているといえる。家族変動を測る典型的な尺度は，家族形態や機能であったが，ここでは，家族の成員である個人の存在が顕在化する過程に着目し，近・現代において家族がその成員に対する拘束性を失ってきたことによって個人という単位が鮮明になったという「家族の個人化」仮説作りを考える。そしてそれを，近代家族を生んだ産業化は，日本の家族に何をもたらし，最近論じはじめられた「家族の個別化」やバラバラ化が何を意味するのか，を考察するための手がかりとしたい。

2　近代家族の成立

近代家族の成立基盤が崩れることによって家族の個人化が出現するとするには，近代家族出現のメカニズムに匹敵するようなラディカルな変革が生じたことを確認しなければならない。そしてそのためには，まず崩れることになる近代家族の成立過程を理解する必要がある。ここでは，家族の個人化が近代家族の終焉を意味するかという，家族のタイプの変革に関心があるので，近代家族の成立過程を簡単にみてみよう。

家族史研究の成果から得られる知見によって浮かび上がる図式は，近代社会の成立は家族や個人に対するコミュニティの拘束性を弱めた，というものである。たとえば，ヨーロッパの前近代における家族生活はコミュニティの拘束を大きく受け，家庭（household）は労働の場であり，地域移動が少ないために近隣は一生のつきあいであったことや，ヨーロッパの大半の家庭が大規模・大家族ではなかったけれども，個人に対する親族の拘束は大きかったことが指摘

されている (Laslett & Wall [1972], Segalen [1983])。また，王制と家父長制，民主主義と個人による配偶者選択や家族成員の平等理念といった，政治理念の変化と家族理念の変化の関連を指摘する研究もある (Goode [1963], Stone [1977])。

最も説得力のある説明は，イギリスの例にみられる。アンダーソンは，産業化の諸特徴がそろってみられ，そこからの問題が出てきたにもかかわらず受け皿はできていない時代が19世紀中期であったとして，その時期のランカシャーの研究から次のような結論を導きだした。産業化は若者に賃金を稼ぐ機会を与えたが，親の家を出て独立すれば親は子に対するコントロールを失う一方，自立可能な収入を得られる若者が結婚後も親の近くに住むことが多かったのは，非常時における援助を期待したからである。福祉国家の誕生は，公的援助や保険制度によって，親族への依存を減少させたが，精神的・情緒的ニーズは別問題であった。アンダーソンの理論枠組みは，親族を個人の人生の拘束や機会の構造としてのネットワークの一部である目標達成のための資源とみる交換理論とネットワーク論に立脚している。若者にとっての独立は，親からの贈与や遺産，職の提供などと，家族へのコミットメントとのバランスの結果であるとして，個人 (actor) によるニーズと可能な資源についての状況把握が親族関係のあり方を規定したという (Anderson [1971：1-18])。都市化の進行は，資源の乏しい親を持つ農村の若者たちをコミュニティや親から切り離し，若者の生活の自立を促したという説明は，19～20世紀のフランスの場合にも通じる。

セガレーヌによれば (Segalen [1983])，19世紀のフランス農村では夫婦 (couple) という関係は村落共同体や居住形態との関連性においてとらえられ (ibid.：53)，夫婦の個人的な都合よりも家族やコミュニティの要求が優先されたという (ibid.：41)。二つの大戦の間に伝統的な農村家族の相互扶助システムが変化した時，若者たちの離村が続き，農村の女たちも地主や都市の女たちとの生活状況の差に気づくようになり，能力のある若い娘たちは都市の職場を求めて離村するようになった (ibid.：174-176)。フランス農業の機械化は第二次大戦後にみられたが，農家が経営体となることで，機械への投資や運用の技術などの重要性から，それまで単純な農業労働の担い手であった女性は，近代農業から追い出されてしまった (ibid.：181-182)。都市の妻たちと同様に，農作

業や運営から外された農家の妻たちは，家庭や子どもの世話をする主婦となった（ibid.：182）。農業の近代化は，夫の代表性を確立し，分業を基礎とする夫婦の単位を明確にした。現代の農家の妻の祖母世代は「女主人」，母は「失われた世代」であったが，本人にとってはその位置づけが困難な役割変化を経験しているという（ibid.：179-180）が，農業の近代化が主婦化という形で夫婦関係を独立させたことを示すこのような事例は，開発途上国の状況とも結びつく。

農村からの脱出者の増加や農業が家族を中心とする方向に変化してきたことを，ティリーは人口増加と技術によって，移住が促進されたからだと説明する（Tilly［1988］）。人口増加による農村からのプッシュは都市の労働者を作り，それがプロレタリア化し，技術を持つ者は移住の先兵となって，コミュニティの拘束から自由な生活が可能となった，ということである（ibid.：342-343, 351）。

19世紀後半から20世紀にかけてのアメリカでは，都市化，官僚制化，そして中間層アメリカの規範の普及という規範の画一化がみられた（Modell, et al.［1976］）。都市化の進行にともない，親密な関係に対する親密性の増加と，周辺的関係に対する排他性の増加という生活世界の私化（privatization）がみられ，家族の私化が生じた（Fischer［1981］）。教育の義務化や労働市場への参加への年齢規制，結婚についての親の規制の弱化，福祉国家の成立による親族援助の相対的後退などを特徴とする都市型社会の私的家族の一般化がみられたのである。

産業化は，経済的独立を可能にするオプションを提供することで個人の移動機会の拡大をもたらし，個人に対するコミュニティや親族の拘束が弱まって，夫婦ユニットの表面化を可能にした。しかし，それは同時に，都市型産業における性別分業による主婦化をともなう私的家族を生みだした。産業革命は，それ以前の夫婦間の分業を一変させたとデイヴィスはいう（Davis［1984：403］）。彼は，職場と家庭の分離というシステムの下で，夫の経済的役割の重要性が増大し，それまでの経済活動が妻子と統合されていたのに対し，新しいシステムでは工場で家族と切り離されて行なわれることになったが，妻にとっての市場労働とは夫を通してのものとなり，女性が行なってきた家事や育児を家庭で行なうのが妻の役割となった，という。生産と再生産が，その実施の場所，制度，

担い手において明らかに分離された異なるシステムになっている状況を,彼は稼ぎ手システム (breadwinner system) と呼ぶ (ibid.: 403)。そして,このようなシステムが出現する以前に長年にわたって存在した家族を家内経済システム (household economy system) と呼ぶ。それは,男女の分業が明確にみられたものの,女性は採集や狩猟などによる食物の獲得から料理に至る役割を担い,家族は基本的には母子単位であって,男性の活動も,そのような家族を中心に展開していたからである (ibid.: 403)。1970年の後半まで,近代家族の特徴は,その構造や機能と産業化社会との適合性,あるいは,閉鎖システムの中の成員間の情緒的結合で説明されることが多かった。しかし,その後の変化を性役割の視点から分析することで,主婦化を基盤とする家族システムの揺らぎが見えはじめたのである。

3　近代家族の問題

　以上のような議論から明らかになった近代家族の成立基盤は,産業化という技術革新に基づく経済システムと,福祉国家の成立による生活サービス・システムであり,これらが進行する過程は主婦化の過程であったことから,性役割が不可欠な概念となる。主婦化 (housewifization) は,市場労働から妻を切り離して家庭内の役割に専従させること(家庭への追い込み)で女性を家族という単位の中の存在としたことや,そのような存在として行なう家庭内の労働と現実に行なわれる市場労働において,制度的に搾取される社会階級を作りだした,などの問題性を含んでいる。近代家族は基本的に男性に対する女性の経済的依存という社会システムの産物である。そして,そのシステムには様々な補強メカニズムが働いたのである。産業化以前より女性が担ってきた「産み育てる」(breeder)「食べさせる」(feeder)「働く」(producer) という三重役割 (Boulding [1977:55]) が,再生産と生産に二分された形となって,女性を再生産役割に閉じ込めるイデオロギーが強力となった。女性にとって慣れ親しんできた育児へのコミットは,むしろ苛酷な市場労働から逃れられる状況であり,労働者階級の妻たちの主婦イメージは,高学歴で公共活動を行なう上流階段のそれとは異なるものであった (Lopata [1971:367])。

産業化によって生み出された「夫は稼いで家族を養う」「妻は家族を守る」という役割分業家族は，産業化の進展にともなって，そのシステム維持が困難になってきた。つまり，近代社会の諸特性が夫婦の間の性別分業構造を危うくすることになったのである。たとえば，労働市場の需要や教育の普及・高学歴化，寿命の延びなどは，結婚の時期の遅れや拒否，出生力の低下，離婚の増加，就業増加などの背景にある重要な要因である。近代社会と近代家族のシステム間の矛盾については，これまで女性の状況の変化から説明する試みが多くみられたが，男性の役割葛藤の小さくはなかったことがわかる。バーナードは，「養い手役割」の心理的側面に注目し，男性にとっての成功は「いかに優れた養う人」であるかが決定的であり，その他の特性は無関係とされることから，アメリカの男性たちは働き蜂となったり，逆にその役割を拒否してきた，という（Bernard［1983：160-166］）。女性と同様に男性の役割に対する態度も，1970年代にかけて変化し，仕事や家族へのコミットメントは，男女間で収斂する傾向がうかがえる（ibid.：166-170）のである。

4　性役割革命と「家族の個人化」

　雇用される女性の大量増加を指して，デイヴィスは性役割の革命（Davis［1984］），スミスは精巧で微妙な革命（a subtle revolution）（Smith［1979］）と呼ぶ。いずれも，それが家族や職場に与える影響のラディカルさを指して，革命というのである。女性の雇用が早く進んだアメリカ合衆国の場合，たとえば1900年の被雇用者の男女比は女1に対し男4.5であったのが，1960年のそれは女1に対し男1.8となり，20世紀前半に最も大きく変化したことの一つが，雇用される女性の増加であった（目黒［1984a：132］）。この間に25〜64歳の男子の労働人口は，変化しておらず，高齢および若年男子の労働者の減少を埋め合わせる形で女子労働人口が増えた（ibid.：132）ということである。また，経済大恐慌期における既婚女性の職場進出は，夫婦の性役割の混乱や葛藤をもたらし，夫婦のみならず子ども世代への長期的な影響を残したのである（Komarovsky［1940］，Elder［1974］）。しかし，夫＝稼ぎ手という理念は，1930年代以降の福祉関連法に如実に表われており，事故や失業で働けない父を持つ子ども

に対する援助 (The Aid to Families with Dependent Children) は母親が在宅して子どもの世話をすることを奨励している。このような理念に基づく制度の下で，妻たちの就業は続いたわけである。1960年代以降，女性の就業率は上昇しつづけたが，特に1970年以降は，育児期の女性の就業率の上昇が著しく (Hartmann [1987], Vanek [1983])，1985年における20～44歳の就業率はおしなべて70％を超えている (Hartmann [1987：44])。

夫婦関係における妻の経済的依存性についてソレンセンとマクラナハンは，夫の経済力と妻の貢献との交換性を基準に，10年毎の国勢調査データを用いて1940年から1980年にかけての変化を分析した結果，40年間に白人女性では33％，少数民族の女性では42％低下したという (Sorensen & McLanahan [1987])。そして，妻の経済的依存性は労働時間によって説明されるとしている (ibid.：684)。近代家族の特徴である経済的依存性という性役割は，このような形で減退してきたのである。

離婚についてのパネル研究からも，女性の収入へのアクセスが離婚と正の相関を持つことが明らかにされている (Cherlin [1981：53-54, 59])。1970年を境に，離婚についての許容度は高まり (ibid.：62)，シングル女性が独立居住を好み，またそれを可能にする条件も整ってきたという (ibid.：72-73)。

このような傾向を，ハートマンは女性の自律性 (autonomy) の増大であるとし，男性支配の変化が次の三つの傾向にうかがえるという (Hartmann [1987：46])。第一は，非婚あるいは離婚による独立居住志向である。第二は，妻が経済力を持つことによって結婚以外のオプションが可能となり，それが夫婦関係の平等化をもたらすという，結婚の変化である。第三は，子どもとの関係の変化で，母子単位の生活や男性の経済力の相対的減少は父親の子に対する（夫の妻に対する）支配力を低下させたというものである。このような変化は，すべての女性に一律に経験されたわけではない。むしろ，貧困の女性化が論じられるほどに女性と貧困との結びつきは明らかにみられた。しかし，結婚が女性の経済的生存への道であるという状況ではなくなったという立場をハートマンはとっている (ibid.：58)。

産業社会が女性の市場労働を必要とすることで，女性の就労は裾野を広げ，次第に女性の経済力を相対的に強めて，性役割の意識変革にいたる過程をアメ

第13章　家族の個人化

リカの例にみた。ハートマンの結論にそって考えるならば、女性が養い手（provider）役割を手に入れたことで、主婦と養い手という妻と夫の性別分業システムとしての近代家族は崩れた（または崩れつつある）ことになる。産業化と福祉国家（Welfare State）という近代家族の基盤は、それぞれの変化を通して、女性の自律性を強める結果を招いたのである。ただし、上に述べたような近代家族は、一つの典型ではあっても、あらゆる産業社会に出現したとは言いがたい。開発という名の急激な近代化を経験してきた途上国では、主婦化現象は現われても、サービス制度の確立を見ないうちに、女性たちは市場労働にはいるというパターンがみられるのは、近代家族が西欧の一時期に生みだされた特殊なタイプの家族であったことを物語るのかもしれない。

　ハートマンの結論に含まれる三つの傾向は、女性がより多くのコントロールを持つようになったこと、家族の安定と個人のライフ・チャンスとの非整合性、支援システムと貧困化との関連性などについて気づかせる。女性の自律性の強化は、社会制度の改革がともなわないと、貧困化などにみられるような福祉的状況の悪化を招くことになろう。そこで、家族タイプの変革のメカニズムについて、図13-1のようにまとめてみたい。夫婦の単位が親族やコミュニティとの関連に埋没しているタイプ(1)から近代家族というタイプ(2)への変化には、個人が経済資源へのアクセスを手に入れた産業化というメカニズムが働いた。そして、福祉国家というサービス・システムが個人への支援資源としてでなく、統制機能をもっていた。タイプ(2)から個人を単位とするタイプ(3)への変化には、女性が経済資源へのアクセスを手に入れた性役割革命を必要とする。その場合、個人への支援機能を持つサービス・システムが必要となる。タイプ(3)は、世帯のシングル化それ自体を意味するのではなく、経済依存性＝性役割という基盤のない男と女という個人間の関係をベースとしたタイプである。自律個人の家族的連帯は、「平等家族」とは等しくない。タイプ(3)には個人を対象とする制度的支援が欠かせないからである。そのような制度が確立されているとはまだいえない。夫と妻の性役割の輪郭が不明瞭になった状態を平等夫婦ということもできようが、それはもはや近代家族の夫婦とは異質のベースに立っている。このような変化を、家族の前提が個人化していると考えるのである。

253

図13-1　家族の個人化のメカニズム

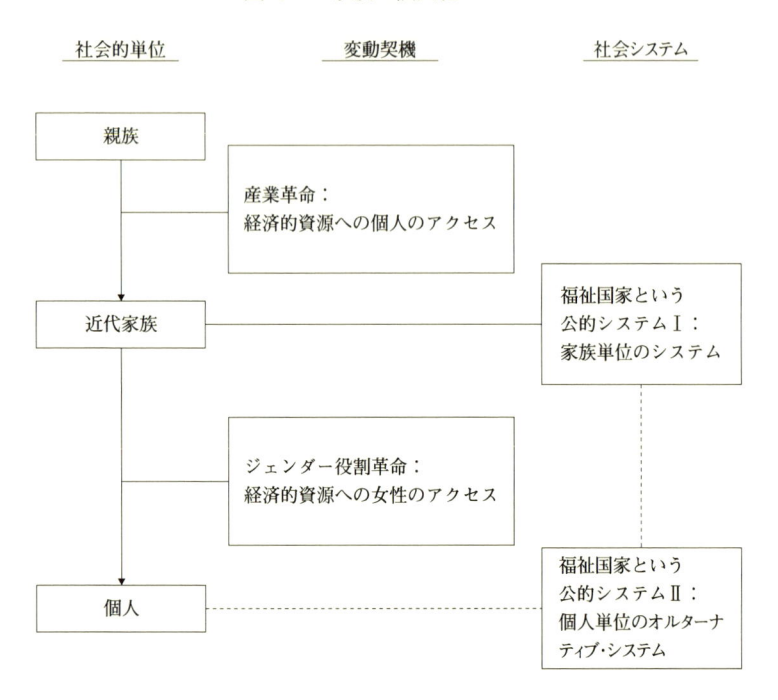

社会的単位	変動契機	社会システム
親族		
↓	産業革命：経済的資源への個人のアクセス	
近代家族		福祉国家という公的システムⅠ：家族単位のシステム
↓	ジェンダー役割革命：経済的資源への女性のアクセス	
個人		福祉国家という公的システムⅡ：個人単位のオルターナティブ・システム

5　日本の家族の状況分析に向けて

　日本の家族の現状を上のような枠組みで捉えようとするとき，まず問題になるのは，日本に近代家族は成立したか，もし成立した場合には，それはいつか，である。性別分業や経済的依存性の存在は自明すぎるといってよいほどであるが，主婦化については，その時期に議論の余地があろう。さらに，女性の就業行動はアメリカのそれと類似している点も多々あるが，性役割革命はどこまで進んでいるか。また，福祉国家としての性格についても検討が必要であろう。離婚動向や高齢化への対応も異なる傾向がみられる。

　最近指摘される家族の個別化やバラバラ化という現象は，近代家族成立を経験しない段階における個人化であろうか。これらの疑問は，日本の家族を理解するために，明らかにされなければならない。日本に近代家族が出現したかど

うかは別にして，女性の就業動向や性役割のある程度の変化，そして高齢化などから，個人を基礎とした人生観を持つ日本人の増加は予想できる。また，家族の理解を深めるためには，個人を単位とみるアプローチはもはや欠かせない段階にきているといえよう。このような視点からの日本の分析は，別の機会に試みたい。

第14章

転換期にある日本の家族
――近代家族から家族の個人化へ――

1 日本の家族：社会的背景

　家族の変化をどのようにとらえるか。1980年代にみられた社会的，政治的，経済的，人口学的変化は，日本女性の生き方に大きな影響を与え，日本における家族の再検討を促す道を開いたといえる。家族解体を恐れる政治家たちがいる一方，家族社会学者の一部やフェミニストたちは，家族の変化現象を家族生活スタイルの多様化過程であると理解した。少なくともこの10年に社会の公的領域に対して女性が影響を与えたことは明らかである。その好例は，1989年に1.57，1990年に1.53となった出生率の急激な低下である。日本の為政者にとって，家族という制度は国家の基盤であり，人口統制はまさに国の効率的経済成長のための不可欠な装置であった。人口構成のバランスは，急速に高齢化が進む社会にとってその経済的繁栄の決定的要素である。出生率の低下と労働力不足に直面した政府は，女性の役割を「基本的に家族に閉じ込める」か「独立した市場労働者」とするか，あるいは「新しいもの」とするかの再評価を迫られる状況となった。どの方向に評価が結果されようと，社会の再構築を進めようとするならば，家族についての政治的定義は変わるはずである。家族は常に政治的課題であったが，今ではそれが公的に議論の余地がある課題となっている。

　日本の家族は，1980年代までの数十年の間に一連の変化を経験している。大戦後の憲法により基本的人権の概念が導入され，1948年の民法により戦前の家父長制的イエ制度は終焉した。このような新制度は家族に平等主義を導入し，平等主義は若い世代を中心に受け入れられていった。結婚の概念は，家長の決

定権の下にある家族間の連合から二人の個人の結合へと変化し，夫婦家族が理想的選択肢として浮上した。

家族構造も根底的に変化した。出生率の低下とともに家族規模は縮小し，家族構成も夫婦とその子どもたちから成る方向に単純化が進んだ。1960年代初期において核家族が理想家族として浮上したこととの関連で，その頃に日本の「近代家族」が誕生したとする理解があるが，この「近代家族」は西欧の「近代家族」と同じものなのか。そして，先述の家族生活スタイルの多様化過程は，西欧社会の一部で経験されたような「近代家族 (the modern family)」の終焉を意味するものだろうか。これらの疑問に答えるために，家族変動分析の一般的な枠組みと日本社会の状況に見られる特徴を明らかにする必要がある。

2　分析枠組み

戦後の家族研究における主要なテーマは，戦前の直系家族制度の諸側面がどのように消滅してきたかを確認し，近代民主家族のどのような側面が日本社会に出現・定着してきたかを発見することであったといえる。家族変動に関する通説であった収斂理論は，民主主義が導入され，工業化や都市化が急速に進行した日本の状況に対して，いかにも適合性のあるモデルであった。しかし，日本の変化のプロセスは画一的ではなく，封建的・家父長制的直系家族制度の解体が最初の20年に急激に進んだのである。1960年代半ばに核家族が数量的な主流派となったことにより，多数の家族社会学者たちは，日本の家族が直系家族から近代核家族に，そして制度から小集団に変化したと確信するに至った。そして，研究の焦点も，家族集団内のダイナミックスや，都市や官僚制社会における家族に向けられ，西欧の分析モデルの適用が活発になった。しかしながら，このような研究過程において，1960年代に浮上してきた日本の近代家族と産業革命を経た近代社会に形成された西欧の近代家族を対比し，その同質性／異質性を確認する作業は行なわれなかった。

ここで，現代日本の家族を歴史的脈絡の中に位置づけるために，私が「個人化モデル」と呼ぶものを提示したい。このモデルは，前近代から近代へ，そしてポスト近代への家族の変化をコミュニティおよび家族の拘束から個人が解放

される過程であるとの理解に基づいている。近代家族の発展に関する諸研究によれば，ヨーロッパでは近代国家の成立により社会の成員である個人に対する公的サポートを提供する仕組みができたことで，親族やコミュニティの個人に対するコントロールが弱められたとされる (Anderson [1971], Laslett & Wall [1972], Segalen [1983])。同時に，産業革命が個人の経済的独立のための機会を提供し，それにともなう地理的移動の促進が社会的単位としてのカップルを出現させたという。この過程は都市化の過程でもあり，そこでは，親密な関係はより親密に，周辺的な関係はその重要性を減少させ，そして，家族やパーソナルな生活は私化 (privatize) された (Modell, et al. [1976], Fischer [1981])。ヨーロッパにおける都市化と家族単位の農業への移行は，人口増加と技術開発によってもたらされた (Tilly [1988]) という。

親族やコミュニティから経済的に独立した私的家族の誕生は，高度に体系化された性別分業の制度化を意味する。つまり，夫と妻の間の分業と男性と女性との分業が，家庭と職場の分離によって統合されたのである。産業化と福祉国家の発展が，男性に対する女性の経済的依存が不可欠となるシステムを誕生させ，このシステムの成果が近代家族というわけである。

このような近代家族における鍵となる概念が，社会におけるジェンダー役割と家族における夫婦役割の結婚の産物といえる「主婦化」である。産業化社会の維持のために家族内の性別分業は必須条件であるものの，産業化の進展そのものによってその必須条件との適合性が脅かされるという運命でもあった。たとえば労働市場からの要請や教育の高等化，寿命の延びなどは，晩婚化や出生率の低下，離婚の増加，就労女性の増加をもたらす要因でもあった。産業化社会の自律的な家族は，夫と妻がそれぞれ担う養い手役割と主婦役割の組み合わせを前提として成り立つものである。アメリカにおいて近代家族がすでに終焉を迎えていることについては，異なる領域の研究による確証があげられている (Bernard [1983], Davis [1984], Hartmann [1987], Smith [1979])。妻による夫への経済的依存性という名のジェンダー役割は，1940年から1980年の40年間にその基盤を消失してきた (Sorensen & McLanahan [1987])。女性による所得へのアクセスは，離婚，離婚に関するリベラルな態度，独立した生活志向と正の相関がみられる (Cherlin [1981]) のである。また，女性が経済的自立を

獲得したことを，ハートマンは，自立生活への志向やより平等な夫婦の関係（女性が結婚以外のオプションを持つ），父親の子どもに対する支配の減少（夫の経済力の相対的減少）に見出している（Hartmann [1987]）。

　上記のような近代家族の衰退を示す尺度は，ジェンダー役割の不明瞭さ，特に，女性の役割パターンの変化から抽出されている。女性たちが単身者として，単親として，あるいは共働きパートナーとして家族の養い手・稼ぎ手役割の担い手となったとき，近代家族はその基盤を失ったのである。したがって，性別を問わず，また，生活の形態を問わず，社会的単位は個人となったのである。「性別役割革命」（Davis [1984]）または「微妙な革命」（Smith [1979]）は，産業革命が近代家族の創造の鍵であったように，近代家族の段階から次の段階へのシフトの主要な鍵となったといえるのである。

　第13章の図13-1は社会変動過程における社会的単位のタイプとその社会的単位の創造および維持のための必要条件（契機と社会システム）との相互関係を示している。西欧において経験された家族変動の過程は，親族およびコミュニティのコントロールから独立した結婚に始まり，さらに家族集団から独立した個人の出現につながった。産業革命と福祉国家はともに個人が自律性を獲得するための機会構造を提供したが，福祉国家Ⅰのサービス・システムは家族を基準としたコントロール機能を持ち，個人のニーズを充足するような設計とはなっていなかった。したがって，さらなる産業化が経済的資源へのアクセスを女性たちに提供したことによって，彼女たちを家族という単位の中に閉じ込めることはできなくなった。しかしながら，社会システムが福祉国家Ⅰの仕組みのままでは，貧困の女性化などの問題を生じさせることになった。それでもハートマンによれば，結婚する・しないは別にして，結婚はもはや女性にとっての経済的生存のための手段ではなくなった（Hartmann [1987：58]）。

　西欧の経験に基づいたこのモデルは，日本の，特に現代日本の家族変動についての考察に極めて応用性が高い。日本社会は，戦前の家父長制的直系家族制度を放棄し，夫婦家族制度を受け入れた。そして最近では，家族生活における個人化や個別化に関する議論が出現している（目黒 [1987b, 1991]，家族社会学セミナー [1991]）。このような変化の背景には，急激な経済成長やジェンダー観の変化，そして強力な国家政策がある。

3　日本の夫婦家族

　戦後初期の20年における庶民のライフスタイルは,「二つの家族」ではなく「二人の個人」の結合という結婚の法的定義と重工業を基盤とする経済発展政策によって道筋がつけられた。家族変動の第一段階の特徴は,戦前の家父長制的直系家族から夫婦家族への転換である。最も可視的な変化は,家族という単位の規模と構成にみられた。1世帯の平均人数が1920年から1955年にかけて5.02から4.97とほぼ一定していたのに対し,1960年代には平均世帯人数はかなり減少し,さらに1985年の3.23まで減少しつづけている(表14-1)。この数字は単身世帯や非親族を含む世帯を含んでいるが,世帯規模の縮小は寿命の延びや出生率の低下,都市世帯の増加などに影響されたものといえる。核家族世帯の割合が増加しはじめたのは1960年代で,1955年には62％であったものが,1960年には64％,65年には68％,75年には74％となった(原田[1973])。世帯規模の縮小と核家族世帯の優勢化は1955年から1975年の間に同時進行したのである。

　このような構造変化とともに,家族理念の転換もみられた。戦後の平等理念に基づく法制度の下で,ロマンチック・ラブ理念の許容が配偶者選択のパターンに反映され,1960年代半ばには恋愛結婚の数が見合い結婚を初めて超えた。このように,家族形成の領域において夫婦家族理念の許容がスタートしたが,戦前の直系家族制度の諸側面に変化をみるには多くの時間を要した。特に,世代間同居や老親扶養を含む家系の継承,中でもジェンダー役割やジェンダー観は持続し続けた。1960年代の世論調査の評価を基に,青井は,(日本人は)生活水準の向上や若い世代の態度をもとに民主主義を受け入れつつ生活の実態に意識を合わせているとする(青井[1974])。

表14-1　世帯規模

年	1920	1950	1955	1960	1965	1970	1975	1980	1985
1世帯あたり人員(人) (普通世帯)	5.02	4.97	4.97	4.56	4.05	3.69	3.45	3.33	3.23

出所:人口問題審議会他編『日本の人口・日本の家族』1988年,16-17頁。

急速な産児制限の受容や傍系親族・非親族との同居の減少などの結果，夫婦家族の構造的側面が浮上し，子ども数は2人か3人というのが規範となった。高出生率・低死亡率世代[1]が高度経済成長期の1960年代に成人への移行期に達し，急速な都市化が核家族が優勢となる背景であった。そして，個人の価値観や態度の形成は，職業構造における地理的および世代間移動をもたらした産業化を経験するタイミングによって規定されたといえる。

たとえば，1936～40年出生コーホートの35％以下が，彼らが10歳時に都市住民であったが，15歳時には約60％が都市住民であった。このコーホートは，彼らの少年期に都市化され，夫婦家族創造の主たる貢献者であったのである。1916～20年出生コーホートの場合は，成人期に達した後に都市化された。彼らの60％は35歳時に都市住民であり，30歳時には40％強が都市住民であったのである（阿藤［1991a：24］）。これらの統計は，その後の家族変動パターンを理解するために重要である。

日本は，産業化社会と夫婦家族の構造的適合性を示す典型である。日本の経済復興・成長を達成するために，当てになる，そして献身的な労働者が必要であった。平等家族規範が受容されたにもかかわらず，女性の役割は家庭に，男性の役割は稼ぎ手として，という性別分業観が基本原理として維持された。これは，スキャンゾニの分類によればパートナー・タイプというよりは代表―補完者タイプの関係である（Scanzoni & Scanzoni［1976］）。目黒と森岡は，1970年代の研究成果を概括した結果，「お金を稼ぐこと」以外のすべての家庭内役割は圧倒的に妻によって遂行されていると結論した（Meguro & Morioka［1983］）。妻にとって自分自身の家庭という世界における「自律性」は，彼女の夫への経済的依存によって可能となり，その夫は，人的資源の再生産者としての妻を保持するために，養い手役割を果たすに十分なだけのお金を稼ぐのである。民主的夫婦家族制の名の下に，家庭における性別分業が市場システムにとって不可欠な資源であった。

4　ジェンダーと家族

ここで提示したモデルは，女性の経済的独立が近代家族が変化する契機とな

ることを前提としている。ほとんどの先進諸国において女性の経済活動への参加は，数量的にも構成においても劇的に変化したことが，国際的に比較可能なデータで証明されている。既婚女性の市場参加が，完全な平等をともなうことなく各国で広まったことは，特に1970年代において顕著にみられたといえる（Lupri［1983：13］）。日本も，働く女性の数量的増加，また，職場と家庭の対立する要求に基づく問題という観点からも，例外ではない。新しい技術の開発は女性たちに職業の選択肢を提供することになったとはいえ，彼女たちは主として非熟練・低賃金の地位に留まった。女性たちが学校卒業後結婚（主婦キャリアの開始）までの期間に働くようになったのは高度経済成長期であった。

このような「臨時」労働者の割合は増加しつづけたが，1970年代半ば以来，既婚女性のパートタイム就労が一般化した。1983年には，女性就業者の51.3％が既婚であったが，これはパートタイム就業者を含んでいる。パートタイムのみの就業女性の割合は，1970年の12％から1975年の17％へと増加し，1987年には25％と漸増した（労働省［1990］）。パートタイムで就業する既婚女性の大半は，家庭の主婦としての役割を脅かすことなく家計のニーズに対応すべく就業している。典型的に彼女たちはこのような形で初めての就業を経験しているか，あるいは30歳代半ばで子育てを終えた段階で再就職している。このような就業パターンは，望ましいとされる家族役割と変わりやすく部分的な仕事を供給する市場のニーズとの適当な妥協である。

パートタイム労働者は，多くの場合，現在の税制では，専業主婦と同じ位置づけをされている。日本の公共政策は，稼ぎ手と主婦で構成される標準家族を前提としており，年収100万円未満の配偶者を持つ働き手には配偶者控除が認められている。パートタイムで働く既婚女性のほぼ6割は「稼ぎすぎの誤り」を避けて夫の扶養家族の地位を選択している。また，年金制度も，サラリーマンの妻が自身の拠出金を支払うことなく老齢年金を受給できる仕組みによって，稼ぎ手と「無給」主婦の組み合わせ夫婦を支持している。働く妻は当然，年金受給のためには自身の拠出金を支払うのである。

「主婦制度」と産業との間の関係について，いま一つ興味深い例は，第三次産業に従事する女性（フルタイム，パートタイムを含む）の割合が，1970年の61％から1980年の68％に増加したことにみられる。これは，サービス産業がより

柔軟な雇用機会を女性たちに提供し，また専門的な家事サービスが市場で提供されることで，多くの女性たちの就業が容易になる，と解釈できるからである（Meguro [1985a：261]）。サービス産業の発達により，女性たちが主婦アイデンティティを放棄することなく労働市場に参加し，働くか働かないかの別なく女性は主婦でありつづけて，ジェンダー化された家族制度の維持に貢献したということである。

　夫婦がそろっている家族の場合，妻の家計寄与率の平均は1989年当時19％であった。平均収入における男女差は高学歴・若年層では縮小していたが，就業女性における既婚・中高年齢層女性の割合が増加したことにより，女性の収入は男性の約6割に留まっていたのである。

　家族という制度の意味は，人口学的要素による影響を受けるといえる。1970年代以降の日本は，寿命の延びとともにもっとも急速な高齢化社会となった。そこで日本の女性は，末子の結婚後25年以上の人生のうち平均18年を定年退職または半定年退職後の夫との「高齢ハネムーン期」を，そして残りを一人で送ることが予想される事態となった。この延長された高齢期の出現が，慎重に人生を設計する必要性を女性たちに意識させることにつながった。年齢を問わず女性たちの理想のライフコースとしてもっとも支持されたパターンは，出産前と育児期後に就業し，育児期間中は家庭中心の生活という仕事と家庭の組み合わせであった（経済企画庁 [1987]，東京都 [1990]）。成人後の一生を完全に家庭または仕事に生きることを理想とする女性は希少ではあったが，特に若年層ではその傾向が強くみられた。東京都の調査によれば，1988年に初就職の19歳から20歳代前半の女性たちの43％が「仕事—家庭—仕事」パターンを理想としたが，その母親たちではわずか27％がそのようなライフコース・パターンを実現していた。高年層の女性たちの職業キャリア・パターンは，夫の職業キャリアに強く影響されたのである（目黒 [1987a：200]）。

　女性たちが一般的に好ましいとする生き方は「家族か仕事」モデルではなく「家族と仕事の両立」モデルであり，それは加齢に応じて変化する異なる諸段階の連続を前提にした人生であることがわかる。そこで問題となるのは，変動する社会という環境の中で，いかに家族生活と職業キャリアを調整するか，である。都市の若い女性たちの「成功観」は，「自分の目標を達成すること」（43

%），「幸せな家庭生活」(38%)，「仕事を通して自信や満足を得る」(33%) などと多様化しており（東京都［1990］），職業キャリア志向の強い女性たちは職業生活への専心が強力である。

急速に進む高齢化に対応するためには，日本の社会的サポート・システムの再構築が必要である。これまでそのシステムは，高齢者のケアを含む女性の再生産役割に大きく依拠していた。日本の公共政策は，家族を基盤とする安価な福祉制度を採用することにより，負担を女性に直接的に担わせるものであった。この考え方は戦前の家族理念と同類のものであるが，今日の女性たちには歓迎されない。他方，労働力としての期待も女性たちに向けられている。最近の労働力不足は，単に低賃金で調節材としての労働力としてのみならず当てにできる献身的な労働力としての女性を求めるところまできている。これまでも女性は労働市場とケアの両システムから求められる労働力であったが，今日の労働力不足と急速な高齢化による社会の女性に対する要請は，かつてないほどの負担を女性に強いるほどの規模といえよう。この15年ほどの間に，ジェンダー分業の仕組みについての異議が発信され，草の根活動家たちの主張が女性や家族に影響を与える政策に取り入れられるようになった。ジェンダー・イシューへの関心の高まりは，いずれ，ジェンダー化された社会システム自体の実効性を疑問視する方向に社会を変化させる可能性があろう。産業社会と人口学的変化からの多様な要請が継続する状況では，ジェンダーを前提とした家族という制度は危険に晒されているのである。

5 個人化に向かうのか

最近の一連の家族社会学セミナーにおいて，「家族の個人化」や「家族の多様化」という戦後家族変動の第二波議論が浮上した（目黒［1987b］，家族社会学セミナー［1989-90］）。近年の家族の変化は，家父長制的直系家族から民主的夫婦家族への変化という第一波の延長線上にあるものの，その特徴は家族構成や規範，行動などの多様化だといえる。このような諸現象は，近代家族枠組みを基礎とする見方をすれば家族解体の段階と位置づけることも可能であろう。しかし，家族研究の新しいアプローチの一つとしての個人化枠組みを適用する

ならば，このような変化の諸現象は人間社会の制度として最も長く続いた家族システムの生命力の証明であると解釈できるのである。

　新しいアプローチに共通している点は，両親と子どもで構成される家族を所与とすることへの疑問を呈していることである。核家族が多数を占めている状況はあるものの，その割合は1975年の43％から1985年の40％へと低下している一方で，夫婦のみ世帯は11.6％から13.7％に，単親と子どもの世帯は5.4％から6.3％に，そして単身世帯は19.5％から21.8％にと増加傾向をみせている。離婚数および離婚率は1960年代半ば以降増加している（1965年は0.79/1,000，1985年は1.39/1,000，1987年は1.30/1,000）。結婚年数10年以上の夫婦の離婚率が増加してきたことが1975年以来の特徴である。さらに，婚姻形態の変化を示す指標としてあげることができるのが再婚率で，1975年以降，婚姻歴の異なる夫と妻のあらゆる組み合わせに増加傾向がみられた。1987年では，全結婚における再婚率は17.8％となった。ここでは，全再婚カップル中，約3分の2において妻が再婚者であり，再婚妻と初婚夫の結婚が増加している傾向が読み取れる。

　このような傾向は，家族構成自体よりも個人と個人のパーソナルな関係を重視することへの関心が高まってきたことを示唆している。家族集団の関係的側面の重要性については，すでにソーシャル・ネットワーク分析枠組みを用いた家族やコミュニティ生活の研究が指摘しているところである（たとえば目黒 [1988a]）。長寿化が進んだ現在，家族関係を個人のライフコースの脈絡の中に位置づけ，意味づけることが不可欠となった。たとえば，結婚の時機（タイミング）は1970年代半ばから初婚年齢の幅が拡大したが，これは晩婚化と関連しており，結婚適齢期の観念を弱める結果を生み出すことになった（人口問題審議会他編 [1988]）。1989年時，20～24歳の女性の未婚者は86％，25～29歳層の未婚者は37％で，これらの数値は西欧先進諸国との比較においても極めて高い（阿藤 [1991b]）。結婚の時機および配偶者選択のパターンについては，全体として多様化していることの厳密な実証はできないものの，部分的には多様化しているとする研究もある（渡辺・近藤 [1990]）。

　日本政府は，家族制度は社会の基盤であるとの見解を維持しつづけている。国内外からのジェンダー視点に立つ政策提言を受けて，政府は家族およびジェンダー関連の法改正・整備を実施してきたが，1985年の「雇用均等法」は，雇

用における男女の機会の平等を進める契機を作ったものの罰則規定はなく，また，1991年の「育児休業法」は，出生率低下への対応策的意図をこめて，女性たちに生産・再生産の両役割の担い手となることを進める策であった。

　日本における女性および家族関連の公共政策には，概して家父長制的な特性がみられるが，そこには二つの要素が含まれている。一つは伝統的家父長制の概念であり，もう一つは，カルダーの「危機と補償論」にみる国家介入，行政支配，またはコオプト制である (Calder [1988])。後者の意味は，過去の政策との整合性に欠ける要求が国民から生じた際に，行政の対応方法がその要求に応えることによって社会システム維持を図るか，あるいは補償を提供することによって危機を回避する，というものである。急速な経済成長の結果，日本政府は，国民の要求や不平，不満に対し経済状況の改善という補償を提供することによって，産業中心の政策を第一義としてきたのである。

　このような家父長制的政策は，現在の日本的夫婦家族を創造し，維持することに極めて効果的であった。その夫婦家族を前提とする福祉および経済システムの再構築が急務となっていることは，ジェンダー役割の根本的な変化を示唆していることに他ならない。女性たちが労働市場に参入しつづけてきたにもかかわらず，「ジェンダー役割革命」は経験されていない。経済的豊かさの環境下で，家族の生計を維持するために女性たちが一家の稼ぎ手とならざるを得ないという状況が生じていないのである。しかし，福祉および経済システムからの新しい，そして，相互に矛盾する要求の結果，女性たち自身の「家族」の定義を創造することになる可能性がある。家族の形態が多様化しはじめたことにより，個人は意味のある関係性の創造を迫られるという問題に直面することとなった。社会関係における選択性の原理はようやく正当化されることとなり，結婚は唯一の生き方とは認識されなくなった。にもかかわらず，ライフスタイルや人生上の出来事経験の時機などにおいて非通常的な人生を歩む個人が，不公正な社会構造に根ざす諸問題に直面するという予測は，現存の家族単位を前提とする政策が根本的に変化しない限り，あり得るのである。

注

1)「高出生率・高死亡率」世代（1925年以前出生コーホート）は5人きょうだ

い中，79%が15歳まで，50%が40歳まで，40%が65歳まで生存；「高出生率・低死亡率」世代（1926～1955年出生コーホート）は4人きょうだい中，70%が15歳および40歳まで，66%が65歳まで生存；「低出生率・低死亡率」世代（1956年以降出生コーホート）は2人きょうだい中，2人が40歳まで，2人弱が65歳まで生存（阿藤［1991a：21］参照）。

第15章

ジェンダーと家族変動

1 女性の変化は家族を変えるか

　1980年代にみられた社会・政治・経済的および人口学的変化は，日本の女性の生活環境や生き方についての意識にかなりの影響を与えたといえる。「80年代は女性の時代」といったネーミングは，女性が家庭の外に出ることを公認し，それをむしろ奨励するかのようなムードをつくったかのようにみえる。このような動向は，当然のことながら，女性が家庭の中の存在であることを前提とする家族の性格をも変化させることにつながる。家族の変化は，既存の家族システムを所与として成立している社会システムにとっては，緊張をもたらす要因となり，その種の危機感は，出生率の低下を示す数字によって一挙に表面化したといってよい。1989年の特殊出生率が1.57と急落し，続いて翌年には1.53となり，1992年には1.50となっている。

　日本の場合，社会基盤としての家族は，倫理的統合のみならず，経済発展図式の前提として重要性をもっている。急速な高齢化の進行によって生じた人口構成の問題は，女性の生き方と出生率の関連を政治問題化し，増大する「女性の就労」と「家族による福祉」という二つの拮抗する要素とあいまって，女性の変化と家族の変化の相互関係の重要性を浮き彫りにしている。

　1980年代にみられた日本の女性の変化は，国際的な女性の地位向上運動とも連動している。1975年の国連「国際婦人年」第1回大会に続く「国連婦人の10年」の間に，あらゆる性差別撤廃への取り組みが，種々の婦人団体や草の根女性グループのみならず日本政府の課題となり，実質的な女性の地位向上を達成

するための努力が進められた。このような国際的な女性運動には二つの側面が含まれている。一つは，世界各地で現実にみられる女性の状況に対する認識と状況改善への施策を配慮するという側面である。いま一つは，性差別が生まれた文化的・構造的背景についての分析，および女性解放の実現のための枠組みを追求するフェミニズムの運動という側面である。日本でも，さまざまな形態で存在する性差別の確認をすることや，差別の解消に向けての運動や施策が展開されてきたのだが，女性の地位が過去との比較の上では向上した今日の状況において，性差別問題が複雑化したことは否めない。国際的な女性運動においても，またフェミニスト的視点からの研究においても，女性の役割や地位が家族システムとの関連によって規定されてきたと認識され，広い意味での「家父長制」[1]の解消が女性解放に結びつくという論点が共有されている。

女性と家族が共変関係にあるならば，日本の女性の変化は，どのように日本の家族を変えているのだろう。また，家族の変化によるインパクトとして，女性の変化が促されたといえるのだろうか。あるいは，女性にみられる変化は，日本の家族システムの根幹をなんら変えることに結びついていないのだろうか。

本章では，家族変動の枠組み，および「日本の女性の変化」を把握するモデルを整理し，後者によって日本の状況を確認したうえで，前者の評価につなげる試みをしたい。

2　家族変動へのアプローチ

家族社会学における家族変動の分析枠組みは，グードの研究（Goode [1963]）によって，それまでの経済発展と家族類型を単線的に関連づける近代化論から脱皮することになった。彼は，家族イデオロギーという文化的要因を導入することによって，文化的差異を考慮に入れた国際比較と，家族の歴史的変化の考察を可能にする方向づけをした。彼が用いた夫婦家族イデオロギーという概念は，彼にとっては夫婦関係の平等を前提としたもので，この平等主義への着目は，彼が用いた変動指標と同様に，初めて女性の社会的地位を照準に入れた，画期的な試みであったといえる。

続いてロドマンも夫婦関係の平等という文化的要因を用いて，夫婦の勢力関

係の国際比較を行なった（Rodman [1967]）。女性に対する着目がより明確なスキャンゾニは，産業革命によって女性が個人として自立する機会を入手することになったとし，女性の経済的自立の可能性を提供する社会構造が，平等な夫婦関係につながるという図式を提示した（Scanzoni & Scanzoni [1976]）。

　このような家族変動論は，夫婦の平等に正面から光を当てる枠組みであり，その点で評価すべきである。しかし，あくまでも集団としての近代家族を念頭に置いた，また，それを分析の対象としているがゆえに，その後の現実の変化を説明する力をもっていないといえる。さらに，近代社会の性役割を前提としているところが，フェミニスト理論からの挑戦を受けることになった。

　一方，家族社会学の主流の代表でもあったヒルの研究は，社会成員全体にインパクトを与えるような歴史的出来事と，そのインパクトを背負う特定の「転換世代」によって，いわば変動の節目が形成されるという，変動のメゾ理論を提示した（Hill [1970] [1984]）。家族変動論としては「世代」に着目したきめの細かい枠組みで，女性への着目はあるものの，近代社会が創り出した性役割を疑問視することなく展開されている。しかし，価値観や行動パターンの世代的継承や断絶に着目するヒルの研究は，1970年代以降に展開するライフコース研究に属するものであり，コーホート分析や個人の生活史研究などさまざまな方法を駆使した縦断分析のアプローチとして，女性にとっての現実の変化の意味を解明する重要な方法といえる。

　現代家族を分析する視点および方法は，現実の家族の変化によって挑戦されるようになってきた。特に近年にみられる家族現象の変化は，女性をめぐる状況の変化と不可分であったことが，その特徴であろう。既婚女性の就労が一般化したことや離婚の増大などが，近代家族の主要特性である集団性や性役割に基づく両親性を突き崩す要因となった。これは，典型的にはアメリカ社会でみられた動向であるが，他の産業社会でも類似の傾向がみられた。

　家族分析の視点や方法に対するもう一つの挑戦は，フェミニスト理論から突きつけられた。夫婦制家族は平等な夫婦の結合を核とする，という視点から，現代の核家族を過去の家父長制から解放された平等家族とする家族変動枠組みは，家父長制と資本主義の相互作用が男性による女性の支配を構造化したとするフェミニスト理論によって問われることとなったのである。

現代家族へのアプローチは，このような二つの流れからの挑戦にみられるように，女性への視点を抜きにしては不毛といえる。この点に関しては，すでに別稿にて論じた（目黒［1988d］）ので重複は避けたいが，少なくとも1970年代以降に産業社会でみられた家族の変化は，産業化によって生み出され，またそれを促進した「家庭および市場における性役割」という変数が，産業化の進展とともに，近代産業社会の基盤を崩す作用をする結果となって生じたという点を確認しておこう。「性役割」には男女両面が含まれるのはもちろんだが，「夫は稼ぎ手」「妻は家庭を守る」という役割分業システムが，「稼ぎ手」となる，またはならざるを得ない妻の増加によって矛盾を顕在化させ，また，公的市場での活動は女性の権利であるという主張の拡大によって問い直されることとなった，というところから，性役割の変化は女性の変化から生じたということがいえよう。

男性のみならず女性もまた「稼ぎ手役割」の主たる担い手となる傾向が見られるようになった1970年代以降のアメリカ社会では，社会における性別分業と家庭における夫と妻の役割分業が重なり合った性別分業システムを前提とする分析モデルの成立条件が崩れてきた。社会および家族における性役割の変化が家族システムの変動をもたらした，つまり，「夫と妻の役割分業が妻の経済力獲得によって崩れ，性に固定的に付随していた二つの役割の結合で成り立つ家族という単位を，固有性の不明瞭な夫と妻という個人の単位に移行させた」（目黒［1991：9］）といえる状況となったのである。性役割という概念を分析道具とすることによって，近代家族の成立基盤を明確にすることができると同時に，その崩壊過程における個人化の出現を把握することが可能である，という「家族の個人化」仮説（目黒［1991］，Meguro［1992］）は，最近の家族現象の変化を説明する一つの枠組みである。

図15-1は，西欧社会の経験の要約から導き出された「家族の個人化」モデルである。西欧に成立した近代社会および近代家族は，その成立契機が産業革命に求められる。それは理論的には，個人の経済的自立の可能性が出現し，個人主義の理念が普及することを意味した。しかし，その個人は男性という人間を意味していた。「近代家族の成立」が本章のテーマではないので詳細は避けるが，要は，家族という社会的単位が顕在したのは，男性という個人が自律性を

図15-1 家族変動のメカニズム

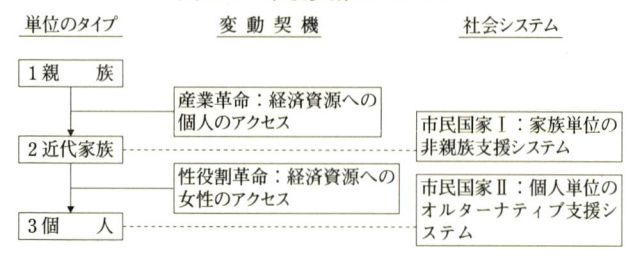

単位のタイプ	変動契機	社会システム
1 親　族		
	産業革命：経済資源への個人のアクセス	市民国家Ⅰ：家族単位の非親族支援システム
2 近代家族		
	性役割革命：経済資源への女性のアクセス	市民国家Ⅱ：個人単位のオルターナティブ支援システム
3 個　人		

Meguro〔1992: 38〕より一部修正。

もつ近代社会においてであり，親族組織や地域社会から独立した私的世界としての家族の中で，私的存在として女性が位置づけられた，つまり「主婦の誕生」をみたということである。このような状態を指して，家父長支配からの個人の解放が近代社会の特徴だ，といわれるのが一般にみられたが，フェミニスト理論では，性別分業に基づく私的家族を家父長の本質を引き継いでいるものとみなしている。女性という個人の解放は，私的近代家族の変質を必要とすると同時に，そのような家族の変質は，社会システムの変化をともなうことなく実現しない，という視点は，フェミニスト理論の共通認識であるといってよい。

　このような理論とは別に，実際に現実の世界で女性が「稼ぎ手」役割を担う傾向が強まり，それとともに，性別分業システムへの疑問が突きつけられるようになってきたわけである。このような状態は，結婚という制度が女性にとっての生存の手段ではなくなりつつあるということ（Hartmann [1987: 58]）で，結婚，恋愛，家族などのおのおのの機能が再確認される必要を生み出している。このような最近の変化は，現行のシステムを一挙に変革する性格のものではないが，家族システムのみならず社会全体の仕組みの再編を促すところから，「性役割革命」と呼ぶ（Davis [1984]）にふさわしい。産業革命を契機として出現した個人＝男性の経済的自立の可能な機会構造と，そこに出現した近代家族は，ともに性別分業の固定化を確実に進めた性役割イデオロギーによって支えられていた。したがって，女性＝個人としての経済的自立の可能な機会構造が出現することは，性別分業構造を崩すことにつながるのである。これは，近代家族の基本前提を崩すことでもある。つまり，男女夫婦というペア関係を基本単位とする家族から，特定の個人を基本単位とする特殊な個人間関係としての

「家族」への変化がもたらされるということになる。これが家族の個人化現象である。

家族研究において「個人」への関心がみられたのは相互作用論であるが、そこでは私的近代家族が研究対象であり、分析単位としての個人への関心であったとはいえない。個人を分析単位とする立場は、1970年代以降にさかんになったライフコース研究において明確にされたが、それは、変動パターンにおける多様性に着目するところから得られた必然であるといえる。アメリカ社会における価値観の急激な、時には静かな変化と同じ時代に発達してきたライフコース研究は、当然のことながらライフコースの性差にも着目することとなり、例えば、妻の夫に対する経済的依存度の減少を明らかにする（Sorensen & McLanahan [1987]）など、性役割の変化と家族の関連に鋭い分析を展開してきている。

性役割革命は始まってまだ日も浅く、家族変動を説明しうる概念であるかどうかについて結論を出す時期ではない。しかし、少なくとも、1970年代以降の変化の潮流を分析する道具としては、きわめて有効であるといえる。

3 女性の自立または個人化へのアプローチ

私的領域としての家族システムの中で社会的地位が認められていた女性が、家族システムの内外で個人としての地位を確立する方向に時代は変化しつつある。女性の変化と家族の変化の相互関連を説明するモデルらしきものについて整理してみると、次の二つが代表的であると思われる。一つは、女性のエンパワーメント（empowerment，力をつける）・モデル、もう一つはライフコース・モデルとでも呼んでおこう。この二つは従属変数の違いによるもので、前者では「女性のパワー」、後者では「家族」が、それぞれ従属変数となっている。

エンパワーメント・モデル

図15-2は女性の地位分析のための枠組みとして提示されたものである。この枠組みは、1970年代までの研究資料をもとにまとめられた試論であるが、国際的な女性の地位向上運動の中で特に1980年代以降の基本概念として用いられる

ようになった「女性のエンパワーメント」を考えるための一つの枠組みといえる。この概念は、女性解放という視点に立つ女性の地位向上を意味している。つまり、女性が男性と同様に独立した社会的個人として、生き方およびその環境としての社会の仕組みについての意志決定を行なう力をつけることが、現代における女性の地位の向上であるという理解である。

図15-2では、機会構造、経済力、知識を資源要因とし、それが、規範を媒介としてライフ・オプションを規定するとみなしている。女性のエンパワーメントは、そのような過程を経て実現されるというものである。ここでは、「家族」はライフ・オプションの要素という位置づけとなっている。男性による女性支配の原理が、男女の生物学的差異から派生したジェンダーに基づくという立場で考えられた枠組みであるところから、家族理念そのものからの解放によって、女性の個人としての［力をつけた］社会的地位が確立されるという図式である。

国際社会において、1980年代になって浮上した女性のエンパワーメント戦略の背景には、産業先進国における性役割の変化や、女性の変化と社会システムとのズレから生じる「貧困の女性化」、世界システムの中の開発途上国における開発と女性の状況の変化、などがあった。特に、開発において女性が単なる受益者として、あるいは道具として位置づけられていた結果、開発の進展とともに女性の状況が向上するどころか、むしろ悪化したという事態となったことが指摘されている（ナイロビ将来戦略［1985］）。「国連婦人の10年」最終年の世

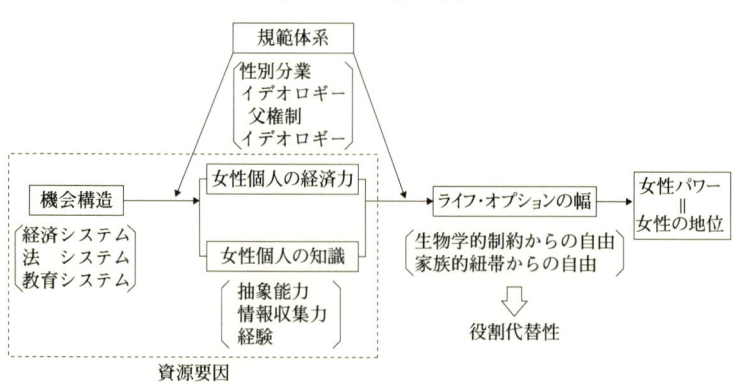

図15-2 女性の地位分析の枠組み

出所：目黒［1980b: 95］

界会議でまとめられた10年の成果のレビューと評価（ナイロビ将来戦略）では，先進国・途上国の女性の共通の問題として，女性が生産および再生産に関する多重役割の担い手となっていることが指摘されている。生産と再生産という役割が男女の役割分業となって成立している家族システムは，女性にとっては多重役割負担の源となる。この認識は，西欧社会の主婦化現象を経由した状況については妥当であるが，西欧型近代家族を経験しない途上国の女性の性役割については，その主婦化現象をも含め，更なる考察を要する。

途上国の女性たちにとって，「収入を得る活動」と，情報を共有し，連帯をするための「ネットワークづくり」は，機会構造とともにエンパワーメントのための重要な資源となっている。図15-2の枠組みでは，はからずもそれらの要因は経済力・知識という形で位置づけられている。

ライフコース・モデル

ここでライフコース・モデルと呼ぶものは，主として人口学的変化と社会・経済・政治的な状況の変化とともに，女性の社会的役割や生き方についての観念などが変化し，結果として，女性の場としての家族が変化してきたとみる分析枠組みである。いわゆる家族の崩壊説は，女性が家庭の中で主婦としての役割を十分に遂行しなくなったことによって，家族の統合が崩れたという論である。これは，なぜ，女性がそのように変化したかについての考察よりも，崩壊すべきでない家族であるから，女性は家庭に帰るべきである，という視点に立っている。したがって，女性の自立論とはほど遠い。

ライフコース・モデルは，女性が変化してきたことを前提として認めたうえで，それが家族にどのような影響を与えるか，に関心をもつ。

寿命の伸長や出生児数の減少とともに女性のライフサイクルは大きく変化したが，この変化の最大の特徴は，中・高年期の延長である。その結果，母役割中心の人生が見直しを迫られる事態となってきた。育児を終えた，長い中・高年期の女性の役割を，経済市場や社会の高齢化との関連でとらえる試みが，高度成長期以降みられる。特に最近では，ライフスタイルの多様化という脈絡において，結婚や家族の概念も多様化し，女性の自立や個人化という視点に立って家族というライフスタイルの再評価に関心がもたれている。ここには，ジェ

ンダー関係におけるパワーへの関心はみられない。

このモデルは，さまざまな変数が実際に変化してきたことの結果として女性のライフコースが多様化したために，家族的生活者としての，あるいは非家族的生活者としての女性を，理念中立的な立場から分析しようとする。基本的には，人口学的要因や経済市場要因の相互作用から，主婦・母・妻としての女の一生を問い直す必要が出てきたために，女性を主体化するモデルとしての性格が認められる，ということであろう。すでに述べたように，ライフコース・アプローチによる研究は，女性の自立過程を検証する貢献をしている。

このモデルの従属変数は家族であり，女性のライフコースの多様性が，家族生活とどのように同調するか，家族を構成する際に他の構成員との関係をどのようにもつか，といったところに，選択される家族という局面が重要性をもってくる。

先に述べた「家族の個人化」モデルは，上のライフコース・モデルのように，女性の変化が近代家族の変質の契機となっているという点で，女性の変化が家族の変化を導いた，というモデルである。しかし，その変化は性役割の変革であることをキー・コンセプトとしているのに対し，ライフコース・モデルでは，その点がきわめてあいまいである。むしろ，近代家族の枠組みの中の主婦という地位を変えることなく，その範囲内でのライフコースの多様化にともなう家族スタイルの修正を記述しているともいえる。

最近の日本の状況をみると，エンパワーメント・モデルとライフコース・モデルが明瞭に区別されないで女性の自立や個人化が唱えられ，政策的にも両者が矛盾しながら並立している。

4 二つのモデルと日本の状況

日本の女性たちは，そのエンパワーメントの条件の一つである経済力を，どのようにつけてきたのだろうか。既婚女性の労働市場への参入は，1970年代には日本を含む産業社会で確認されたが，そこには男性とは異なるパターンがみられた。それは，女性の多くが非熟練・低賃金労働者となったことや，パートタイム就業を特徴としたことである。女性就業者中に占めるパートタイム労働

者の比率は，1970年には12％，1975年には17％，1987年には25％と増加を続けている（労働省［1990］）。パートタイム就業者は，主として「主婦役割」を脅かすことなく，経済的ニーズを満たすために働いており，その多くは，一度労働市場から結婚や出産のために退出し，子育て終了後に再就業というパターンを示している。このパターンは，家庭内役割と柔軟なパートタイム労働の供給を必要とする労働市場のニーズとの適合的な関係の維持につながるものである。

　日本の産業と「主婦」制度との深い関係は，女性労働者と第三次産業の発展にもみられる。そして，商業化された家事サービスにより，主婦たちは容易に労働市場に参入できるようになった（Meguro［1985a］）。「主婦」としてのアイデンティティを脅かすことなく，女性の就労を促進したサービス産業は，性別役割分業を基盤とした家族システムの維持存続に寄与したことになる。

　既婚女性の雇用就労は近年，着実に増加しており，1990年には31.0％と3割を超え，1991年には32.8％となって，「妻無業」の33.3％に肉迫している。「妻無業」は1980年代後半の35％台から，1990年になって33％台に減少している（労働省［1991］）。このように，既婚女性の就業はかなり通常パターンとなってきたものの，その形態は主婦労働の域を出ないのが大半である。日本の経済状況が良好であったことは，日本の主婦たちを，アメリカでみられたような女性による「稼ぎ手役割」の取得（Hartmann［1987］）に向かわせることなく，市場参入を拡大させることにつながったといえる。特に労働力不足の状況では，男性並みに仕事にコミットする女性が要求され，あたかも性役割の変革が生じつつあるような印象すら与えた。しかし，家庭における性別分業は，家事はほとんど妻（母）の役割であることに変わりなく（総理府［1991］），政策も「稼ぎ手」と「主婦」のペアを前提とするものがむしろ強化され，仕事にコミットする女性の役割調整の問題は深刻である。

　この種の政策で最も典型的なものは税制と年金制である。税制は，夫の賃金所得における配偶者控除と配偶者特別控除という形で，年収100万円を超えない妻を夫の被扶養者とみなし，主婦を主役割とする女性とその夫を優遇する。また，年金制度は，被扶養の妻の国民年金加入の保険料を免除しているので，無収入または自立するに足りない程度の収入の妻を特別に保護することによって，夫に経済的に依存する妻，つまり近代家族システムと主婦の温存に貢献し

ている。先述のパートタイム就業者の増加とこのような政策は一体となっているわけである。

エンパワーメントのもう一つの条件である情報の共有・連帯づくりに関しては，1975年の国際婦人年およびその次の年からの「国連婦人の10年」の間に，かなり積極的な取り組みがみられたといってよい。日本政府が国際社会の動きに応じた施策を打ち出していたので，国や自治体による学習プログラムや活動支援の結果，女性の地位向上に関する意識は高まり，男女平等を促進するための活動も活発となった。そのような活動は，全国規模の婦人団体や草の根的なグループを通して行なわれたが，それらの担い手の中心は主婦であった。女性運動の担い手たちは，情報の提供者としての専門家女性たちであり，情報の受け手として，また行動の担い手としての主婦たちであった。問題は，このような主婦たちの主婦意識が変化したかどうかにある。

政治参加のニューウェーブといわれる都市型地域活動には，主婦枠組みの限定をもちながらも地方政治革新運動の展開がみられた（矢澤他［1992］）。「主婦として」「母として」といった視点から地域生活の革新や意志決定への参加を志向する女性たちは，行動しない主婦に比べればエンパワーされた存在だといえよう。

政府の女性政策は，国際社会と呼応する性格をもつ部分では，エンパワーメント・モデルに即しており，男女平等をスローガンとしつづけている。しかし，税制や年金制などにみる女性の中の差異をめぐる矛盾については，これまであいまいな状態を残したままであった。

最近の特殊出生率低下に対し，女性をもっと家庭に定着させようとする動きもあるが，「産みたい女性が安心して産める社会づくり」を唱えることで，ある程度の合意がみられるようである。結婚の遅れや離婚率の増加，再婚率の増加などは，これまでの通常的な家族パターンを超えて，人間関係を構築することへの個人の関心の現われとみることができよう。寿命の延びやライフ・イベント経験のタイミングが多様化する状況で，日本人，特に女性たちは，個人として自らのライフコースの文脈の中で家族を位置づけ，意味づけようとしつつある，と考えられる。日本における女性の変化と家族との関連は，性役割の変化をある程度経験しながらも，性役割革命に至らない状況であるところから，

女性のエンパワーメント・モデルよりはライフコース・モデルを通してみる方が，納得しやすいように思われる。

注
1) 広い意味での家父長制とは，たとえばラーナーによれば，「家族や社会一般における女性や子どもに対する男性支配の制度」(Lerner [1986：239]) で，フェミニストたちの間ではこのような意味で「家父長制」を用いることが一般的である。

第16章

日本の家族の「近代性」
——変化の収斂と多様化のゆくえ——

1 政治問題としての家族

　家族の変化は今や地球上のほとんどすべての社会に見られる共通の現象である。国連によって1995年が「国際家族年」と定められた背景には，各国の家族が，社会的・経済的・政治的状況の変化にともない，その形態や機能が変化を余儀なくされて，さまざまなレベルでの「多様化」が進んできたという事実がある。「家族は社会の基本的単位である」と認めながらも，家族の実態の変化に現実的に対応することで個人としての社会の成員のニーズに応えることを政策の基本とする国々に対し，あくまで政治理念（主として宗教的理念に基づく）を守ることを基本とする国々が，家族を国際社会における争点にしている状況がある。これは，家族という概念を，個人のライフスタイルの一つとして捉え家族自体のあり方も個人のライフスタイルとみるのに対し (variant forms of families)，家族は個人に分解するものでなくそのあり方は定型である (the family)，とみる対立であり，前者を支持するのが主として先進国であるのに対し，後者はカトリック信者やイスラム教徒が大多数を占める国々に支持されるという構図である（目黒 [1994-95]）。

　日本では，かつて家族に関心を持つ人々といえば，家族を研究の対象とする，あるいは夫婦や子どもの問題に関わる専門家，そして行政の一部などがその中心であった。しかし近年になって見られる政界や財界，経済学者，行政などの家族への関心は，経済成長と家族システムのマッチングによって適度のバランスを保ってきた日本の社会保障の仕組みの維持が行き詰まりを見せており，そ

第16章　日本の家族の「近代性」

の根本的検討が緊急性を帯びてきたことによると理解できる。制度としての家族という局面はもとより個人の第一次的社会環境としての局面をも含めて，家族は重要な政治課題となってきたのである。このような関心の背後には，かなりの著しさで変化を見せてきた家族現象に対する不安や家族は崩壊しつつあるのではないかといった危惧感が存在する。1983年12月に発表された「国民生活白書」では，国民生活の状況を示す社会指標のうち「家族指標」のみが他の9指標と異なり一貫して低下しているとして，家族を公の問題として取り上げた。

　それ以前からも，離婚や家庭内暴力，校内暴力，少年犯罪などの増加が，家族機能の低下を示す指標として用いられ，そのような家族機能の低下の原因として，日本の家族が核家族化したこと，さらに，家庭の中心となるべき主婦が就労などのために家庭の外に出るようになったこと，などが議論されていた。特に，女性の意識の行動の変化が家族現象の変化と同時生起的にみられたことは，家族を支える中核が変化することで家族の将来への不安をつのらせたといえる。家族の変化は，既存の家族システムを所与として成立している社会システムにとっては，緊張をもたらす要因となり，その種の危機感は，合計特殊出生率の急落によって一気に表面化した。1989年のいわゆる1.57ショックである。

　日本の場合，社会基盤としての家族は，倫理的統合のみならず経済発展図式の前提として重要性をもってきた。少子化や高齢化といった人口構成の問題は，女性の生き方と出生率の関連を政治問題化し，増大する「女性の就労」と「家族による福祉」という拮抗する要素の間の調整を一部の政策決定者のみならず一般市民，特に女性たちにも政治課題として突きつけている。

　また，日本の家族崩壊論や危機論は，家族理念と現実とのギャップが著しくなったことや，家族の実態が多様化してきたようにみられるものの何がどこまで変わったのか必ずしも明確でないところから出てきたとみられる。家族の変化は常に社会の諸セクターの変化と対応しているが，歴史的にみて多くの場合，家族は他のセクターに生じた変化を受けて自ら変化してきたといえる。しかし，家族という制度がもつ抵抗力は強く，変化しながら生き延びてきた。この15年ほどの間に生じた家族の危機論は，第二次大戦後の半世紀に家族理念が一大転換をし，ようやくその理念が定着してきたにもかかわらず，続く社会の変化に対応した家族の実態の変化について，期待されるほどには明確に把握されてい

ないことによるのではなかろうか。

2　家族の変化と連続性
　　　——規定条件——

　戦後日本の家族の変化過程は，「近代家族」の成立とその揺らぎであった，といえる。そこにみられた変化と連続性の規定要因として，産業化と民主化，そして人口学的要因を取り出すことができる。

　第二次大戦後の壊滅的状況からの復興とその後の経済発展を国家目標とする日本社会は，その課題達成に適した仕組みとして，一方では「日本的経営」と呼ばれる産業構造を生みだし，もう一方でそれを支持する仕組みとして私的生活領域としての家族と公的生活領域としての職場の間の性別分業化および家族の中の性別分業化を政策的に推し進めた。企業中心の生産向上に貢献する労働力を確保すること，その労働力の維持・再生のための家族という組み合わせが，産業化の枠組みであった。これは，日本社会の機会構造のジェンダー化を進めたということである。

　これと同時に占領政策の一貫として進められた民主化は，家族の理念を一大転換させるものであった。新憲法や民法で約束された両性の平等という概念は，女性を男性に従属する立場から独立した個人という立場に変革させる最も基本となるもので，配偶者選択における決定や夫婦の関係，教育機会や就業機会の平等が家族内の関係に及ぼす影響など，さまざまな形で新しい家族を作り出す軌道を敷くことに貢献したといえる。しかしながら，効率的な経済発展を国家目標とする状況に適合する家族における夫婦の平等は，夫＝稼ぎ手，妻＝主婦という性別分業をベースとするもので，産業の担い手としての企業中心の仕組みの中で，女性は家族の中に囲い込まれた存在としての独立権を手に入れた形となった。夫と妻の性差を前提とした平等という発想に基づく家族制度は，日本の経済発展に不可欠の条件であったが，その経済発展の帰結として，性役割分業のあり方が問われることにつながってきた。

　また，生産性を高める働き方を支える家族は，その稼ぎ手が企業のために高い効率と低い報酬で働くことが可能な条件を備えることが望ましい。昭和20年

代から30年代にかけて国と企業の共同体制で展開された新生活運動およびその一環としての家族計画運動は，扶養家族員数の軽減が生産コストの軽減と労働者の生活の質的向上に不可欠という認識を基礎としていた（『「家族計画」新聞』昭和29年5月20日；昭和30年4月20日；昭和37年6月20日など）。産児制限や家族計画という出生力規制のキャンペーンには，企業がコストを負担する分，国の負担が軽減され，労働組合はその宣伝啓蒙をする，という仕組みがうかがえる（人口問題研究会・アジア家族計画普及会［1958］）。このような人口抑制策は，後に少子化の進行に対する対策という形の人口政策へとつながることになる。

第二次大戦後の日本の家族は，2段階でその変化を経験したといえる。その第一期は家制度の否定で始まった家族の近代化であり，第二期はその成果としての近代家族の揺らぎである。

3 近代家族の出現
―― 直系家族制から夫婦家族制へ ――

家族変動の分析においては，家族の理念型とその実態の両レベルをみる必要がある。理念型は，法律における定義や，国民の意識にある「望ましい」あるいは「典型的な」「普通の」家族の姿として表現される。実態は，現実に観察される家族の姿である。

戦後の家族を規定する最大の変化は，新憲法や新民法における家族に関する法的定義であった。憲法では，結婚（婚姻）が当事者である男女の意志のみにより，男女同権に基づく相互協力によって結婚を維持すること，そして，配偶者や居住の選択・相続・離婚など結婚や家族に関する立法の基本原則は，個人の尊厳と男女の本質的平等である（24条）ことが約束された。これは，戦前の日本型直系家族制度である家制度の根幹の一つであった父権・父系の原理に基づく家長の代表権とそれに従属する妻，という結婚制度の封建制を否定し，男女個人の決定権を原則とする宣言であった。一方民法は，明治民法の家制度をめぐる対立と妥協の産物で，夫婦とその未婚の子どもで成り立つ核家族のみならず直系血族と同居の親族をも含む家族像を定め，高齢化が進むにつれ老親子関係の家族としての位置づけに影響することとなった。また，戸籍についても，

同姓の夫婦と未婚子を単位とするものの，実質的には夫中心のものである（利谷［1999：4-6］）。

憲法と民法にみられる家族理念と家族のあり方のズレは，国の経済発展のための企業主義と結びついて，日本の近代家族を出現させることになった。憲法にみられる結婚および家族についての理念は個人の尊厳と男女の平等である。その理念が日本社会に受け入れられたことを最も端的に示したのが，結婚を家同士の取り決めではなく個人の選択であるという「配偶者選択」についてであった。多数派であった見合い結婚の割合は漸減し，恋愛結婚の割合が1950年代前半に急増して，その割合が入れ替わったのは1960年代の半ばであった。その後も恋愛結婚の割合が増えつづけて9割に至っていることから（国立社会保障・人口問題研究所［1998］），家族形成に関する愛情によって結ばれる夫婦という近代家族の側面（romantic love ideology）は日本社会にいち早く受容されたといえる。

最も顕在的な変化は，家族形態にみられた。まず家族規模に急激な変化がみられたのは1955年から1975年の間で，5人から3.5人へと1.5人の減少をみた（国勢調査）。また，核家族の比率は，同じ20年間に62％から74％へと増加（目黒［1980b：169］）しているが，1920年当時の家族規模が4.9人で，全世帯の70％が2～6人であり，核家族の割合も59％であった（戸田［1970］）ところから，小家族化と核家族化という両面での変化がこの期間に同時に生じて，形態面での日本の家族の近代化が定着したといえる。

このような形態面での夫婦家族の主流化は，産児制限や世帯からの傍系親族の排出によるが，その背景に人口抑制や都市化があった。子どもは平均2人（可能なら3人）というのが規範となり，1960年代の経済成長期に成人期に達したのは1926～55年出生コーホートの多産少死世代（阿藤［1991a：21］）であった。産業化過程における地理的移動や職業移動を経験するタイミングによって，個人の価値観や態度形成が影響されるとすれば，このコーホートがこの時期に家族を形成する年齢となったことは，日本の近代家族の出現と定着にとって重要であった。たとえば，1936～40年出生コーホートの場合，約3分の1が10歳以前に都市の在住者であったが15歳までには6割が都市住民となって，少年期に都市化した夫婦家族出現への貢献者である（阿藤［1991a：24］）という。戦

第16章　日本の家族の「近代性」

後の経済復興と成長は，企業に忠誠を誓うことで「稼ぎ手役割」を保障される夫とその夫に経済的に依存しつつ夫の労働力を再生産する妻（主婦）が中核となる近代家族の出現と不可分である。このような家族の担い手は，復興期に青年期を迎えたコーホートおよび急激な都市化を青少年期に経験したコーホートであったということである。彼らは，民主主義教育による平等主義と，産業化によって要請されたジェンダー役割分業観を，矛盾することのない価値とする時代の担い手なのである。

　欧米社会における「稼ぎ手」と「主婦」という夫婦の役割分業は，産業化過程においてシステムとして固定化され，恋愛感情で結ばれていても夫＝主，妻＝従という不平等関係であった（Scanzoni & Scanzoni [1976]）。経済成長期の日本の家族では，直系家族から夫婦家族へという形態的変化とともに夫婦関係や親子関係といった関係性が浮上してきたとみられるものの，夫婦のジェンダー役割の固定化によって，家庭に囲い込まれた母・子の関係が家族の中心となったきらいがある。また，恋愛が結婚のきっかけとなっても，欧米の夫婦にとって重要な要素である伴侶性（companionship）は，夫の職場と妻の家庭の分離が極めて明確であるためか，日本の近代家族の特徴とはならなかった（Blood [1967]）。愛情に基づく夫婦中心の家族は，女性にとっての自己の存在証明の対象が「家」から「夫や子ども」という他者に移ったのみで，その移行が大きな変化であったものの，女性の役割は小さな家族の中に隔離された主婦としてのものであった（目黒 [1987b：118]）。

　以上のように，日本の家族システムの大きな変化は1950年代半ばから1970年代半ばの約20年の間にみられた。この期間には，その他の領域でも，急激な変化が生じている。たとえば，1975年には高校進学率が男女とも9割を超え，男子の5割弱，女子の3割強が大学に進学し，また，1965年には息子の教育レベルが父親のそれを超えた。これらの傾向はその後一定している。職業構造もこの20年間に急変し，サラリーマン化が進んだ。いわゆる社会階層間の差が縮小し，平等化あるいは画一化が進んだ時代であったといえる。

　産業化と近代家族の適合性については，すでに優れた議論が蓄積されている（たとえば，Parsons [1955], Goode [1963], Scanzoni & Scanzoni [1976]）。日本のサラリーマンという都市型就労者の家族も，その性格上，小規模で単純な

構成であることが産業化する社会の仕組みと適合性をもつ。つまり，雇用主の都合に合う家族生活が要請されるが，転勤などの地理的移動を容易にし，仕事のスケジュールに合わせた家族生活を送ることなど，働き手の生産力を維持・再生するためには，夫のみが就労するという家族の役割構造が期待されるわけである。また，女性の就労は経済的理由によるのが一般的であり，1人の働き手で生活が維持されるのであれば，家庭に専念することが，女性にとっての期待であった。労働者階級の女性にとって，中産階級の妻，つまり専業主婦は憧れであった（Lopata [1971]）のである。1970年代までの日本の女性の働き方は，学校卒業後結婚までの期間に集中し，経済成長期の人手不足を補うという位置づけでパートタイム就労をするという傾向であった。結婚したらできれば専業主婦になる，という期待が，経済成長に支えられ実現したのがこの時期であった。

4　近代家族の揺らぎ

欧米社会に出現した近代家族が，その形態の多様化や機能の変化を経て揺らぎはじめた時，その揺らいだものは何であったのか。それは家族の「集団性」「両親性（ジェンダー性)」「永続性」という前提であったといえる（目黒[1987b：3-4]）。集団というまとまりを守ること，両性の夫と妻あるいは父親と母親が揃っていること，家族集団のメンバーシップが交替しないこと，などが安定した家族の前提であった。

日本の近代家族の出現と定着は，約20年で揺らぎの兆候に見舞われることになった。それは，家族に関わる諸現象や日本人の意識に現れた。上の前提の指標として，以下の7項目についてみてみよう。

既婚女性の就業

女性の雇用者に占める有配偶者の割合が未婚者を上回ったのは1973年で，その翌年には有配偶者は全女子雇用者の半数を超えた。「若くて未婚」の女性が雇用労働に従事するというパターンから「中年を含めた既婚者」へと変化してきた。育児期間の前後に就業するといういわゆるM字型就業パターンが一時先

進諸国でみられたが，日本でもそのパターンが1970年代になって顕著となった。しかしそれも定着する間もなく修正を迫られることになった。1975年以降の統計は，育児最中の年齢層における就業率の上昇とともに中年層全体の就業率の上昇を示しており，M字の真ん中の谷が押し上げられた形に変化し，他の先進諸国のように台形に近づくほどではないが，谷の底上げ傾向はその後確実に進んでいる。働く動機が家計補助であれ自己実現であれ，既婚女性のパートタイム就業が漸増しつづけていることは，それが，家庭を第一とする働き方を可能にすることや，税制度や年金制度におけるサラリーマンの妻という立場を保護する仕組みを有利に活用する知恵であろう。

特に1970年代後半以降のサービス産業の発展は，従来家庭内の領域に属する作業に産業が入り込み，家事作業を産業として企業が提供することによって，そのサービスを金銭で買う主婦たちは家事から解放され，そこで得た時間とエネルギーを就業という形に変える主婦たちを雇用する，というふうに，主婦の就業を促進することに貢献した，あるいは，主婦の労働に支えられたといえる。家事の機械化（電化）や外部化（既製品購入やサービス購入）は家事の省力化を進めてきており，この分野での省力化は今後も進むとみられる（直井［1994：69-70］）。1990年代には「妻無業」世帯が減少しているが，既婚女性の就業は主婦労働の域を出ないのが大半である。しかし，妻＝母の就業により，家庭生活のパターンに影響が及ぶことは否定できないし，収入を手にすることで女性の意識も変化することのインパクトを無視できない。

一方，女性の働き方についての意識は，一生を通して働くことが当たり前，という方向には必ずしも向かっているとはいえない。結婚や家族生活と就業との組み合わせを示すライフコース・パターンの選択は，「育児期間中は育児に専念し，その前後は就業」というものが最も好まれている。また，ライフコース・パターンの理想と現実を比較すると，現実の（あるいは実際になりそうだと思われる）パターンは「継続就業型」でも理想のパターンは「育児期間は育児専念型」となるケースがかなりみられる（経済企画庁国民生活局［1987］）ところから，女性の働き方が家族生活の展開を軸にしている傾向が強いといえる。高学歴者でも「結婚・出産にかかわらず仕事を継続」するという意識は，他のグループに比べて格段に多いわけではない。これは，先進国の中では特異な傾

向である。

結婚

　1970年代半ば以降の顕著な傾向は，20歳代，30歳代の未婚率の上昇（シングル化）である。女性では，全体にその傾向がみられるが，中でも20歳代後半および30歳代前半のグループで顕著である。男性では，20歳代後半と30歳代全体でその傾向が著しい。結婚のタイミングが平均的に遅れはじめて以来，留まるところを知らない。また，結婚のタイミングの集中（結婚適齢期）も，緩やかになっている。しかしながら，結婚年齢の集中度を社会階層別にみると，高学歴やノン・マニュアルの層が中心となってくる中で，その層の結婚年齢の画一化が強まる傾向が確認されて，欧米のライフコース研究における結婚の「年齢規定性」仮説（産業化とともに成人期への移行はより年齢規定的，つまり移行の時期が狭まるようになった）が支持されており，低学歴やマニュアル職の層で多様化がみられるというのである（渡辺・近藤 [1990]）。また，結婚の契機が見合いから恋愛へと大きく変化したことで必ずしも配偶者選択が個人本位となったのではなく，親の階層が当人同士の「恋愛感情」に基づく選択に影響を与えている半面，見合いにおける個人本位化がみられ（ibid.），結婚に結びつく愛情の規定装置の存在や見合いの「近代化」の機能がうかびあがってきている。

　結婚に関する意識は，「結婚は当たり前」「結婚して一人前」という考え方が一般に強く，女性よりも男性にその傾向がみられた。それが急激に変化したのは1980年代も後半であり，結婚は選択の一つである，との捉え方が正当な地位を得てきた。中でも若くて都市居住の高学歴で有業の女性たちの間では，結婚はライフスタイルの一つにすぎず，本人が経済的に自立可能であれば，望ましい配偶者がいない限り結婚の必要はない，という意識が強くなった。1990年代も後半になると，「結婚は個人の自由であるから，人は結婚してもしなくてもよい」とする男女が20歳代・30歳代で8割を超える勢いで，特に女性の40歳代でも8割を超えているのである（総理府 [1997]）。家族形成のタイミングが著しく遅れ，結婚制度それ自体を否定するわけではないが，個人の結婚をライフスタイルの一つの選択肢とする考え方が急速に広まっているのである。

子ども

1970年代以降の平均子ども数は約2人のレベルで一定してきたが，出生率は低下の一途をたどっている。合計特殊出生率が1975年に2.00を下回ってから低下を続け，1998年現在では1.38となった。わけても1989年の数値は1.57ショックと言われるほどに少子化の進行を政治問題化させることにつながった。晩婚化と少子化が同じ時期に進行してきたことになるが，その始まりは近代家族が定着した時期である。

子どもの価値についての意識も，子孫繁栄，家業継承，老後の頼りなどは少数派で，子どもの存在そのものに意味がある，とする傾向が強まった。これはまさに近代家族の特徴であるが，子どものいない夫婦，特に妻に対する親族や社会的な圧力は，子どもをもつことが当たり前という家族観の現われであり，さらに家制度の下で支配的な家系の継承という観念の残滓であるという点も否めない。

日本では婚外出産が極めて少ないことや，同棲するなら結婚をという意識が強く，出産や子育てと結婚との繋がりが密接である。したがって，少子化現象は，結婚という家族形成の段階における家族システムの回避といえよう。

家族の形

日本が高齢化社会の仲間入りをしたといわれる1970年代後半から，老親の成人子との同居率が減少し，高齢層の単独世帯が増加している。老親側の意識は同居志向が諸外国に比べて強く，また息子との同居が多数派であり，老親の介護の担い手も嫁が中心というような，家制度の意識を引きずった傾向が，1980年代まではみられた。「老後を子どもに頼るつもりはない」意識の世代が高齢化するにつれ，高齢者の夫婦のみ，あるいは単独の世帯が増加してきている。

一方，晩婚化にともない若い世代の単身期間が長期化すると，その世代の単独世帯が増加する。家族形態の種類の多様化というよりは，既存のタイプにおける割合が変化しており，専業主婦のいる家族はもはや典型ではなくなっているのである。

高齢化の進行につれ，親子という世代間の関係が長期化し，また複層化する。先進諸国でみられるように，中年世代はその親世代と子世代の両方を支援する

立場に置かれることになる。民法に規定された家族の相互扶助の範囲が同居の親族および直系血族を含んでいるために，近代家族の外にいる親も家族のメンバーとなることになり，老親子関係のあり方は複雑になるのである。

離婚

　離婚件数も離婚率も1960年代半ばから増加を続け，1980年代前半で急増した。この頃になると離婚についての意識は寛容になり，問題があれば離婚してもよい，という意見が多くなってきた。1980年代後半にやや減少したものの，1990年代になると一気に増加しはじめ，1998年には離婚率は前年を大きく上回り（1.94），離婚件数とともに人口動態統計史上最高となった。同居期間別にみると，1980年代後半から同居期間の長い夫婦の離婚が増えはじめ，以来，すべての期間で増加している。

　近代家族定着期に比べると，それ以降の離婚は同居期間の長い夫婦の割合が増えており，配偶関係の質への関心が離婚のスティグマに優先することになってきたのだろう。また，再婚は1970年代半ば以降増加傾向にあり，1980年代後半には全結婚の2割近くを占め，中でも再婚の3分の2において妻の方が再婚者となっている。このことは，離婚がもはや逸脱やタブーではなく，また，女性のみに純潔を求める規範の衰退を示すものといえよう。結婚や家族生活が個人のライフスタイルの選択肢であり，最適のパートナーを選ぶという意識の出現とその受容の表われである。

役割分業

　1960年代には，近代家族の基盤である男女の性役割分業を制度化する政策が，税金の配偶者控除制度や家庭中心の主婦の就労を活用する人材開発策，学校教育における男女の特性教育の強調といった形で打ち出された。経済発展のために企業が求める労働力とそれを支える家族の役割分業が政策的に明確にされた時期であった。高度経済成長の終焉とともに，1970年代後半になると，家族は社会の基盤であるとして，その充実を図る制度整備が展開された。そこでは，家族の中核は専業主婦であり，老親世代へのケアと子育て機能の充実した家族

が期待され，相続法や税制が妻の地位を強化する方向に改正された。これらは，日本型福祉社会形成をめざすものとして，社会保障の担い手としての家族を補強しようとするものであった。

　そして，その「家族」の担い手は専業主婦であり，そのためには専業主婦を正当化することが肝心であったのである。1980年代後半に導入された「基礎年金」制度や所得税の配偶者特別控除は，パートタイム的就業からの一定の収入がある場合でもサラリーマンの夫の被扶養者として年金保険料の免除や所得税の控除が認められる制度で，家族は専業主婦によって守られ，それを日本社会の基盤とする，という政策スタンスであった。したがって，夫＝稼ぎ手，妻＝主婦というペアが中軸となる近代家族システムは制度的にますます強化されてきたことになる。

　このような国内政策は，1975年の「国際女性年」以降の国際的な動向とは逆の流れである。女性の地位向上のためにはジェンダー役割を見直すことが基本であるとする国連を中心として合意された方針は，国籍法の改正や家庭科共修の制度化，「男女雇用機会均等法」の成立およびその改正など，そのインパクトは徐々に国内政策にも反映されている。しかし，それらは，税制や年金制度とは別の次元で施策化されている。日本は国連の「あらゆる形態の女性差別を撤廃する条約（女子差別撤廃条約）」を批准しているが，家族という枠組みの中にのみその存在価値があるとされるか否かという女性の生き方によって社会制度上の位置づけが異なることが差別となるとの認識が，政策者に欠如しているといえよう。

　家族内の役割分業の実態は，生活時間にみる限り，家事や育児への夫の参加時間が多少増加したとはいえ，基本パターンの変化は全く生じていない。夫は働くことが中心であり，専業主婦は家庭中心，働く妻はその両方に関わり，働くことが家庭労働からの解放につながっていない。

　男女の役割分業に関する意識は，しかしながら大きく変化している。ジェンダー役割の典型的指標である「男は仕事，女は家庭」という意見についての賛否をみると，1970年代半ばから1990年代半ばまでの20年間に，否定するものが増加した割合よりも賛同するものの減少が著しい，という形でかなりの変化である。少なくとも，夫と妻が稼ぎ手役割と主婦役割をそれぞれ担うという二分

法には，否定的な傾向が進んできたことは確かである。

ライフコース・パターン

　結婚のタイミングや出生児数，平均余命などの変化によって，個人が経験する人生上の出来事のタイミングやその順序，出来事経験の期間などが影響される。家族周期論を展開する中で森岡清美はいち早く結婚コーホート間の比較によって，女性の人生の周期が大きく変化していることを発見した（森岡［1973］）。その最大の変化は，子ども数の減少にともない子育て期が短縮され，子どもの成長後まで親は見届けることが可能になり，さらに平均余命の延長でその後の夫婦の高齢期が出現したことであった。その後のライフコース研究の展開の中で，人生の軌道（ライフコース）において，子育て期の短縮によって「性役割分業による親業」という家族生活の側面の比重が低下し，平均余命の延長によって「夫＝仕事，妻＝主婦という夫婦」ではない夫婦の側面がより重要性を増してきたことが明らかにされ，夫婦や家族の定義が人口学的要因によって変化を余儀なくされるという解釈が成り立つようになった。

　特に女性にとって「脱母親期」の経験（目黒［1980a］）とその期間のさらなる延長や離婚の可能性は，一つの夫婦関係が生涯的な性格のものではないことを示すものとなり，学校修了，結婚，出産，離婚，再婚などのライフイベントの経験の有無やタイミングの変化によって一生一コースの人生という前提が崩れることとなった。人は家族との関わりで一生を過ごすというよりは，ライフイベントは個人の選択であり，その中に結婚や家族としての生き方も含まれるという意識が，このような状況から生み出されたといってよい。実際，晩婚化と離婚率の上昇によりライフコースは多様化してきている（高橋［1994］）傾向が確認されているのである。

　とはいうものの，家族という私的生活領域の主人公とされる女性にとって，そのライフコース・パターンは他の家族員，とくに父親や夫の職業キャリアに基本的に影響されている（目黒［1987a：172-201］，今田［1990］）状況は続いているといえる。

　以上のような変化の流れに見る限り，家族の「集団性」や「両親性（ジェンダー性)」「永続性」という前提は，崩壊する方向に向かっているとは言いがた

い。しかしながら，それぞれの前提が，人口学的要因と意識を中心とするジェンダー役割の変化によって，かなり強烈な挑戦を受けていることは確かであるといえる。このような変化を，近代家族が成立した際と同様の革命的な過程として捉え，近代家族の崩壊と見ることが可能か，その場合，その後に新しい家族が成立するのか，それはどのような家族か，などについての分析枠組みが望まれる。

5 近代家族の後に
―― 家族の個人化 ――

　欧米，特にアメリカ社会において経験されたジェンダー革命（K.デーヴィスのいう性革命（Davis [1984]））という過程は，家族を含め社会のジェンダー役割分業の前提を覆した。このような経験を「近代家族」の出現過程とつなぎ合わせると，一方にその近代家族の前提を成立させた条件の要であるジェンダー役割とそれに基づく分業の固定化があり，他方にその前提が崩れたジェンダー役割の変革が見える。近代家族の「集団性」が前提として成立しえなくなった時，家族は個人によって選択される生き方となる。家族が選択されるということは，その内容や選択されるタイミングや期間などが個人の意志で決められるということである。つまり，選択の主体が個人となり，形態的にはそのような個人の集まりが家族ということである。

　近代家族の主体は「稼ぎ手と主婦」という異なるジェンダー役割を持つ夫と妻のペアであるのに対し，個人が主体となる家族では夫または妻個人のジェンダー役割が固定化されないことになる。これを可能にする第一の条件は妻（女性）の「稼ぎ手」役割の獲得である。「稼ぎ手」役割の獲得は，単に経済活動に参加することでは達成できない。生計の維持が可能な収入の確保や，その活動を行なうことの通常性，そしてその個人の生き方を支援する社会システムの整備が連動していなければ，ジェンダー革命の進行といえない。第二の条件は夫（男性）による「主婦」役割の獲得である。これは，「時間がある時，手伝う」ということでは達成できない。性別を問わず再生産役割を担うことが通常性となることである。

これら二つの条件は，ジェンダー役割が流動化することに他ならない。対等なジェンダー関係は，個人レベルのそれを支える社会制度が整備されていて初めて社会システムとなる。女性が経済資源へのアクセスを手に入れることはその変化の契機となっても，就業すること自体が十分条件でないことは，歴史が証明している。近代福祉国家の成立が夫婦とその子どもで成り立つ家族を親族組織から独立させる仕組みであったとすれば，個人化する家族をシステムとして成立させるためには，家族単位ではなく個人を単位とするサポート・システムが必須となる（目黒 [1991]，Meguro [1992]）。その条件が充足されない段階で，家族の個人化が進むことは，家族システムと社会システムの不整合であり，揺らぎや「問題」「崩壊」といわれる現象が生じるのである。

　家族の個人化とは，シングル化の進行とか家族生活における共食や協業の減少といった現象を指すラベルではなく，独立した社会的単位としての近代家族がその成立基盤を失うという変化過程の方向を明示する分析概念である。すでにみたような日本の家族の変化過程は，アメリカ社会において経験されたようなジェンダー革命による家族の個人化への歩みであったのだろうか。

　確かに，結婚や家族が人間として当たり前の生き方であるという意識は低下し，女性が働くことは当たり前のライフイベントとなり，離婚や再婚は通常性とまではいかないもののそれらに対する逸脱観は消えてきた。しかし，家族関連のライフイベントの経験をするパターンは，その経験タイミングの遅れが一部顕著である（晩婚化）ものの，経験されるイベントの順序は全体的にはほぼ一定である。ライフコースの多様化の実態については，さらに検証する必要があるが，近代家族を前提とする標準家族を基準とした社会制度の下では，非標準的生き方はコスト高である。

　ジェンダー役割に基づく分業については，意識面での変化は著しいといえる。しかし，実態面では，女性の就業や地域活動など役割領域の拡大がみられたのと対応するような男性の役割拡大はほとんどみられず，ジェンダー役割の流動化が生じているとはいえない。社会的支援策として育児休業制度やエンジェル・プランなどができていても，生産領域の仕組みがジェンダー役割を前提としたままでいる限り，そのような支援制度の活用は限定される。さらに，「夫＝稼ぎ手，妻＝主婦」という近代家族の前提で仕組まれた税制度や年金制

度などは，ジェンダー役割を固定させる基盤となったままである。

　日本の公共政策において諸制度間の整合性を欠如した形で連続性が維持されてきたのは，時々の国民の要求を抑えるような補償を政府が払うことで制度の安定を図ってきた，そして，その基本は経済生活の向上という補償であったとするカルダー（Calder [1988]）の「危機と補償」仮説は，日本社会のジェンダー役割分業が堅固に維持された説明としても有用である。これまでの経済成長のシナリオが根底的な見直しを迫られるこの時期に，北欧やアメリカにおいて経験されたような経済活動の正当な担い手としての女性の位置づけを，日本が政策的にどのように明確にするかは，今後のジェンダー役割の流動化を規定するものであろう。それは，現行の社会保障制度を揺るがすとされる少子化にも影響する。ジェンダーの視点から日本の少子化現象を分析すると，本章でとりあげた諸点が女性たちの出生動機や行動と密接に関わっている（目黒ほか[1998]）ことがわかるからである。

　国際社会の関心課題である「経済開発から社会開発へ」または「持続可能な開発」は，日本にとっても根本的な課題である。生産と再生産を二項対立とする仕組みとしてのジェンダー構造を変革することが持続可能な社会開発へのシナリオであるとの認識は，少なくとも名目的にはグローバルに合意されている。そのようなシステムの中での家族とは，そのメンバーの自己決定が保障された上で，個人のニーズ充足のために相互に支援し合う多機能性（multi-functionalな）のある生活共有単位である。日本の家族の行方は，ジェンダー役割分業を前提としている政策枠組みの変革に大きくかかっているといっても過言ではあるまい。

参考文献

著者のａｂｃ順

Adams, B.N., 1964, "Structural Factors Affecting Parental Aid to Married Children," *Journal of Marriage and the Family*, 26-3
―――― 1967a, "Interaction Theory and the Social Network" *Sociometry* 30, 1967, 64-78
―――― 1967b, "Occupational Position, Mobility, and the Kin of Orientation," *American Sociological Review*, 32-3 : 364-77
―――― 1968, *Kinship in an Urban Setting*, Markham
―――― 1970, "Isolation, Function, and Beyond : American Kinship in the 1960's," *Journal of Marriage and the Family*, 32 : 575-597
Aldous, J. & Straus, M.A., 1966, "Social Networks and Conjugal Roles : A Test of Bott's Hypothesis," *Social Forces*, 44 : 576-580
Anderson, Michael, 1971, *Family Structure in Nineteenth Century Lancashire*, London : Cambridge University Press
青井和夫　1974「戦後日本の家族観の変容」青山道夫他（編）『講座家族8　家族観の系譜』弘文堂　163-184
青木正美　1987『戦時下の庶民日記』日本図書センター
阿藤誠　1991a「高齢化社会と高齢者のコーホート変化」統計研究会『高齢社会のコーホート的分析』15-30
―――― 1991b　生命保険文化セミナー講演会　東京　1991年3月2日
Banck, G.A., 1973, "Network Analysis and Social Theory : Some Remarks," Boissevain, J. & Mitchell, J.C. (eds.), *Network Analysis : Studies in Human Interaction*, Mouton
Barnes, J.A., 1954, "Class and Committee in a Norwegian Island Parish," *Human Relations*, 39-58
―――― 1969a. "Graph Theory and Social Network ; A Technical Comment on Connectedness and Connectivity," *Sociology*, 3, 215-232
―――― 1969b, "Networks and political process," in Mitchell, J.C. (ed.), *Social*

Networks in Urban Situations : Analysis of Personal Relations in Central African Towns, Manchester University Press, 51-76

Berardo, F.M., 1981, "Family Research and Theory : Emergent Topics in the 1970's and the Prospect for the 1980's", *Journal of Marriage and the Family* 43 (May), 251-254

Bernard, J., 1983a, "Forward", Scanzoni, J., *Shaping Tomorrow's Family*, Sage

―――― 1983b, "The Good-Provider Role : Its Rise and Fall." Arlene S. Skolnick and Jerome H. Skolnick, eds., *Family in Transition*. 4th edition. Boston : Little, Brown & Co., pp. 155-175

Blau, Peter M., 1964, *Exchange and Power in Social Life*, Wiley

Blood, Robert O., Jr., 1967, *Love Match and Arranged Marriage―A Tokyo-Detroit Comparison*, The Free Press. =1978 田村健二監訳『現代の結婚――日米比較』培風館

―――― & Wolfe, D.M., 1960, *Husbands and Wives : The Dynamics of Married Living*, Free Press

Boissevain, J., 1968, "The Place of Non-Group in the Social Sciences", *Man*, 3, 542-56

Bott, E., 1957, *Family and Social Network*. Tavistock Publications, U.K.

―――― 1971, "Reconsiderations," *Family and Social Network* (2nd ed.), The Free Press

Boulding, E., 1977, *Women in the Twentieth Century World*, John Wiley & Sons.

Boyle, P., 1970, "Path Analysis and Ordinal Data", *American Journal of Sociology* 75, 461-80

Browning, H.L., Lopreato, S.C. & Poston, D.L., Jr., 1973, "Income and Veteran Status : Variations among Mexican Americans, Blacks, and Anglos," in *American Sociological Review*, 38, 74-85

Burr, Wesley R., 1973, *Theory Construction and the Sociology of the Family*, John Wiley & Sons, New York

―――― Reuben Hill, F. Ivan Nye, and Ira L. Reiss (eds.), 1979, *Contemporary Theories About The Family*, Vols. 1&2., New York, The Free Press

Burt, R. S., 1980,"Models of Network Structure," *Annual Review of Sociology*, 6, 79-141

Calder, Kent E., 1988, *Crisis and Compensation : Public Policy and Political Stability in Japan, 1949-1986*, Princeton University Press

Cherlin, Andrew J., 1981, *Marriage, Divorce, and Remarriage*, Harvard University Press

Cogswell B.E. & Sussman, M.B., 1974, "Changing Family and Marriage Forms: Complications for Human Service Systems," Sussman (ed.), *Sourcebook in Marriage and the Family*, Houghton Mifflin Co.

Costner, H.L. (ed.), 1971, *Sociological Methodology*, Jossey-Bass.

Cumming, E. & Schneider, D.M., 1961," Sibling Solidarity : A Property of American Kinship," *American Anthropologist*, 63

Davis, K., 1984,"Wives and Work : The Sex Role Revolution and Its Consequences," *Population and Development Review*, 10 : 3, 397-417

Elder, G. H., Jr., 1974, *Children of the Great Depression*, University of Chicago Press.

―――― 1977, "Family History and the Life Course," *Journal of Family History*, 2(4), 279-304

―――― 1979, "Historical Change in Life Patterns and Personality," in P.B. Baltes & O.G. Brim, Jr. (eds.), *Life-Span Development and Behavior* (vol. 2). New York: Academic Press

―――― 1984, Military Times in Men's Lives, Paper prepared for a conference on comparative studies of the life course and family in Japan and the United States, East-West Center, Honolulu, Hawaii, December, 11-13

―――― 1985, *Life Course Dynamics : Trajectories and Transitions, 1968-1980*, Cornell University Press

―――― & Liker, J.K., 1982, "Hard Times in Women's Lives : Historical Influences across Forty Years", *American Journal of Sociology* vol. 88 No. 2

―――― & Meguro, Y., 1987,"Wartime in Men's Lives : A Comparative Study of American and Japanese Cohorts," *International Journal of Behavioral Development*, 10(4), 439-466. 85 paper

―――― & Caspi, A., 1988,"Human Development and Social Change : an Emerging Perspective on the Life Course," in Bolger, Caspi, Downey & Moorehouse (eds.), *Persons in Context : Developmental Prosesses*, Cambridge University Press

Farber, B., 1964, *Family : Organization and Interaction*, Chandler, Chs. 4, 5

―――― 1966, *Kinship and Family Organization*, New York, Wiley

Firth, R. & Djamour, J., 1956, "Kinship in South Borough," *Two Studies of Kinship in London* (London School of Economics Monographs on Social Anthropology), 15

Fischer, Claude S., 1981, "Public and Private Worlds of City Life," American Sociological Review 46 : 306-316

Gibson, G., 1972, "Kin Family Network : Overheralded Structure in Past Conceptualizations of Family Functioning," *Journal of Marriage and the Family*, 34, 13-23

Goode, W.J., 1963, *World Revolution and Family Patterns*, The Free Press

────── 1973, "A Theory of Role Strain," in W.J. Goode, *Explorations in Social Theory*, Oxford University Press, 97-120

────── Elizabeth Hopkins, and Helen McClure, 1971, *Social Systems and Family Patterns : A Propositional Inventory*, Bobbs-Merrill

Granovetter, M.S., 1974, *Getting a Job : A Study of Contacts and Careers*, Harvard University Press

浜館菊雄　1971『学童集団疎開──世田谷・代沢小の記録』太平出版社

原田亘　1973「家族形態の変動と老人同居扶養」『社会学評論』29：50-66

Hartmann, Heidi I., 1987, "Changes in Women's Economic and Family Roles in Post-World-War II United States," Lourdes Beneria and Catharine R. Stimpson (eds.), *Women, Households, and the Economy*, Rutgers University Press, 33-64

Havens, T.H., 1978, *The Japanese People and World War Two*, Norton

Howard, R.L., 1981, *A Social History of American Family Sociology 1865-1940* = 1987　森岡清美監訳・矢野和江訳『アメリカ家族研究の社会史』垣内出版

Heise, R., 1969, "Problems in Path Analysis and Causal Inference", Borgatta, E.F. (ed.), *Sociological Methodology*, Jassey-Bass Incorporated, Publishers, 38-73

Hill, Reuben, 1971, *Families Under Stress*. Greenwood Press (Originally by Harper and Brothers, 1949)

────── 1970, *Family Development in Three Generations*, Schenkman Publishing Co.

────── 1984, "Bridging Macro and Micro Theories of Family and Social Change: A challenge to U.S. and Japan sociologists,"『社会学評論』136（34・4），93-103

────── & Roy H. Rodgers, 1964, "The developmental approach," Christensen (ed.), *Handbook of Marriage and the Family*, Rand McNally, 171-211

Hoffman, L.W.& Nye, F. I., 1978, *Working Mothers*, Jossey-Bass Publishers
Hogan, D.P., 1981, *Transitions and Social Chang*, Academic Press
Homans, George C.. 1961. *Social Behavior : Its Elementary Forms*, Harcourt, Brace and World
本村汎　1970『家族診断論』誠信書房
保阪正康　1985『敗戦前後：40年目の検証』朝日新聞社
家永三郎　1986『太平洋戦争』第二版　岩波書店
今田幸子　1990「地位達成過程」岡本英雄・直井道子編『現代日本の階層構造4　女性と社会階層』東京大学出版会　39-62
Irish, D.P., 1964, "Sibling Interaction: A Neglected Aspect in Family Life Research," *Social Forces*, 42, 279-288
逸見勝亮　1998『学童集団疎開史──子どもたちの戦闘配置』大月書店
岩上真珠　1976「都市親族研究への問題と視点──東京都内における事例より」『家族研究年報』2
人口問題研究会・アジア家族計画普及会　1958『企業体における新生活運動のすすめ方』
人口問題審議会　厚生省大臣官房政策課　厚生省人口問題研究所　1988『日本の人口・日本の家族』東洋経済新報社
Kamerman, S.B. & Kahn, A.J., 1978, *Family Policy : Government and Families in Fourteen Countries*, Columbia University Press
河出書房新社編集部編　1980『昭和8年生まれ』河出書房新社
家族社会学セミナー編　1989-1991『家族社会学研究』1～3号　家族社会学セミナー
経済企画庁（編）　1974『国民生活白書』
経済企画庁国民生活局編　1987『新しい女性の生き方を求めて』大蔵省印刷局
小林信彦　1998『一少年の観た＜聖戦＞』筑摩書房
Kohn, M.L., 1971, "Bureaucratic Man : A Portrait and an Interpretation," *American Sociological Review*, 36-3
国民生活研究所　1968「世帯変動と生活構造──日本のライフ・サイクル」東洋経済新報社
国民生活センター　1976「都市住民の生活問題──世帯主の就業特性を中心として」
─── 1974a「生活意識に関する研究──生活行動と価値意識」
─── 1974b「地方都市の近隣関係」
国立社会保障・人口問題研究所　1998『平成9年日本人の結婚と出産──第11回出生

動向基本調査』厚生統計協会
国際協力事業団　1991『分野別（開発と女性）援助研究会報告書』
Komarovsky, M., 1940, *The Unemployed Man and His Family*, Dryden Press
　―――― 1967, *Blue Color Marriage*, Vintage Books
交通遺児育英会　1977『交通遺児の母親の疾病と医療』
Koyama, Takashi, 1965, "A Rural-Urban Comparison of Kinship Relations in Japan," the 9th International Seminar on Family Research, Tokyo, Japan, September, 1965 ; also in Reuben Hill and Rene Konig (eds.), 1970, *Families in East and West*, Paris : Mouton, 318-37
雇用労働研究所　1988『女性の職業経歴』研究レポート　No.77
Kuhn, Thomas S., 1970, *The Structure of Scientific Revolutions*, Second Edition, Enlarged, Vol. II No.2, The University of Chicago
Labowitz, S., 1967, "Some Observations on Measurement and Statistics," *Social Forces* 46, 151-60
Land, K.C., 1969, "Principles of Path Analysis", in *Sociological Methodology*, 3-37
Laslett, Peter and Richard Wall (eds.), 1972, *Household and Family in Past Time*, Cambridge University Press
Lebra, T. S., 1984, *Japanese Women : Constraint and Fulfillment*, University of Hawaii Press
Lee, G. R., 1979, "Effects of Social Networks on the Family," Burr, W. R., Hill, R., Nye, F.I. & Reiss, I.L. (eds.), *Contemporary Theories about the Family*, I, Free Press
Leinhardt,S. (ed.), 1977, *Social Networks : A Developing Paradigm*, Academic Press, Inc.
　―――― 1977, "Social Networks: A Developing Paradigm," Leinhardt, S. (ed.), *Social Networks : A Developing Paradingm, Academic Press, Inc.*
Lerner, G., 1986, *The Creation of Patriarchy*, Oxford University Press
Lewis, Oscar, 1959, *Five Families : Mexican Case Studies in the Culture of Poverty*, Basic Books＝高山智博訳　1970『貧困の文化――五つの家族』新潮選書
Lewis, R.A. and Spanier, G.B., 1979, "Theorizing About the Quality and Stability of Marriage," Burr, W.R., Hill, R., Nye, I. & Reiss, I.L. (eds.), Contemporary Theories About the Family vol.1, The Free Press
Litwak, E., 1960a, "Occupational Mobility and Extended Family Cohesion," *American Sociological Review*, 25, 9-21

――――　1960b, "Geographical Mobility and Extended Family Cohesion," American Sociological Review, 25, 385-394

――――　1961, "Models of Bureaucracy which Permit Conflict", *American Journal of Sociology*, 67, 177-84

――――　& H.J. Meyer, 1965, "Administrative Styles and Community Linkages of Public Schools : Some Theoretical Considerations," Reiss, A.J. Jr. (ed.), *Schools in a Changing Society* Free Press, 49-98

――――　& Meyer, H.J., 1967, "The School and the Family : Linking Organizations and External Primary Groups," Lazarsfeld, P.F., Sewell, W.H.& Wilensky, H.L. (eds.), *The Uses of Sociology*, Basic Books, Inc.

――――　& Szelenyi, I., 1969, "Primary Group Structures and their Functions : Kin, Neighbors, and Friends," *American Sociological Review*, 34, 465-481

Lopata, H. Z., 1971, *Occupation : Housewife*, Oxford University Press

Lupri, Eugen, 1983, "The Changing Position of Women and Men in Comparative Perspective," Lupri, E. (ed.), *The Changing Position of Women in Family and Society: A Cross-National Perspective*. E.J. Brill, 3-39

Lyons, M., 1971, "Techniques for Using Ordinal Measures in Regression and Path Analysis," Costner, H. L. (ed.), *Sociological Methodology,* Jossey-Bass, 147-71

前田信彦・目黒依子　1989「社会変動下における女性の成人期への移行」『上智大学社会学論集』13　21-37

マニッケ・エリック　1985「スカンジナビアにおける家族について」『コミュニティ55』（地域社会研究所）

Marsden, P.V. and Lin, N. (eds.), 1982, *Social Structure and Network Analysis*, Sage

――――　& K.E. Campbell, 1984, "Measuring Tie Strength," *Social Forces* 63, 482-501

丸山高司　1985『人間科学の方法論争』勁草書房

松崎籴太郎　1978「大都市住民の人間構造」『年報生活学論集』

May, E.T., 1980, *Great Expectations : Marriage and Divorce in Post-Victorian America*, University of Chicago Press

目黒依子　1979「都市家族のソーシャル・ネットワーク」家族社会史研究会報告　7月7日

――――　1980a「社会的ネットワーク」望月嵩・本村汎編『現代家族の危機』有斐閣

────── 1980b『女役割──性支配の分析』垣内出版

────── 1980c「女性問題と女性政策」蓮見・山本・高橋（編）『日本の社会2・社会問題と社会政策』東京大学出版会　177-198

────── 1982「家族と性役割の研究動向」湯沢雍彦・阪井敏郎編『現代の性差と性役割』培風館　目黒［1987b］

────── 1984a「ワーキング・ウーマン」亀井俊介編『アメリカン・ウエイ・オブ・ライフ』日本経済新聞社　131-145

────── 1984b「中年女性のライフコース」生命保険文化センター研究助成金報告書

────── 1987a「中年女性のライフコース」目黒依子『個人化する家族』勁草書房　172-201

────── 1987b『個人化する家族』勁草書房

────── 1987c「男子のライフコースと戦争」森岡清美・青井和夫編『現代日本人のライフコース』日本学術振興会　327-343

────── 1988a「家族と社会的ネットワーク」正岡寛司・望月喬編『現代家族論』有斐閣　191-218

────── 1988b「家族と官僚制」正岡・望月編『現代家族論』239-253

────── 1988c「日本人のライフコースと第二次世界大戦」1986年二十一世紀文化学術財団学術奨励金研究報告書

────── 1988d「家族理論におけるジェンダーとパワー」『社会学評論』39，238-49

──────1991「家族の個人化──家族変動のパラダイム探求」『家族社会学研究』3　8-15

──────1993「ジェンダーと家族変動」森岡清美監修『家族社会学の展開』培風館　211-221

────── 1994-95「国連総会第3委員会に関する非公式報告書」

──────　ほか　1998「少子化とジェンダー」国立社会保障・人口問題研究所平成9年度厚生科学研究費「指定研究」報告書『家族政策及び労働政策が出生率及び人口に及ぼす影響に関する研究』

Meguro, Y., 1985a, "Women and Socio-economic Development in Modern Japan," Aoi, K., Morioka, K. & Suginohara, J. (eds.), *Family and Community Changes in East Asia*, Japan Sociological Society, 11, 251-270

────── 1985b, "Effects of World War II Experiences on Men's Lives," K. Morioka (ed.), *Family and Life Course of Middle-Aged Men*. The Family and

the Life Course Study Group, 108-129
─── 1990, "Japanese Family: Change and Continuity," Women in a Changing Society: The Japanese Scene, compiled by the National Women's Education Centre for UNESCO, 59-71
─── 1992, "Between the Welfare and Economic Institution: Japanese Families in Transition," *International Journal of Japanese Sociology, No.1*, The Japan Sociological Society, 35-46
─── & Kiyomi Morioka, 1983, "The Changing Status and Role of Women in Japan," Lupri, E. (ed.), *The Changing Position of Women in Family and Society: A Cross-National Comparison*, E.J. Brill, 207-221
─── & G. H. Elder, Jr., 1987, "Children of War : Some Consequences of Growing Up in the Second World War," Paper presented at the Symposium on Social Change and the Life Course in Japan and the United States, IXth Biennial Meeting of International Society for the Study of Behavioral Development, July 12-16, Tokyo, Japan
Merton, R.K., 1940, "Bureaucratic Structure and Personality," *Social Forces*, 18, 560-568
Mills, C.W., 1959, *The Sociological Imagination*, Oxford University Press＝1995 鈴木広訳『社会学的想像力』紀伊国屋書店
Mitchell, J.Clyde, 1969, "The Concept and Use of Social Networks," Mitchell (ed.), *Social Networks in Urban Situations : Analysis of Personal Relations in Central African Towns*, Manchester University Press, 1-50
─── (ed.), 1969, *Social Networks in Urban Situations*, Manchester University Press
Modell, John, Furstenberg, F. & Hershberg, T., 1976, "Social Change and Transitions to Adulthood in Historical Perspective," *Journal of Family History*, 1 : 7-32
文部省社会教育局　1988『親と子の地域社会におけるネットワークに関する調査報告書』
望月嵩　1972「家族生活」東京都杉並区役所『大都市老人の生活と意識』23-42
Morgan & Parnell 1984

森岡清美　1968「東京近郊団地家族の生活史と社会参加」『国際基督教大学社会科学ジャーナル』7　199-278

―――（編） 1972『家族社会学』（社会学講座3）東京大学出版会
――― 1973『家族周期論』培風館
――― 1977『現代家族のライフサイクル』培風館
――― 1978「家族の変動」森岡ほか編『テキストブック社会学(2)家族』有斐閣
――― 1993『現代家族変動論』ミネルヴァ書房
―――・青井和夫編 1985『ライフコースと世代』垣内出版
――― 1987『現代日本人のライフコース』日本学術振興会
室谷幸吉 1985『最後の学童疎開』ゆまにて出版
ナイロビ将来戦略（Nairobi Forward-Looking Strategies for the Advancement of Women） 1985「国連婦人の十年」最終年に10年の成果のレビューと評価のために開かれた世界会議で作成採択された戦略
直井道子 1994「『主婦』と家事」目黒依子編『ジェンダーの社会学』放送大学教育振興会
那須宗一 1967「老親の役割構造」小山隆編『現代家族の役割構造』培風館
Nelson, J., 1966, "Clique contacts and family orientations," *American Sociological Review*, 31 : 663-672
日本家族計画普及会 1954-62『「家族計画」新聞』昭和29年5月20日, 30年4月20日, 37年6月20日
Nojiri Yoriko, 1974, *Family and Social Network in Modern Japan : A Study of an Urban Sample.* Unpublished Ph. D. dissertation. Case Western Reserve University
――― 1974「現代家族の社会的ネットワーク――パス解析の応用」『社会学評論』98 37-48
――― 1975「分析概念としての家族」『家族研究年報』（家族問題研究会） 1 1-11
――― 1977「家族ネットワーク・家族周期・社会変動」森岡清美編『現代家族のライフサイクル』培風館 126-147
大橋薫・清水新二 1972「都市における親族関係の一考察」『明治学院論叢』195
岡本英雄・直井道子編 1990『女性と社会階層』東京大学出版会
岡元行雄・菅谷よし子 1977「地域移動による第一次関係の変化と再構成」『家族研究年報』3
老川寛 1974「親族の互助関係――とくに主婦の就業と家族および親族」家族問題研究会編『現代の日本の家族』培風館
大江志乃夫 1981『徴兵制』岩波新書

Parsons, T., 1943, "The Kinship System of the Contemporary United States," *American Anthropologist*, 45, 22-38
―――― 1955 "The American Family : Its Relation to Personality and to the Social Structure," Parson, T. & Bales, R.F. (eds.), *Family : Socialization and Interaction Process*, The Free Press
―――― 1959,"The Social Structure of the Family,"Anshen, R.N. (ed.), *The Family : Its Function and Destiny*, Harper & Row
Pearce, D., 1978, "The Feminization of Poverty : Women, Work and Welfare," *Urban and Social Change Review*, 11, 28-36
Radcliff-Brown, A.R., 1952, *Structure and Function in Primitive Society : Essays and Addresses*, Cohen and West
Rapoport, Rhona and Robert Rapoport, 1971, *Dual Career Families*. Penguin Books
Reynolds, Paul Davidson, 1971, *A Primer in Theory Construction*. The Bobbs-Merrill Co.
Rodgers, Roy H., 1973, *Family Interaction and Transaction*. Prentice-Hall
Rodman, H., 1967, "Marital Power in France, Greece, Yugoslavia, and the United States : A Cross-National Discussion,"*Journal of Marriage and the Family*, 29, 320-324
労働省婦人少年局（編）　1975，1990，1991『婦人労働の実情』
―――― 1971『日本の婦人労働』
Rosenberg, G.S. & Anspach, D.F., 1973,"Sibling Solidarity in the Working Class," *Journal of Marriage and the Family*, 35, 108-113
指田隆一・目黒依子　1979「都市家族の社会的ネットワークの活用パターン」『上智大学社会学論集』No.4
佐竹洋人　1977『家族周期と紛争夫婦の生活――家庭裁判所の調停事件から』森岡編［1977］
Scanzoni, J., 1972, *Sexual Bargaining : Power Politics in the American Marriage*, Prentice-Hall, Inc.
―――― & Scanzoni, L., 1976, *Men, Women, and Change : A Sociology of Marriage and Family*, McGraw-Hill, Inc.
―――― 1979, "Social Processes and Power in Families," Burr, W. R., Hill R., Nye, F.I., and Reiss, I.L. (eds.), *Contemporary Theories About The Family Vol. 1, Research-Based Theories*, The Free Press, 295-316

———— 1983, *Shaping Tomorrow's Family*, Sage

Segalen, M., 1983, *Love and Power in the Peasant Family*, Basil Blackwell Publisher=1983 片岡幸彦監訳『妻と夫の社会史』新評論

関孝敏 1976「都市における親族関係の研究——接触頻度と交際内容」『北海道大学社会学研究報告』5

———— 1977「都市家族の親族機能に関する一考察」『広島修道大学論集』18-1

Shanas, E. & Sussman, M. B., 1977, "Family and Bureaucracy : Comparative Analyses and Problematics," Shanas, E. & Sussman, M.B. (eds.), *Family, Bureaucracy and the Elderly*, Duke University Press

執行嵐 1973「都市アパート家族の親戚関係」『村構造と親族組織』(喜多野清一博士古稀記念論文集) 未来社

島内憲夫 1977「家族周期と健康管理」森岡清美編『現代家族のライフサイクル』培風館

———— ・新井野洋一・斎木敏生 1976「保健的社会化に関する基礎的研究」『順天堂大学保健体育紀要』19

———— ・斎木敏生 1978「家族の健康管理に関する一考察——主婦の生活意識のライフサイクル分析を通して」『順天堂大学保健体育紀要』21

品川嘉也 1986『思考のメカニズム』PHP研究所

Sidel, R., 1987, *Women and Children Last : The Plight of Poor Women in Affluent America*, Penguin Books

Skolnick, A.S. & Skolnick, J.H. (eds.), 1983, *Family in Transition*, 4th Edition, Little, Brown & Co.

Smelser, N.J., 1959, *Social Change in the Industrial Revolution*, University of Chicago Press

Smith, R,E. (ed.), 1979, *The Subtle Revolution*, Urban Institute

Smock, A.C., 1977, "Determinants of Women's Roles and Status," Giele, J.Z. & Smock, A.C. (eds.), *Women: Roles and Status in Eight Countries*, John Wiley and Sons, 383-421

袖井孝子 1974「異居近親関係」森岡清美編『新・家族関係学』中教出版

Sokoloff, N.J., 1980, *Between Money and Love: The Dialectics of Women's Home and Market Work*, Praeger Publishers=1987 江原由美子他訳『お金と愛情の間』勁草書房

Sorensen, A. and McLanahan, S., 1987, "Married Women's Economic Dependency, 1940-1980," *American Journal of Sociology*, 93, 659-687

総理府　1991『女性の暮らしと仕事に関する世論調査』
総理府　1997『男女共同参画社会に関する世論調査』総理府広報室
Sprey, J., 1969, "The Family as a System in Conflict", *Journal of Marrige and the Family*, 31, 699-706
Stack, C.B., 1979, "Extended Familial Networks: An Emerging Model for the 21st Century Family," Snyder, D. P. (ed.), *The Family in Post-Industrial America*, AAAS Selected Symposia Series, Westview Press, Inc.
Stevens, S. S., 1968, "Measurement, Statistics, and the Schemapiric View", *Science* 161, 849-56
Stone, L., 1977, *The Family, Sex and Marriage in England*, 1500-1800, Harper and Row
Streib, G., 1977, "Bureaucracies and Families: Common Themes and Directions for Further Study," Shanas, E. & Sussman, M. B. (eds.), *Family, Bureaucracy and the Elderly*, Duke University Press
菅原洋江　1975「都市における親族関係——近住率と接触密度を手がかりに」『家族研究年報』1
Sussman, Marvin B., 1953, "The Help Pattern in the Middle-Class Family," *American Sociological Review*, 18, 22-28
―――― 1959, "The Isolated Nuclear Family: Fact or Fiction?," *Social Problems*, 6, 333-340
―――― 1965, "Relationships of Adult Children with their Parents in the United States," Shanas, E. & Streib, G. (eds.), *Social Structure and the Family: Generational Relations*, Englewood Cliff, New Jersey, Prentice-Hall
―――― 1968, "Adaptive, Directive and Integrative Behavior of Today's Family," *Family Process*, 7, 239-250
―――― 1972, "Family, Kinship, and Bureaucracy," Campbell, A. & Converse, P. E. (ed.), *The Human Meaning of Social Change*, Russell Sage Foundation
―――― (ed.), 1974, "Cross-National Family Research" (A Report Submitted to Institute of Child Health and Human Development, Washington, D.C.)
―――― & Burchinal, L., 1962 a, "Kin Family Network: Unheralded Structure in Current Conceptualization of Family Functioning," *Marriage and Family Living*, 24, 231-240
―――― & Burchinal, L., 1962 b, "Parental Aid to Married Children: Implications for Family Functioning," *Marriage and Family Living*, 24, 320-332

Swidler A., 1983, "Love and Adulthood in American Culture," in Skolnick, A.S. & Skolnick, J.H. (eds.), *Family in Transition*, Little, Brown & Co., 286-305

高橋勇悦　1967「都市化と親族」『明治学院論叢研究年報』3

高橋重郷　1994「健康・死亡の変化と社会変動」坂田義教・鈴木泰・清水浩昭編著『社会変動の諸相』ミネルヴァ書房　40-56

寺井美奈子　1985a『戦争の時子どもだった』筑摩書房

―――――　1985b「戦争の後遺症」『ちくま』no. 173, 21-23

Tilly, Charles., 1988, "Misreading, then Rereading, Nineteenth-Century Social Change," Barry Wellman & Berkowitz, S.D. (eds.), *Social Structure : A Network Approach*. Cambridge : Cambridge University Press, 332-358

戸田貞三　1970『家族構成』新泉社

東京都　1990『女性の就労パターンに関する時系列的研究』女性問題研究 No.1

東京都民生局婦人家庭部　1968「家庭生活と地域環境に関する調査」

東京都老人総合研究所社会学部　1973「老人家族調査――同居・別居を中心として」

―――――　1978「中高年女性の生活と老後――未婚・死別・離別の場合」

利谷信義　1999「家族システムの研究」利谷信義編『現代家族法学』法律文化社　1-17

Turner, C., 1967, "Conjugal Roles and Social Networks : A Re-Examination and Hypothesis," *Human Relations*, 20, 121-130

Udry, J. Richard & Mary Hall, 1965, "Marital Role Segregation and Social Networks in Middle-class Middle-aged Couples," *Journal of Marriage and the Family*, 27, 392-395

Vanek, J., 1983, "Household Work, Wage Work, and Sexual Equality," in Skolnick, A.S. & Skolnick, J.H. (eds.), *Family in Transition*, Little, Brown & Co., 179-189

和田多七郎　1974『ぼくら墨ぬり少国民――戦争と子どもと教師』太平出版

渡辺秀樹・近藤博之　1990「結婚と階層結合」岡本英雄・直井道子編『女性と社会階層』東京大学出版会　119-145

Wellman, B., 1990, "The Place of Kinfolk in Personal Community Networks," *Marriage and Family Review*, 15-1, 195-228

Wimberley, Howard, 1973, "Conjugal-Role Organization and Social Networks in Japan and England," *Journal of Marriage and the Family*, 35, 125-130

ウォーラースティン，I. ＋グルベンキアン委員会　1996　山田鋭夫訳『社会科学をひらく』藤原書店

山室周平　1972「老人と親族」那須宗一・増田光吉編『老人と家族の社会学』垣内出版
―――　1976「ひとり暮し老人の親族関係」『コミュニティ46 親族問題の諸相』地域社会研究所
山中恒　1986『子どもたちの太平洋戦争――国民学校の時代』岩波書店
山中美由起　1976「独居老人と近隣の関係」『家族研究年報』2
矢澤澄子・国広陽子・伊藤眞知子　1992「都市女性と政治参加のニューウェーブ」『経済と貿易』161号　横浜市立大学経済研究所
吉田民人　1988「性別－脱性別文化形成の基礎理論をめざして――性差別の＜開かれた循環構造＞」日本社会学会第61回大会ジェンダー・テーマ部会報告要旨
湯沢雍彦・松浦千誉　1974「日本の離婚の実態」青山道夫ほか編『講座家族4 婚姻の解消』弘文堂
Zetterberg, Hans L., 1963, *On Theory and Verification in Sociology*, The Bedminster Press, Inc.＝1973 安積仰也・金丸由雄訳『社会学的思考法――社会学の理論と証明』ミネルヴァ書房

初出一覧

序　章　家族社会学の理論構築に向けて　　書き下ろし
第1章　現代家族の社会的ネットワーク　　『社会学評論』第1号（1-1）　1974年
第2章　家族ネットワーク・家族周期・社会変動　　森岡清美編『現代家族のライフサイクル』培風館　1977年
第3章　所与と選択の社会的資源　　原題「社会的ネットワーク」望月嵩・本村汎編『現代家族の危機』有斐閣　1980年
第4章　社会的環境としてのソーシャル・ネットワーク　　原題「家族と社会的ネットワーク」正岡寛司・望月嵩編『現代家族論』有斐閣　1988年
第5章　個人・家族と官僚制　　原題「家族と官僚制」正岡寛司・望月嵩編『現代家族論』有斐閣　1988年
第6章　都市家族の社会的ネットワーク　　『上智大学社会学論集』14号　1989年
第7章　母親と子どもの社会的ネットワーク　　原題「子どもの発達と都市家族のネットワーク」文部省地域社会のネットワーキング研究会『家庭と地域社会の教育的機能の活性化のための親・子のネットワークに関する調査報告』1989年
第8章　均等法第一世代のキャリア形成とネットワーク　　原題「就労女性のヒューマン・ネットワーク」東京都生活文化局『女性の就労パターンに関する時系列的研究報告』　1989年
第9章　ライフコース　　原題「社会学の視点」蠟山晶一編『21世紀へのライフデザイン』TBSブリタニカ　1989年
第10章　男性のライフコースと戦争　　原題「男子のライフコースと戦争」森岡清美・青井和夫編『現代日本人のライフコース』日本学術振興会　1987年
第11章　戦争と日本人のライフコース　　原題「日本人のライフコースと第二次世界大戦」二十一世紀文化学術財団（木川田記念財団）学術奨励金研究　1986年
第12章　家族理論におけるジェンダーとパワー　　『社会学評論』第39号（3-10）1988年
第13章　家族の個人化　　『家族社会学研究』第3号(8-5)　1991年
第14章　転換期にある日本の家族　　原題 "Between the Welfare and Economic Institution：Japanese Family in Transition," *International Journal of Japanese Sociology*, no.1　1992年
第15章　ジェンダーと家族変動　　森岡清美監修『家族社会学の展開』培風館　1993年
第16章　日本の家族の「近代性」　　目黒依子・渡辺秀樹編『講座社会学2　家族』東京大学出版会　1999年

あとがき

　自分の研究を振り返ってみると，これまで取り組んできたネットワーク，ライフコース，ジェンダーのいずれをとってみても，取り組みを始めた時点では，家族研究においてはもとより社会学においても新しい研究テーマ・概念あるいは領域であった。特にネットワーク研究とジェンダー研究は，研究者としてのスタートを切るために不可欠であったアメリカの大学院での訓練とその時代背景を抜きにしてはあり得ない。その経験は，私が家族社会学を担当することを前提に正規の就職をした直後のことで，「家族社会学」の「研究者」として進むことの自己確認をするためのものだった。

　1970年代前半，「近代家族」の前提が崩れ始めたアメリカで，近代家族の前提をもとに蓄積された家族社会学を学びつつ，それでも家族を分析単位とすることが必須であるのかという疑問を払拭しきれずにいた。入手可能な限りの文献を網羅し，イギリスの留学生からのヒントでようやく出会ったのがネットワーク研究であった。

　私のメンターであったM. B. サスマン教授は，当時，アメリカの親族ネットワーク研究の代表的存在であったが，私の関心は親族や地域を超えたより広い範囲のヒューマン・ネットワークであり，それは主としてイギリスの社会人類学者グループの研究に依拠するものだった。前者は家族および社会の変動論として，後者は社会構造論として，社会学に斬新なアプローチをもたらしたと思った。本書の第1章は，その時の学位論文の一部をまとめたものであるが，帰国後幸運にも，学会誌に掲載していただいた。つい最近，初対面だがベテランで専門の異なる社会学者（女性）から「私が院生のとき，あの論文を拝見して，女性でもこんな研究ができるのだ，と勇気づけられました」と言われた。「女性でも」の意味をあえて確認しなかったが，勇気付けの材料になったというの

は予想外のことで，そういう効果もあるものかと考えさせられた。

　1972年の秋，ミネソタ大学のR.ヒル教授がシカゴ大学の客員としてゼミをもたれることになり，私はサスマン教授の計らいでそれに参加させていただくことになった。ここでの家族社会学における理論構築の勉強は，社会科学としての社会学・家族研究のスタンスを確信する基盤となった。このゼミでヒル教授が，家族社会学の科学モデルは物理学ではなく生物学であると考える意見を述べたW.I.グード教授からの手紙を紹介し，議論したことは，強烈な印象として残っている。シカゴでの10週間は，イギリスのソーシャル・ネットワーク研究の成果を吸収した時期でもあり，私の研究者となるトレーニング上，大きな転機となった。ヒル教授とは，その後，ライフコースの日米協力研究において6～7年間にわたり，時々の会議の内外で様々な議論を交わすこととなり，相互に公認の非公式メンターにしてしまった。

　1971～74年3月の学位取得に向けての滞米期間中，もう一つの画期的経験があった。それは，アメリカに誕生して間もないWomen's Studies（女性学）との出会いで，ケイス・ウエスタン・リザーブ大学の大学院でも，職業社会学を担当のM.ハウグ教授によるSociology of Womenの授業が開講されていた。この授業に出たのは勿論だが，アメリカ社会全体の価値観が大きく揺さぶられた1960年代を経て，アメリカのアカデミズムはパラダイム転換について寛大であろうとしていたように思えた。メンターであるW.I.グードの近代化論を批判的に修正したK.ミレットの業績が評価され，多くの女性社会学者の活躍が正当に支持される態勢がつくられるための最初の段階だったといえる。

　ジェンダー概念が「普通」のアカデミック概念として分析の道具となるにはさほど時間はかからなかったが，アカデミックな方法論の厳密さが求められる方向に進み，研究テーマの細分化と共に，家族社会学は多様化した。女性学・ジェンダー研究との関わりは，帰国後に上智大学で専門科目として開講して以来，前例のない研究と教育の道を探りながら歩むところが中心となった。

　ライフコース研究との出会いは1980年に始まる。先述のヒル教授を含むアメリカの研究者たちの研究成果を基に，森岡清美教授と青井和夫教授をリーダーとする日本の研究会（FLC研究会）が発足し，日米比較を念頭に置いた実証研究がスタートした。既に研究実績を積んだアメリカ側の研究テーマとマッチさ

あとがき

せる形で日本側のメンバーはそれぞれのテーマを選んだ。その時私が選んだのが「戦争と個人のライフコース」である。アメリカ側のパートナーは，ライフコース研究の草分け的存在で，今やこの領域の古典的著作といわれる『大恐慌の子供たち』の著者である G. H. エルダー教授で，ゆったり・おっとり型の親切な彼からは，多くのことを学んだ。研究成果だけでなく東京やハワイでの日米合同会議やニューヨークでのアメリカ側の会議への参加を通して，ライフコース研究の幅の広さ，奥の深さを認識するほど，理論枠や方法論が鍵であると痛感してきた。

社会人生活を送った後，初めて日本の大学院に入り，指導を引き受けていただいた福武直教授は，農村社会学の基礎もおぼつかない，当時としては変わった学生の私に，温かく，忍耐強かった。私は，農村を研究することが，女性を一人前とみなさない日本社会の研究に直結すると思っていた。

修士課程に入った1965年に，第9回国際家族研究セミナーが東京で開催され，そこで発表される青井和夫教授から個人通訳を依頼された。家族について専門知識のないままに現場での役割を果たしたが，引き続き，セミナー全体の通訳を頼まれることとなり，開催事務局長の森岡清美教授やアメリカから参加のヒル教授とお会いする機会となった。その後，サスマン教授の国際比較研究プロジェクトに参加することとなった森岡・青井チームの一員に加えていただき，後にサスマン教授の下で研究をまとめ，さらに，ヒル教授の指導を受け，続いて森岡・青井チームの一員としてライフコース研究に入っていった。なんというメンターたちとの出会いだったのだろう。そして，それぞれの出会いの連鎖が，私の生涯の研究テーマを具体化してきたのだということになる。

以上のような回顧を記したのは，研究者の関心やテーマ選定には，時代の潮流や要請が影響するものであり，また，人や出来事との出会いが関わるということを知っていてもよいと思うからである。その意味で，この10数年前から私には，別の役割との関わりがあり，その後の研究にも影響が見られる。それは，女性の地位向上・ジェンダー平等への国際社会の取り組みに関するもので，家族や女性・ジェンダーが政治的脈絡の中で議論されている国連の会議に政府を代表して参加するという経験で，私の専門性をそのような議論にインプットすることだけではなく，このような現実を反映するような応用研究をすることも

私の役割であってよい，という認識から出ている。これらは，開発や少子化，グローバリゼーション，紛争，貧困などの領域にネットワークやライフコース，ジェンダーの分析枠組みを応用する研究である。これらのとりまとめをすることを，次の課題としている。

　最後に，特に強調したいのは，本書の誕生に向けて，最初の企画から追加執筆や加筆修正等あらゆる作業の過程で筆者を激励し続けてくださり，煩雑な整理作業を担って下さった編集担当の町田民世子さんに対する謝意である。町田さんの勁草書房における編集作業を締めくくるに値するものであることを願うばかりである。

　　　2007年2月

　　　　　　　　　　　　　　　　　　　　　　　　　　　　目黒　依子

索　引

あ 行

アイデンティティ　56,57,277
アメリカ若年コーホート　189
アメリカ年長コーホート　189
家制度　55,116,283,289
育児期　252,263
育児休業法　266
意志決定パターン　239
一家の稼ぎ手　245
一般理論　1
一夫一妻制　233
姻縁　55,87
因子分析　156
永続性　ii,28,94,96,101,177,233,243,286,292
M字型就業パターン　286
援助源　12,17,19,20,21,24,31,38,62,129,130,131
援助リソース　81
エンパワーメント　275,276,278
　──・モデル　273,276,278,279
横断分析　107,181
オークランド・コーホート　188,190,191,195,196,198
夫方親族　19,20,22,130,131
夫方親族活用度　24,128
夫方親族リンケージ　16,19,20,21,22
夫方妻方リンケージ　19
夫方リンケージ　19
夫と妻のパワー関係　240
オプション　98,249,252,259
親子関係　19,23,48,52,57,61,133,285
親子リンケージ　16,18,19,20,21,24,132
親リンケージ　21,22,23,24

か 行

回帰分析　135

階級　2
解釈学的方法(理解)　3
開発　253,274
科学革命　1
核家族　14,25,56,64,70,71,77,86,87,91,92,93,109,120,126,134,141,231,233,234,243,257,261,265,283,284
　──化　281
　──世帯　260
　──の孤立化(論)　5,12,55,92,93
学生運動　178
拡大家族　71,93
学童期　183,185,206
家事参加　124,135,138,143,145
　──度　138,140,141,143
家事の省力化　287
家事分担　142,143
　──度　143
家事役割　124
家事労働　236
家政の担い手　245
稼ぎ手　5,235,246,251,261,262,266,271,272,277,282,285,291,293,294
　──役割　259,271,277,285,291
家族・親族ネットワーク研究　107
家族イデオロギー　46,71,238,269
家族外資源　72,77
家族外(的)リソース　44,45,51
家族機能　5,63,281
家族規模　257,284
家族キャリア　170
家族近代化論　70,71,72,76,77,85,238
家族計画　283
家族形成　6,55,195,197,199,201,210,260,284,288,289
家族形態　i,46,63,71,102,247,284,289
家族構成　33,35,36,38,39,46,60,145,175,257,264,265

家族構造　14,17,20,22,109,110,115,128,
　　129,130,131
家族志向　211,215,227
家族システム　7,97,133,233,242,243,246,
　　250,265,268,269,271,272,273,275,277,
　　280,281,285,289,294
家族周期　26,29,30,39,40,41,44,45,46,49,
　　51,52,62,74,80,82,83,84,115,121,292
家族ストレス論　75
家族制度　12,126,133,263,265,282
家族特性　27,110,134,135,138,141
家族内緊張　49
家族内役割構造　238
家族内リソース　84
家族ニーズ　51,52,53,56,57,80,83,84,138
家族ネットワーク　21,26,27,30,31,32,33,
　　34,36,37,39,41,43,44,46,50,51,52,53,
　　54,55,56,57,58,59,60,61,62,64,71,72,
　　76,77,78,79,80,81,82,83,84,85,134
家族の近代性　98
家族の構造的特性　142
家族の個人化　101,231,243,244,245,247,
　　251,256,264,271,273,276,293,294
家族の周期・発達課題　45
家族の相互行為　28
家族のソーシャル・ネットワーク　14
家族の多様化　264
家族の内部構造　i,68
家族の発達課題　50,51,52,59
家族の役割構造　99
家族の養い手　245
家族変動　24,25,26,29,63,74,238,242,245,
　　246,247,257,259,260,261,264,268,269,
　　270,273,283
　　――論　6,90,242,270
家族役割　5,170,262
家族ライフサイクル　175,176,177
家族理念　132,248,260,264,274,281,284
家族類型　269
家長　256,283
葛藤(理論)　48,49,62,96,101,243,251
活用化　74
　　――されたネットワーク　127

家庭内役割　244,261,277
家父長家族制度　22
家父長支配　231,272
家父長制　231,234,236,239,243,248,266,
　　269,270,279
　　――イデオロギー　238
　　――家族　6
　　――的イエ制度　256
　　――的直系家族　260,264
カルチュラル・スタディーズ　2
加齢　85,119,178,179,203,263
官僚制　90,91,92,93,98,99,101,102,103
　　――化　71,77,90,92,97,98,101,249
　　――機関　91,98,99,100,101,102,103
　　――社会　77,257
　　――操作能力　98
　　――組織(官僚組織)　71,92,93,94,95,96,
　　97,98,103
官僚制化　90
機会構造　91,92,163,259,272,274,275,282
記述的研究　3
機能集団　63,87,90,126
機能性　63,71,93,95
機能専門組織　72
規範　40,154,177,239,240,274,284,290
きょうだいリンケージ　18,19,21,22,23
居住年数　15,109,135,137,141,142,143,
　　145
近代核家族　257
近代家族　ii,5,6,7,245,247,250,251,252,
　　253,254,256,257,258,259,261,264,270,
　　271,272,276,277,282,283,284,285,286,
　　289,290,291,293,294,315
近代化モデル　2
近代化論　131,249,253,269,284,316
近代福祉国家　294
緊張　48,49,52,54,55,56,94,234,267
近隣　39,55,71,80,81,83,92,95,96,100,102,
　　137,158,247
グラフ理論　27,67,79
グローバリゼーション　318
軍隊経験　199
経済システム　235,243,250,266

経済的資源(経済資源)　253, 259, 294
経済的剥奪　180, 185, 205, 226
継続性　48, 50, 62, 70, 71, 75, 76
計量モデル　149
血縁　55, 64, 65, 86
　——・姻縁　66
結婚適齢期　162, 205, 226, 265, 288
結婚満足度　213, 218, 226, 227
現代家族　ii, 5, 11, 25, 51, 62, 63, 72, 85, 86, 87, 88, 90, 91, 97, 98, 101, 231, 232, 236, 270, 271
現代親族関係　12
権力・勢力構造　238
交換関係　239
交換(理)論　25, 48, 76, 240, 231, 239, 248
後期マルクス主義フェミニスト　236
合計特殊出生率　281, 289
構造的特性　98, 127
構造特性　110
構造分析　79, 84, 109, 149
構造論　88
公的生活領域　282
行動様式　49, 52
公民権運動　178
高齢化(社会)　245, 254, 255, 256, 263, 264, 268, 275, 281, 283, 289
高齢期　263, 292
コース別採用　158
コーホート　150, 178, 179, 180, 181, 183, 184, 188, 189, 190, 192, 193, 194, 197, 198, 199, 201, 204, 205, 206, 209, 210, 216, 217, 220, 226, 227, 228, 261, 284, 285, 292
　——分析　243, 246, 270
国際家族年　280
国際婦人(女性)年　268, 278, 291
国連婦人の10年　268, 274, 278
個人化モデル　257
個人主義　228, 235, 237, 271
個人単位のニーズ　55
個人ネットワーク　75, 77, 158
個人の近代性　98
個人リンケージ　78, 85
子育て期　292

古典的拡大家族　93
子ども期　184, 188, 211, 216, 227
子どもの社会化　32, 63, 100
子どもの発達　133, 134, 141
コミュニケーション研究　67
雇用機会均等法　147
雇用均等法　244, 265
「孤立した核家族」論　70, 92

さ 行

サービス・システム　65, 253, 259
サービス源　31, 85
サイクル・パターン　45
再婚　64, 87, 101, 177, 239, 265, 278, 290, 292, 294
再生産役割　264, 293
サポート・システム　149, 294
サポート・ネットワーク　121
産業化過程　284, 285
産業化社会　5, 24, 25, 55, 71, 72, 86, 91, 92, 93, 96, 97, 250, 261
産業構造　133, 201
産児制限　261, 283, 284
サンプリング　70, 109, 207
参与観察, 実験　67
支援システム　87, 103, 253
ジェンダー　ii, 2, 6, 231, 264, 265, 268, 274, 295, 313, 314, 317, 318
　——・イシュー　264
　——化　ii, 263, 264, 282
　——概念　ii, 6, 316
　——革命　293, 294
　——観　259, 260
　——関係　275, 276, 294
　——研究　2, 315, 316
　——構造　295
　——分業　264, 295
　——役割　5, 259, 260, 266, 285, 291, 293, 294, 295
支援ネットワーク　80, 87, 150
シカゴ学派　178
資源　50, 75, 76, 77, 80, 85, 87, 97, 99, 100, 101, 103, 104, 127, 129, 131, 134, 138, 142,

143, 145, 147, 149, 150, 151, 152, 157, 169,
231, 238, 239, 240, 244, 248, 253, 275
　——セット　76
　——ネットワーク　87
　——配分　149
　——要因　149, 274
　——論　76, 231, 239, 240
静岡コーホート(静岡若年コーホート・静岡年長
　コーホート)　189, 191, 193, 196, 200
システム　66, 82, 87, 96, 149, 246, 249, 250,
　251, 264, 272, 285
私的家族　249, 272
私的近代家族　272, 273
私的生活領域　282, 292
社会化　97, 98, 236, 238
社会過程時間　29, 74
社会環境　ii, 90, 92, 134, 147, 207
社会関係　5, 13, 25, 48, 49, 50, 51, 54, 63, 67,
　72, 73, 75, 76, 77, 79, 81, 84, 88, 89, 103, 119,
　134, 149, 150, 151, 153, 157, 239, 266
社会規範　57, 150, 170, 203, 232, 238, 243
社会構造(論)　51, 57, 67, 133, 145, 149, 150,
　154, 170, 232, 235, 245, 266, 270, 315
社会(的)サービス・システム　64, 65
社会参加　124, 126, 135, 138, 140, 141, 142,
　143, 145
社会参加度　138, 140, 141
社会システム　2, 6, 7, 64, 97, 98, 103, 149,
　186, 233, 250, 259, 264, 266, 268, 272, 274,
　281, 293, 294
社会組織　13, 66, 107
社会的環境　66, 80
社会的距離　70, 152, 153
社会的サポート・システム　264
社会的資源　48, 127, 130, 138, 141, 142
社会的ネットワーク　5, 6, 11, 26, 27, 32, 48,
　49, 50, 51, 54, 55, 58, 59, 63, 65, 85, 87, 89,
　103, 107, 133, 134, 239
社会的リソース　20, 21
社会的リンケージ　16
社会変動　2, 22, 23, 26, 27, 29, 30, 32, 40, 41,
　43, 51, 74, 84, 150, 178, 187, 188, 204, 232,
　259

　——研究　179, 204
　——論　2, 92
若年コーホート　183, 188, 190, 191, 192, 196,
　197, 201
重回帰分析(重回帰モデル)　218, 220, 227
周期段階　29, 30, 31, 32, 43, 44, 46, 50, 52, 62,
　84, 115
周期変動　29
修正拡大家族　71, 93
集団　ii, 5, 11, 13, 26, 28, 41, 50, 51, 63, 67,
　73, 76, 80, 88, 94, 101, 135, 177, 238, 270, 286
　——性　ii, 87, 101, 177, 231, 243, 246, 247,
　270, 286, 292, 293
縦断的研究　148
集団の形成・発達　50
縦断分析　107, 108, 243, 270
手段性　31, 33, 35, 37, 38, 40, 44, 45, 80, 85
手段的機能　23
手段的ニーズ　31
手段的リーダー　57, 58
手段的リソース　44
出生コーホート　149, 179, 181, 183, 197, 204,
　205, 206, 207, 220, 261, 284
出生集団　149
出生率　256, 257, 260, 261, 266, 267, 281, 289
主婦　5, 33, 165, 237, 245, 249, 250, 253, 262,
　263, 275, 276, 277, 278, 281, 282, 285, 287,
　290, 291, 292, 293, 294
　——アイデンティティ　263
　——意識　278
　——化　249, 250, 253, 254, 275
　——制度　262, 277
　——の誕生　238, 272
　——役割　277, 291
　——労働　277, 287
少産化　165
少子化　281, 281, 283, 289, 295, 318
情緒性　35, 36, 37, 40, 80, 85, 96
情緒的ニーズ　58, 85
少年期　207, 261, 284
職業移動　92, 93, 284
職業キャリア　147, 151, 158, 163, 170, 219,
　222, 238, 263, 264, 292

職業リンケージ　58
職住分離　91,238
　——システム　246
職場　49,63,66,81,90,126,137,150,156,158,
　　160,163,170,248,249,262,282
　——関係　81,151
　——集団　66
　——ネットワーク　137
女性・ジェンダー　317
女性運動　269,278
女性解放　178,269,274
女性学・ジェンダー研究　316
女性コーホート　213,214,216,218,219,220,
　　222,223,227
女性支配　236,274
女性のエンパワーメント　274
女性の地位向上・ジェンダー平等　317
女性問題　234
女性役割　170
女性抑圧　234,236,238
親族　49,53,55,56,58,61,64,66,71,72,80,
　　81,82,83,85,92,95,96,97,100,116,119,
　　121,124,126,127,128,129,130,131,132,
　　137,158,246,247,248,249,253,258,259,
　　289,315
　——援助　249
　——関係　51,70,71,82,92,93,116,132,
　　246,248
　——機能　96,97,126
　——研究　127
　——構造　86
　——集団　66,96
　——組織　24,87,91,92,272,294
　——動態論　90
　——ネットワーク　46,51,56,77,80,82,
　　86,97,116,119,124,126,127,132,137,315
　——リソース　45
　——リンケージ　12,14,16,17,19,20,21,
　　22,24,41,64,78,81,82,83,126,131
　——論　72
人的環境　150
人的資源　150,261
ストレス要因　75

西欧型近代家族　275
性革命　293
生活環境　92
生活史研究　243,270
生活周期　29,74
生活態度　215
生活満足度　213,218
性差別　170,233,235,244,269
生産役割　170,250
生殖家族　55,56,151
成人期への移行(成人期の移行)　151,179,
　　181,182,183,185,189,192,195,196,199,
　　200,204,216,217,221,225,288
成人パーソナリティの安定化　63
性的平等　234
制度アプローチ　29
青年期　151,153,154,180,188,193,205,
　　235,285
性別(役割)分業　86,233,236,243,244,245,
　　249,251,253,254,261,271,272,277,282
性役割　32,80,85,236,238,244,245,246,247,
　　250,251,252,253,255,270,271,273,274,
　　275,276,278
　——イデオロギー　243,272
性役割革命　251,253,254,272,273,278
性役割分業　282,290,292
勢力関係　239
勢力構造　239
世界システム　274
セクシュアリティー　237
世代間移動　261
世代間関係　71,181
世代間の継承　24
世帯規模　260
世代継承　12,19,22,24
世代効果　201
前期マルクス主義フェミニスト　236
専業主婦　121,163,167,262,286,289,290,
　　291
潜在的なネットワーク　13,127
戦争関連体験(戦争体験)　183,184,187,189,
　　190,196,197,201,206,207,208,210,211,
　　212,213,214,216,218,219,220,222,223,

227,228
戦争関連出来事　211,213
全体親族ネットワーク　25
全体ネットワーク　70,72,73
専門家(専門機関)　17,37,49,71,92,97,100,
　　103
相互行為　13,73
相互作用論　273
ソーシャル・ネットワーク　ii,11,12,13,14,
　　24,25,28,48,66,67,68,69,70,72,73,74,75,
　　76,79,80,82,83,124,148,149,156,246,247
　──概念　28,74,107
　──研究　25,70,72,246,316
　──構造　79
　──分析　265
　──論　11,66,67
ソーシャル・ワーカー　102,103
疎開経験　207
ソシオグラム　67
ソシオマトリックス分析　79
組織(機関)　11,13,17,28,33,35,36,39,41
組織リンケージ　85
村落構造論　90

　　　　　　　た　行

第一次集団　71,92,93,94,95,96,97,99,103
第一次スター　73
代替リンケージ　65
第二次スター　73
脱育児期　165,170
脱母親期　292
多変量解析　156
単親家族　64,86,101
単身世帯　260,265
単親と子どもの世帯　265
男性コーホート　211,214,215,217,218,219,
　　220,222,227
男性中心主義　2,244
単独世帯　289
地域(社会)　11,37,50,66,67,76,80,88,90,
　　92,102,133,134,135,138,140,145,158,272,
　　315
地縁　66,134

父親役割　58,60
嫡出子　64
中・高年期　275
中間型　32,47
紐帯　89,116,119,121,124,126,131,147
中年期　57,59,170,180,205,235
長寿化　126,132,131,165,180,265
地理的移動　55,69,92,93,258,284,286
地理的距離　81,82,83
地理的近隣性　96
妻の個人化　44,45
妻方親族　22,24,116,119,124
　──リンケージ　19,20
妻方親族ネットワーク　124
定位家族　55,151
転換世代　242,270
伝統型家族　25
伝統的家族　19
伝統的家父長制　266
伝統的親族組織　24
等間隔抽出法　109
同族組織　22
トータル・ネットワーク　137
都市化　90,91,107,126,131,133,134,135,
　　138,140,145,178,237,248,249,257,258,
　　261,284,285
都市家族　80,107,109,110,116,126,132,192
都市型産業社会　233
都市型社会　92,249
都市親族ネットワーク研究　246

　　　　　　　な　行

ニーズ　5,26,31,44,45,46,50,51,52,53,54,
　　55,56,57,58,62,63,64,65,77,80,81,84,85,
　　100,101,102,103,115,121,133,134,147,
　　149,157,177,248,259,262,277,280,295
日常的援助パターン　22
日常的ネットワーク　36,50
日本型直系家族制度　283
日本的夫婦家族　266
ネットワーク　ii,11,13,27,29,30,32,34,35,
　　36,39,40,46,47,51,54,55,57,58,59,62,63,
　　67,68,72,73,74,75,76,77,79,80,83,84,85,

86, 88, 103, 108, 109, 116, 119, 121, 124, 126,
　　　131, 133, 134, 135, 137, 138, 141, 142, 143,
　　　144, 145, 147, 149, 150, 151, 156, 157, 158,
　　　170, 248, 315, 318
　　――・アプローチ　6, 11, 149
　　――・サイズ　116, 121, 124, 126, 131, 132,
　　　135, 137, 138, 141, 142, 143, 144, 146, 157,
　　　162, 170
　　――・パターン　26, 28, 38, 39, 44, 45,
　　　52, 82, 85, 107, 109, 156, 157, 162
　　――・モデル　89
　　――概念　ii, 5, 26, 28, 46, 70, 72, 76, 77, 79,
　　　80, 88, 150
　　――研究　27, 28, 67, 69, 72, 75, 78, 79, 84,
　　　88, 107, 108, 109, 124, 135, 247, 315
　　――構造分析　149
　　――の活用度　127
　　――分析　5, 28, 32, 43, 50, 77, 80, 84, 88,
　　　108, 132, 145
　　――理論　79
　　――(の)連結性　28, 68, 69
　　――論　11, 50, 66, 67, 75, 76, 78, 79, 86, 88,
　　　119, 248
年長コーホート　188, 190, 191, 196, 197, 201
年齢効果　119, 137, 201
能力　90, 94, 97, 98

は　行

バークレー・コーホート　188, 191, 196, 197,
　　　198, 199, 200, 201
バーゲニング　49, 53, 240
パーソナル・ネットワーク　119, 246
配偶者選択　238, 248, 260, 265, 282, 284, 288
剝奪経験　223, 224, 225, 226
パス・モデル　20, 135
パス解析　11, 16, 19, 20, 21, 23, 116, 127, 130,
　　　131, 132, 141, 143, 144
発達アプローチ　27
発達課題　26, 29, 30, 31, 41, 44, 45, 48, 50, 51,
　　　52, 62, 77, 82, 84, 85, 115
　　――達成　49
発達段階　41, 75, 242
母(親)役割　57, 58, 275

発達的周期　26
パラダイム・シフト(転換)　1, 316
晩婚化　265, 289, 294
非親族リンケージ　14, 19, 20, 21, 24
伴侶性　285
非嫡出子　64
ヒューマン・ネットワーク　315
平等家族　253, 270
平等主義　23, 24, 256, 269, 285
貧困の女性化　235, 252, 259, 274
夫婦家族　22, 71, 86, 238, 257, 260, 261, 266,
　　　284, 285
　　――イデオロギー　269
　　――制(度)　259, 283
　　――理念　260
夫婦関係　48, 49, 52, 53, 54, 55, 56, 57, 61, 76,
　　　101, 133, 177, 181, 211, 240, 242, 243, 249,
　　　252, 269, 270, 285, 292
夫婦家族制　46
夫婦勢力論　76
夫婦間の平等化　44
夫婦単位のニーズ　55
夫婦のソーシャル・ネットワーク　79
夫婦のパワー関係(夫婦の権力関係・勢力関係)
　　　76, 234, 236, 238, 239, 269
夫婦のみ世帯　265
夫婦の役割関係(夫婦の役割分業)　27, 28,
　　　68, 69, 79, 85, 124
フェミニスト　232, 256, 279
　　――研究　240
　　――的視点　269
　　――理論　4, 231, 236, 240, 270, 272
フェミニズム　232, 233, 236, 269
　　――理論　234
複合家族　101
福祉国家　243, 248, 249, 250, 253, 254, 259
福祉システム　235
父系親族組織　126
普通世帯　109
部分ネットワーク　12, 13, 70, 73
ブルーカラー　100, 116, 119, 121, 131
分業型　32, 47
分散分析　116, 131, 135, 140, 141, 143, 144

325

分析的方法(説明)　3
分離型　32,47
兵役経験　193,196,197,198,199,200,214
変動分析　85,150,178,179,203
封建的・家父長制的直系家族制度　257
報酬　49,76,235,236,239,240
訪問面接法　202
母性　237
ホワイトカラー　23,100,116,119,121,131,
　　196

ま 行

マイノリティ・グループ　1
マイノリティ研究　1
見合い結婚　260,284
ミクロ理論　239
民主的夫婦家族　264
メゾ理論　239,270
メタ理論　i,ii,iii,3,5
面接調査　109
目的志向型ネットワーク　138

や 行

役割移行　175
役割葛藤　251
役割関係　44,52,53,60,61,68,85,238
役割構造　60,86,91,99,286
役割遂行　61
役割セット　53,56,57,58
役割代替　60
役割分業　68,247,271,275,290,291
　――家族　251
　――パターン　238
役割分担　99
友人　13,31,32,33,35,36,37,39,40,41,43,
　　44,47,49,58,64,71,80,81,83,85,92,95,
　　97,100,103,116,119,121,124,126,137,156,
　　158,160
　　――・親族ネットワーク　43
　　――関係　40,96,116
　　――ネットワーク　47,119,126,131
　　――リンケージ　32,35,38,40,41,78,85
幼少年期(幼少期・幼年期)　150,207

ヨーロッパ中心主義　2

ら 行

ライフ・オプション　274
ライフ・セクター　30,32,34,38,39,40,44,
　　46,72,80,85
ライフ・チャンス　184,227,253
ライフイベント　292,294
ライフコース(論)　ii,5,148,149,150,153,
　　156,163,165,166,169,170,175,177,178,
　　179,180,181,183,184,185,187,188,189,
　　192,194,196,197,198,199,201,202,203,
　　204,205,206,209,212,214,218,219,220,
　　222,223,227,247,263,265,273,276,278,
　　292,294,313,315,316,317,318
　　――・アプローチ(分析)　ii,6,203,276
　　――・パターン　150,164,169,170,181,
　　　182,183,193,206,210,220,222,227,263,
　　　287,292
　　――・モデル　273,275,276,279
　　――研究(視点)　5,148,149,178,179,180,
　　　181,185,187,203,204,205,243,246,270,
　　　273,288,292,316,317
ライフサイクル　156,165,177,275
　　――・モデル　181
　　――研究(視点)　149,175,177,178,179,
　　　181,203
　　――・パターン　45
ライフステージ　151,175,177,178,181
離婚　45,61,62,86,87,91,101,133,177,211,
　　217,218,231,233,235,236,237,238,239,
　　242,251,252,270,281,283,290,292,294
　　――件数　290
　　――率　218,234,237,265,278,290,292
リソース　26,45,46,51,52,53,54,56,57,58,
　　60,61,62,64,84
両性両親性(両親性)　ii,101,231,243,270,
　　286,292
理論研究　178,187,204
リンケージ　11,12,13,16,17,19,20,22,23,
　　24,25,32,33,35,36,37,38,39,40,41,49,
　　50,51,54,55,58,59,68,72,73,74,75,76,
　　78,81,82,83,97,98,246

歴史的時間　29,85,177,179,198,239
　——軸　180,187,205
歴史的出来事　179,180,183,190,198,204,
　　205,242,243,246,270
歴史的脈絡（歴史的文脈）　150,177,190,245,
　　246,257
恋愛結婚　226,260,284
老親子関係　283,290

老親扶養　260
老年期　58,59,101,181,235
老齢化　39,41,45,58
ロマンチック・ラブ理念　260

わ　行

私化　86,235,249,258

著者略歴

1938年　高知市に生まれる
1974年　ケイス・ウエスタン・リザーブ大学大学院社会学専攻博士課程修了（社会学博士）
現　在　上智大学総合人間科学部社会学科教授
主　著　『主婦ブルース』筑摩書房，1980年
　　　　『女役割：性支配の分析』垣内出版，1980年
　　　　『個人化する家族』勁草書房，1987年
　　　　『ジェンダーの社会学』（共著）放送大学教育振興会，1994年
　　　　『講座社会学2　家族』（共編著）東京大学出版会，1999年
　　　　『少子化時代のジェンダーと母親意識』（共編著）新曜社，2000年
　　　　『少子化のジェンダー分析』（共編著）勁草書房，2005年
　　　　ほか

家族社会学のパラダイム

2007年6月20日　第1版第1刷発行

著　者　目　黒　依　子
発行者　井　村　寿　人

発行所　株式会社　勁　草　書　房
112-0005　東京都文京区水道2-1-1　振替 00150-2-175253
（編集）電話 03-3815-5277／FAX 03-3814-6968
（営業）電話 03-3814-6861／FAX 03-3814-6854
平文社・牧製本

© MEGURO Yoriko　2007

ISBN978-4-326-60203-2　　Printed in Japan

JCLS　〈㈱日本著作出版権管理システム委託出版物〉
本書の無断複写は著作権法上での例外を除き禁じられています。
複写される場合は，そのつど事前に㈱日本著作出版権管理システム
（電話03-3817-5670，FAX03-3815-8199）の許諾を得てください。

＊落丁本・乱丁本はお取替いたします。
　　　　http://www.keisoshobo.co.jp

目黒依子	個人化する家族	2730円
木本喜美子	女性労働とマネジメント	3675円
矢澤澄子他	都市環境と子育て	2940円
首藤若菜	統合される男女の職場	5670円
目黒依子他編	少子化のジェンダー分析	3675円
杉本貴代栄	福祉社会のジェンダー構造	2835円
本田由紀編	女性の就業と親子関係	3255円
浅倉むつ子	労働法とジェンダー	3675円
堀江孝司	現代政治と女性政策	4935円
武石恵美子	雇用システムと女性のキャリア	3360円
山下泰子	女性差別撤廃条約の展開	3675円
舩橋惠子	育児のジェンダー・ポリテイクス	3465円
陳姃湲	東アジアの良妻賢母論	3675円
落合恵美子他編	アジアの家族とジェンダー	3675円
豊田真穂	占領下の女性労働改革	3675円
赤松良子	均等法をつくる	2520円
横山文野	戦後日本の女性政策	6300円
江原由美子	ジェンダー秩序	3675円
山田昌弘	家族というリスク	2520円
瀬地山角	お笑いジェンダー論	1890円
上野千鶴子	女という快楽 新装版	2520円

＊表示価格は2007年6月現在。消費税は含まれております。